稳增长与防风险
中国经济双底线政策的形成与转换

STABLE GROWTH AND RISK PREVENTION
THE FORMATION AND TRANSFORMATION OF
THE DUAL-BOTTOM-LINE POLICY IN CHINA'S ECONOMY

毛振华 著

社会科学文献出版社
SOCIAL SCIENCES ACADEMIC PRESS (CHINA)

序 言

一 大危机与大转折必定带来大反思与大创新

任何一次经济大危机都意味着社会经济会发生大转型，都意味着传统运行体系和指导体系运转的理论和思想会出现系统性"崩溃"和创新。人类历史上第一个具有全球化意义的世界经济危机毫无疑问会开启一个时代的新篇章。自2008年金融危机以来，世界经济步入后危机与长期停滞的新阶段，在逆全球化、民粹主义、人口老龄化、两极分化、债务高企、地缘政治等因素的共同作用下，世界经济的运行模式发生革命性变化。危机救助以及经济长期停滞要求驾驭各国经济的政策和思想进行全面反思和变革。在政策层面，金融危机救助政策不仅要求全面修改金融监管框架，同时也要求宏观经济调控必须将金融价格和监管指标纳入其中，使宏观审慎监管政策成为与货币政策、财政政策相并行的第三个工具，与此同时，与危机救助相关的各种超常规政策在长期停滞阶段被常态化，涉及资产购买的央行资产负债表的快速扩张、以调整负利率和大规模货币发行为主体的极度宽松货币政策、大幅度增加的政府债务以及全方位结构性改革的开启已经在世界范围内普遍出现，传统宏观经济政策的很多条款被全面突破。单一货币政策规则、盯住通货膨胀制、金融价格被善意忽视、3%的财政赤字约束、政府的非货币融资以及多赢的自由贸易规则都被持续打破并常态化。在思想层面，伍德福德（Woodford）、明斯基（Miskin）等人在危机前所提倡的宏观经济学的"新共识"被打破，罗格夫（Rogoff）、奥布斯特费尔德（Obstfeld）、萨默斯（Summers）等人发起建立了全面反思以新凯恩斯主义为核心的宏观经济政策理论体系。一是，要求现代宏观经济学必须全面将高度全球化与高度金融化环境下的新经济规律纳入其中，不仅金融加速器与金融波动冲击要在经济运行的模拟中得到全面体现，而且金融稳定和资产价格必须纳入宏观调控的目标函数之中，资产价格、通货膨胀水平及宏观目标的权衡以及附加金融部门的 DSGE 模型的研究成为宏观经济学的新热点。二是，非常规政策的常态化要求对基于这些政策操作带来的各种影响进行评估，这就要求宏观经济学对这些政策操作给出合理的理论解释，并用这些新的理论解释来改造传统宏观理论体系，最为突出的就是"零利率下限"的突破要求全面重构宏观经济学的很多基础。三是，全球潜在增速持续下滑与第四次技术革命的到来存在强烈冲突，为什么在 2008 年金融危机之后，10 多年来世界还没有走出"四低两高"的低迷困境？诸如此类的疑问直接导致汉森在 1937 年提出的"长期停滞理论"在萨默斯等人的推动下全面复活，围绕"长期停滞理论"展开的各种争论带来了大量的宏观理论创新，例如"技术悲观主义""新索罗悖论""新马尔萨斯主义""核算漏损论"等。四是，为走出后危机时代的长期停滞状态，结构主义得到全面复兴，各类结构性改革要求在理论中强化改革以及结构调整的因素，表明新结构主义的宏观经济理论成为新的创新点。五是，单一目标、单一工具以及单一规则的宏观调控模式在体制大转换和结构大调整过程中已经彻底破产，对多目标宏观调控模型以及新参数的研究成为重点，特别是对于菲利普斯曲线扁平化的解释使很多新理论出现。六是，对于各类宏观政策工具的评估要求对于财政、货币政策的边界和作用进行理论性的再思考，这直接使现代货币理论（MMT）得到复兴，赤字融资的理论合法性得到前所未有的关注。

中国是世界经济大转型的有机组成部分，世界经济运行机制以及世界经济格局的大变化给中国经济发展模式带来前所未有的冲击，百年未有之大变局以及中国发展内在机理的大变化对于中国宏观经济调控模式及其理论基础也带来了前所未有的冲击。这是一个需要新实践和新思想的时代，更是一个产生新实践和新思想的新时代。在实践方面，中国在2008年金融危机之后提出了"四万亿元"刺激计划，全面启动了反危机的宏观调控。2012年，我国进入经济常态化阶段，并于2013年提出了有关经济新常态的一系列新举措，开始为全面深化改革进行顶层设计。2015年底，针对三期叠加的经济运行特征，我国提出了全新的供给侧结构性改革方案；2017年，我国提出，通过高质量发展建立现代经济体系的战略举措，以供给侧结构性改革为主线努力实现中国经济结构的转型、新旧动能的转换、新旧发展模式的替换。这些创新性的实践不仅有创新性的战略思想做指导，同时也激发了中国进行宏观调控实践和理论的全面创新。我国展开以下几个方面的创新与调整。一是，决策统筹层面，在实践中，中国对宏观调控体系方面进行了前所未有的大调整：建立了中央财经委员会（领导小组），全面领导、决策、统筹中国经济；中共中央财经工作领导小组办公室，即中财办，负责具体政策的实施，以防止在统筹协调过程中出现相关问题。二是，实施层面，健全以国家发展战略和规划为导向、以财政政策和货币政策为主要手段，产业政策、区域政策、投资政策、消费政策、价格政策、各类监管政策协调配合的政策体系，要求中国宏观经济调控体系必须在尊重经济规律的同时，有中长期的目标导向；要在突破"宏观调控主要是逆周期总量调节"的西方教条的基础上，充分发挥国家发展规划的战略导向作用，使宏观经济调控在目标、手段、工具以及实施模式上与国家战略、规划相匹配。三是，打破短期需求管理的约束，建立以供给侧结构性改革为主线的新模式。四是，在科学研判中国经济和世界经济的长期发展趋势和发展规律的基础上，做出"三期叠加"的重大判断，创新新常态宏观调控框架。五是，在工具层面进行大量创新，不仅旗帜鲜明地构建宏观审慎的监管体系，辅助货币政策进行金融逆周期监管，把宏观杠杆率等指标纳入宏观目标体系之中，同时对货币政策和财政政策工具进行全面的市场化创新，例如进行 MLF、SLF、PLS、LPR 等货币政策工具创新，专项债、PPP、产业引导基金等财政政策工具创新。六是，形成"底线管理""稳中求进"的宏观调控工作总基调和方法。七是，在指导思想和理论反思方面，依据习近平新时代中国特色社会主义经济思想，形成中国特色宏观经济调控思想，创新性地提出"新常态"理论、"供给侧结构性改革"理论以及高质量发展理论。

二　本书是中国实践经验总结和中国理论反思的典范

对中国宏观经济政策和宏观理论在过去 10 多年的创新和反思进行系统性的总结，在中国即将踏上第二个百年奋斗目标的新征程和新的五年规划全面开启之际就显得尤其重要。2018 年是改革开放 40 周年，2019 年是新中国成立 70 周年，虽然经济学界分别从 40 年和 70

年的时间跨度对中国宏观经济政策和宏观理论进行了全面总结，但对中国在全面开放、全面市场化和全面金融化条件下进行的宏观经济政策创新进行理论反思的并不多。中国人民大学宏观经济论坛在近年来启动了相关的攻关研究计划。计划在四个层面展开相关研究：一是系统整理自金融危机以来世界各国有关宏观经济政策和调控模式的最新变化和创新；二是系统梳理自2008年以来宏观经济学的各种争论和新的发展；三是系统梳理10多年来，特别是2012年以来，中国特色宏观调控的改革和创新；四是对中国经济学界有关中国宏观调控的新规律、新模式、新理论和新思想进行系统整理。这些课题集中由毛振华教授、杨瑞龙教授、刘凤良教授以及刘元春教授承担。毛振华教授的这本专著就是在中国人民大学宏观经济论坛10多年系统研究中国宏观经济运行情况的基础上，对宏观经济政策创新进行系统研究的力作。该著作在同类研究著作中有以下几大特点值得我们重点关注。

第一，毛振华教授以"双底线政策的形成与转换"为主线，对2006~2019年中国宏观经济政策的指导思想、理论基础、政策框架、工具创新进行全面梳理和深入研究，本书是第一本系统研究这14年来中国宏观经济发展情况的著作。

该研究具有中长期的完备视角，对过去14年中国宏观经济情况进行全面立体的描绘，使我们能够十分清晰地看到中国经济大转折所带来的宏观经济政策的大调整以及宏观经济思想的大转变。首先，本书对过去14年的宏观调控进行了精准的阶段划分：一是高速增长末期以"双防"为核心的宏观调控阶段（2006~2008年）；二是金融危机至后危机时期的宏观调控阶段（2008~2012年）；三是转向供给侧结构性调整的宏观调控阶段（2013~2016年）；四是内部风险与大国博弈双重约束下的宏观调控阶段（2016~2019年）。其次，本书对中国经济在不同阶段面临的不同环境、存在的

稳增长与防风险：中国经济双底线政策的形成与转换

主要矛盾和问题进行深入梳理，对中国宏观经济运行逻辑进行深入梳理，指出由于从粗放的高速增长向高质量的中高速增长转变、从短缺经济向全面小康经济转变、从"出口—投资驱动模式"向"债务—投资模式"转变、从旧发展模式向新常态转变、从传统四大增长红利向新动能转变等一系列运行机制的转变，中国经济面临的主要问题必将从高速增长阶段的"防过热"转向危机防范阶段的"稳增长"，从通过大规模放债来稳增长的危机救助阶段转向"控风险"阶段，中国宏观经济政策目标必定从"以GDP为中心"转向"以人民为中心"，从"经济挂帅"的优先发展转向"五位一体"的新发展，从"重投入"转向"重质量和效益"，从"以速度为根本要求"转向"以高质量发展为根本要求"，从传统的高增长转向"稳增长"与"防风险"相协调。这些主要矛盾和政策目标的转变也必定要求政策工具和政策体系做出相应的创新和调整。本书在这种逻辑体系下，以底线管理为切入点和落脚点，深入把握"稳增长"与"防风险"目标形成、目标实现、目标权衡、目标转换的机理，有机整合了长达14年宏观调控的各种材料，既进行了全貌性的研究，又避免了很多同类研究成果简单堆砌的缺点。

第二，本书充分将宏观金融与宏观经济有机结合起来，全面强调宏观债务管理在宏观经济调控中的战略地位，这不仅有利于我们进一步创新中国宏观经济政策在金融领域的各类工具和操作，同时也有利于打破传统经济学的二分化现象，在打开金融这个"黑匣子"的基础上，为中国特色宏观调控理论的发展进行有益的前瞻性探索。

本轮全球经济危机带来的最大反思就是研究宏观经济必须打破宏观金融与微观金融的"黑匣子"，宏观经济调控必须将经济增长、充分就业、通货膨胀、国际收支以及资产价格的稳定纳入其中，宏观调控的逆周期调整必须将金融周期纳入其中，宏观政策工具必须构建有效的宏观审慎的监管体系，必须把债务率、宏观杠杆率等指标纳入宏观调控目标体系之中，避免出现系统性金融危机是保障宏观经济平稳运行的首要条件。本书充分吸收这些实践和理论的创新成果，打破了以往将"经济"与"金融"作为"两张皮"的传统思维，将债务累积带来的系统性风险作为本书研究的重中之重。毛振华教授进行的30多年的金融实践和理论思考也决定了他能够深入研究金融运行对于宏观经济的传导机制。近10年来，毛振华教授在多个场合对世界经济的金融风险和中国的债务风险提出警示，先后出版专著《"债务—通缩"压力与债务风险化解》，发表报告《系统性风险总体仍处可控，警惕违约爆发触发金融市场波动》和《双底线下的宏观经济》，指出政策核心应从稳增长向防风险转变，防风险应成为稳增长的前提，并于2016年初首次正式提出稳增长、防风险的双底线思维。2016年底，毛振华教授将研究成果进一步整理，发布了题为《中国宏观经济分析与预测（2016～2017）——稳增长与防风险双底线的中国宏观经济》的报告，提出投资收益率的下降和资金使用效率的降低已逐渐弱化了"债务—投资"驱动模式的效用，总体债务已经处于一个"临界点"，高债务带来的高风险已成为经济稳定的巨大威胁。对此，他建议，在当前经济下行压力依然不减以及债务风险凸显的背景下，需要重新构建稳增长与防风险双底线的宏观调控体系。一方面，战略思想要明确"稳增长、防风险、促改革"的逻辑顺序，政策基调需要供给侧结构性改革与需求侧管理政策协调并进，稳增长是缓释风险的前提，是保就业、惠民生的底线，同时经济增长能够带来资产价值上升，进而改善企业资产负债结构，在一定程度上缓释债务风险。另一方面，防控风险尤其是债务风险是关键，是保证中国不发生经济危机的底线，解决高债务问题并不必然带来系统性危机。这些见解与从2016年底到2019年的中央宏观调控决策具有高度的一致性。

当然，本书也存在一些不足。其中最突出的就是很多理论思考还停留在提出问题的层面，没有进行充分的理论构建。但正如马克思所言："主要的困难不是答案，而是问题"，"问题就是时代的口号，是它表现自己精神状态的最实际的呼声"。毛振华教授提出的大量理论思考和理论问题，是我们宏观经济学界进一步进行理论建构的基础，也是时代对于我们宏观经济学家提出的最实际的呼声，中国特色宏观经济调控理论应当对毛振华教授提出的"双底线宏观经济政策框架"进行理论化和体系化。这也是中国人民大学中国宏观经济论坛在未来发展进程中的核心使命之一。

刘元春

2020 年 2 月 25 日

目 录

第一章 颇具理论研究价值的中国经济增长与经济政策 …… 001
 一 中国经济的持续增长与双底线思维的形成 ………… 001
 二 双底线思维的逻辑体系 ……………………………… 021

第二章 宏观调控理论的形成与演化 ……………………… 024
 一 宏观调控概述 ………………………………………… 024
 二 西方国家的宏观调控理论与实践 …………………… 029
 三 中国的宏观调控理论与实践 ………………………… 037

第三章 高速增长末期以"双防"为核心的宏观调控
   （2006~2008年） ………………………………… 044
 一 高速增长末期的中国经济：流动性过剩下的繁荣 … 044
 二 经济运行中存在的问题和风险 ……………………… 056
 三 宏观调控和经济政策以"双防"为核心 …………… 060
 四 对本阶段宏观调控政策的评价 ……………………… 065

第四章 金融危机至后危机时期的宏观调控
   （2008~2012年） ………………………………… 067
 一 金融危机至后危机时期的中国经济 ………………… 067

001

二　经济运行中存在的问题和风险 ……………………………… 082
　　三　反危机时期的宏观调控：从"四万亿元"刺激向微刺激的
　　　　转变 ……………………………………………………………… 087
　　四　对本阶段逆周期调控政策的评价 …………………………… 094

第五章　转向供给侧结构调整的宏观调控（2013~2016年）
　　　　…………………………………………………………………… 096
　　一　2013~2016年中国经济的表现 ……………………………… 096
　　二　经济运行中存在的问题和风险 ……………………………… 107
　　三　宏观调控逐渐转向供给侧结构性改革 ……………………… 114
　　四　对本阶段宏观调控政策的评价 ……………………………… 123

第六章　金融危机以来宏观调控总结：双底线思维的形成
　　　　…………………………………………………………………… 125
　　一　宏观调控目标：基本以稳增长为核心 ……………………… 125
　　二　配合总量性政策，增强结构性调控力量 …………………… 129
　　三　完善"三位一体"调控模式，短期调控与长期改革
　　　　相结合 …………………………………………………………… 130
　　四　创新宏观调控理念，调控方式转向常态化 ………………… 135
　　五　转变调控思维，底线思维形成 ……………………………… 137

第七章　内部风险与大国博弈双重约束下的宏观调控
　　　　（2016~2019年）………………………………………………… 141
　　一　2016~2019年的宏观经济表现 ……………………………… 141
　　二　2016年下半年以来的宏观调控政策 ………………………… 145
　　三　本阶段政策调整对经济的影响 ……………………………… 156
　　四　对本阶段政策调整的评价 …………………………………… 162

第八章　中国宏观调控背景发生重大变化 …………… 166
- 一　外部形势"稳中有变"，不确定性增加 ………………………… 166
- 二　经济结构持续优化，但结构性问题依然难解 ………… 169
- 三　高杠杆对宏观政策腾挪空间的约束持续存在 ………… 175
- 四　人口红利继续弱化，环境约束进一步加大 …………… 179
- 五　内外环境变化，宏观调控需要新思路 ………………… 183

第九章　宏观调控的重中之重：债务风险和金融稳定 …… 186
- 一　中国债务风险的成因：2008年金融危机后各部门轮番加杠杆 ………………………………………………… 186
- 二　中国宏观债务风险现状：债务结构严重失衡，付息压力较大 ………………………………………………… 188
- 三　中国债务风险存在的隐患及对危机传导路径的逻辑分析 ……………………………………………………… 193

第十章　稳增长与防风险双底线宏观调控体系的构建 ……… 209
- 一　新形势下宏观调控要正确认识几大问题 ……………… 209
- 二　构建双底线思维下的宏观调控体系 …………………… 216
- 三　推进体制机制改革，促进政策平稳转换 ……………… 225

后　记 ………………………………………………………… 230

第一章　颇具理论研究价值的中国经济增长与经济政策

一　中国经济的持续增长与双底线思维的形成

（一）金融危机以来中国经济运行概况及其挑战

1. 金融危机后中国经济依然取得了长足发展

自 2008 年起的 10 多年来，在过去 30 年高速增长的基础上，中国经济再次取得了长足进步，经济体量和国际影响力上了一个新台阶。从经济总量来看，2007 年，中国经济总量超过德国而成为世界第三大经济体，仅落后于日本和美国。2010 年，中国经济总量超过日本，中国成为世界第二大经济体。至 2017 年末，中国经济总量已十分接近欧盟整体，中美之间经济总量的差距也进一步缩小，两者国内生产总值（GDP）全球占比之差已缩小至 10 个百分点以内。近十年间，中国 GDP 增量[①]全球占比平均超过 30%，中国是全球经济增长的主导力量。从对外贸易总额来看，2009 年，中国成为全球第一大货物贸易出口国，2013 年，中国超越美国成为第一大货物贸易国，此后持续多年稳居全

---

① 按照名义 GDP 增量及当年与美元的平均汇率计算。

球第二大进口国地位。如果将欧盟作为一个整体，那么截至2018年底，中国对外贸易总额处在世界第三的位置，全球贸易总额占比超过10%。同年底，中国外汇储备存量全球占比达26.88%，居全球首位。

从人均收入水平来看，中国经济仍然有较大的进步空间。2017年，世界银行更新了世界收入等级划分的标准，该标准将人均国民收入（GNI）为3896～12055美元的划为上中等收入国家，人均GNI高于12055美元的划为高收入国家。2017年中国人均GNI为8690美元，按此标准，中国已经达到上中等收入水平。但实现从上中等收入国家向高收入国家的跨越，中国经济仍需要维持一定的增长速度。而中国经济增长的动力机制有所弱化，资本边际效率也出现了递减的情况，潜在经济增长率出现了下降的趋势。根据张德荣的研究，以30年为标准来看，1960年，19个上中等收入国家中有74%的国家成功跨入高收入阶段，1970年，21个上中等收入国家中有57%的国家成功跨入高收入阶段，而1980年，24个上中等收入国家中仅有50%的国家成功跨入高收入阶段[1]。这意味着跨入高收入国家的难度在不断提高，出现"中等收入陷阱"的概率在不断提高。通过对比典型有代表性国家的情况，可以发现一个国家想实现收入阶段的跨越，需要在长期内保持较高的经济增速，一旦增长出现停止或者频繁波动，则极易被"中等收入陷阱"锁定[2]。2011年之后，巴西的经济增长率有所降低，学界普遍认为其已落入"中等收入陷阱"，中国当前的人均GDP即将超过巴西，并且较高的经济增长还在持续，我们有理由相信中国能够成功跨越"中等收入陷阱"并进入高收入国家行列。世

---

[1] 张德荣：《"中等收入陷阱"发生机理与中国经济增长的阶段性动力》，《经济研究》2013年第9期。
[2] 刘伟、范欣：《中国发展仍处于重要战略机遇期——中国潜在经济增长率与增长跨越》，《管理世界》2019年第1期。

界主要经济体主要经济指标对比见表1-1。1960~2017年有代表性的高速增长经济体人均GDP走势见图1-1。

表1-1 世界主要经济体主要经济指标对比

全球占比 指标	中国	美国	欧盟	日本	英国	中国排名
GDP总量	15.17%	24.03%	15.6%	6.04%	3.25%	2
GDP增量	34%	16.14%	13.79%	-1.62%	-0.60%	1
对外贸易总额	10.18%	11.56%	25.03%	3.72%	3.60%	3
出口总额	9.84%	12.93%	24.00%	3.68%	3.73%	3
进口总额	10.52%	10.23%	26.04%	3.75%	3.48%	2
外汇储备	26.88%	0.36%	2.47%	10.45%	1.07%	1
外汇市场日均成交额	3.99%	87.59%	31.40%	21.63%	12.81%	8
国际支付市场份额	2.1%	39.7%	34.1%	3.4%	6.9%	5
特别提款权份额	10.92%	41.73%	30.93%	8.33%	8.09%	3
上市公司市值	11.01%	40.60%	10.04%	7.86%	4.45%	2
债券市场余额	10.45%	35.13%	17.60%	11.29%	5.35%	4
FDI存量	4.7%	24.8%	17.8%	0.7%	5.0%	4
OFDI存量	4.8%	25.3%	27.2%	5.0%	4.9%	5

注：其中上市公司市值、债券市场余额、外国直接投资（FDI）存量、对外直接投资（OFDI）存量、世界银行投票权为2016年数据，其余为2017年数据。

资料来源：笔者根据世界银行数据库（http://data.worldbank.org）数据计算得到。

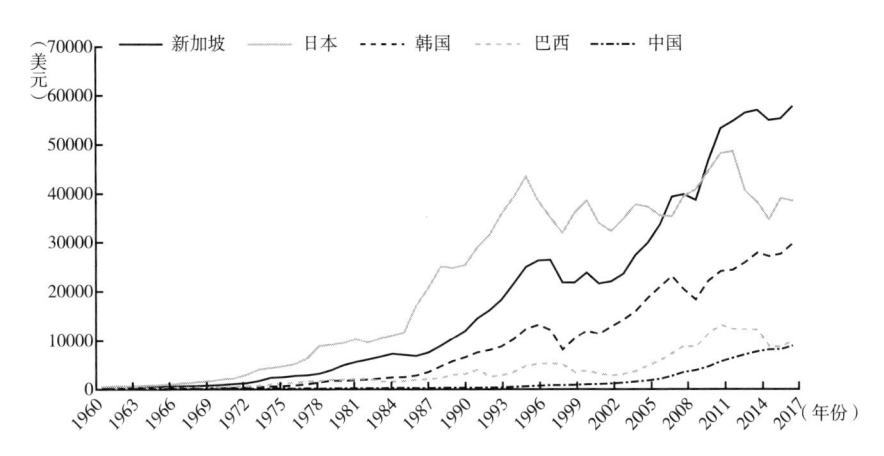

图1-1 1960~2017年有代表性的高速增长经济体人均GDP走势

资料来源：笔者根据世界银行数据库（http://data.worldbank.org）数据计算得到。

从发展模式来看，2008年由"债务—投资"驱动的经济增长模式导致风险不断累积。在2008年金融危机的冲击下，世界经济低迷，外需骤然减少。虽然当时中国经济内生增长动能仍在，通过结构调整转型升级或仍有望使经济保持较快增长，但GDP增速短期快速下滑使各界对中国经济增长过度悲观，同时发达经济体实施大幅度量化宽松政策的氛围也使国内政界、学界具有通过政府干预稳定经济增长的热情，因此，中国启动了以"四万亿元"为主的一系列经济刺激政策，中国经济进入"债务—投资"驱动模式。刺激性的经济政策虽然带动中国经济在全球率先企稳，但也导致资源配置进一步失衡：为"稳增长"投放的大量货币更多地投向以融资平台为重要构成部分的国有企业，并开始出现地方政府隐性债务问题。由此，在整体债务水平不断攀升的同时，隐性债务问题也逐渐成为中国经济的主要风险点[1]。中国经济的运行在最近10多年间风险与机遇交织，中国经济正是在解决一个又一个的问题中取得了长足的进步。在潜在经济增速放缓的情况下，中国经济发展模式面临再次转型，宏观调控的背景已经悄然发生重要变化，这些重要的变化是本书提出宏观调控"稳增长、防风险"双底线理论的前提。

2. 潜在经济增速回落，经济增速从危机前的高速增长回落至中高速增长

根据经济增长理论，一个国家的经济增长可以简单地拆解为人力的投入、资本的投入以及广义技术进步，广义技术进步包括狭义的科技进步以及制度变迁所带来的全要素生产率的提高。在没有取得革命性技术突破或大规模制度变迁的情况下，高经济增长率逐渐收敛到较低水平是

---

[1] 中国人民大学宏观经济分析与预测课题组、毛振华、刘元春、袁海霞、张英杰：《稳增长和防风险双底线下的宏观经济——2016年宏观经济形势分析与2017年预测》，《经济理论与经济管理》2017年第1期。

经济社会发展的规律性现象。中国经济的结构性减速是指经济增长速度由10%左右的高速增长,转为新常态以来6%~7%的中高速增长,再往后可能是更低的中速增长或中低速增长,尤其是当工业化、城镇化达到一定阶段后,经济增长速度就要"下台阶"(见图1-2)。在2030年前后中国成为发达国家后,经济增长速度有可能进一步下降到当今西方发达国家的水平。而继续保持较高速度的增长是达到发达国家经济水平的前提,中国经济发展本身还有相当大的潜力。2013年之后,中国经济的结构性下滑被视作一种经济发展的新常态,其中除了受结构性因素影响外,还受到潜在增长能力下滑的影响,可以说潜在GDP增速的下滑是中国经济增速下滑的核心原因之一[①]。

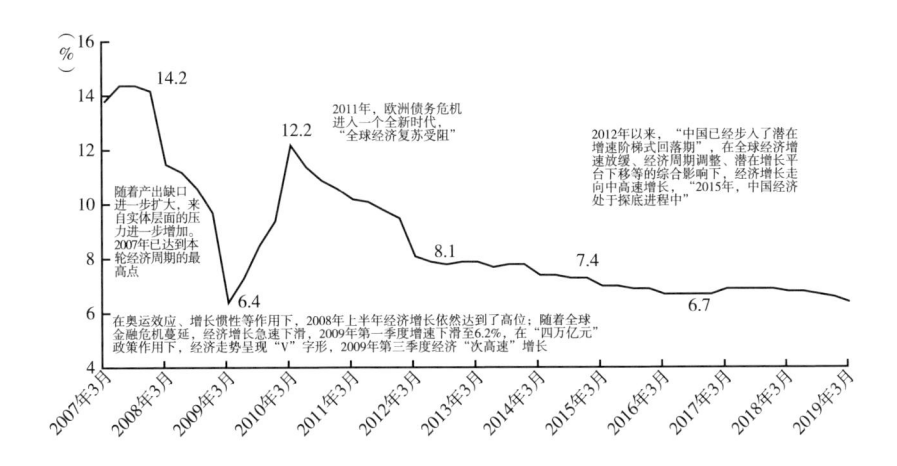

图 1-2 2007~2019 年中国经济结构性增长情况

资料来源:笔者根据历年国民经济和社会发展统计公报整理得到。

经济潜在增长率是指一国(地区)在一定时期内,在既定的技术和资源条件下,在充分就业和不出现严重通货膨胀的情况下,各种

---

① 刘元春:《中国经济在多重困境中毅然反弹》,时代周报网,http://time-weekly.com/html/20150714/30503_1.html。

资源最优和最充分配置所达到的最高经济增长率[①]。如果将1978年以来的中国经济发展划分为三个阶段，即中国国内市场经济制度逐步确立、加入WTO进行对外开放、经济发展进入新常态三个阶段，分别对应1978~2000年、2001~2012年、2013~2018年，通过HP滤波的方法进行回归，可见三个阶段的潜在增长率呈现先上升后下降的阶梯变化，尤其是进入新常态之后下降较快。如果将改革开放以来40年的时间作为整体考虑，则潜在增长率呈现一路下降的趋势（见图1-3）。

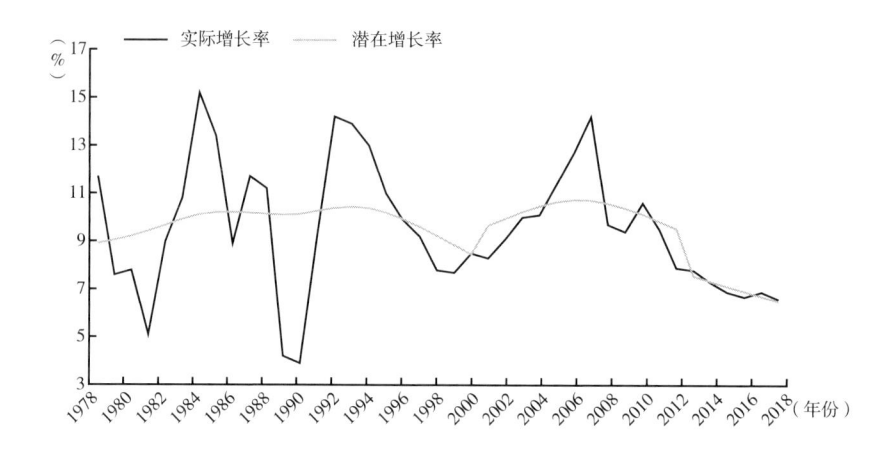

图1-3 1978~2018年中国潜在经济增长率分阶段变化情况

资料来源：笔者使用"HP滤波"方法计算得到。

正如潜在经济增长率的定义所揭示的那样，潜在产出水平并非长期的、自然的产出水平，不仅和技术、资源约束相关，还与资源配置相关。在经济增长的实际过程中，政府的宏观经济政策往往会影响、引导甚至能够直接决定资源配置的方向与方式，宏观经济政策在一些

---

① 刘伟、范欣：《中国发展仍处于重要战略机遇期——中国潜在经济增长率与增长跨越》，《管理世界》2019年第1期。

情况下较好地完成了"熨平"经济周期的任务，但在有些情况下放大了经济波动。从当前的视角重新审视2008～2014年的宏观经济调控，可以发现，中国的政策取向从过度强调有效需求不足向过度强调潜在供给能力下滑转变，在一定程度上出现了经济政策与经济形势之间的脱节。在这样的背景下，需求侧的微刺激政策并没有在2015年扭转整体经济走势，在出口下滑和投资增速持续回落的情况下，当年GDP增速在1991年之后首次跌破7%，为6.9%。与此同时，中国经济中的总债务水平持续攀升，根据中诚信国际的测算，中国非金融部门总杠杆率在2015年已经达到235.4%。持续高涨的债务导致企业债务成本加速上升，中国生产主体已经从"借新还旧"开始全面进入"借新还息"阶段[①]。与之对应，金融业增加值同比增速却快速上行，债务周期运行到高位，缓释国有企业的债务问题以及解决僵尸企业问题也出现了紧迫性。随着资产泡沫、债务激增问题日渐突出，我们在2016年率先提出宏观调控的双底线思维[②]，即以稳增长和防风险为双底线，两者皆为政策目标，在不同时期，政策优先次序可以调整，如果偏废其中任何一条底线，都可能带来经济失速和金融危机，也可能同时发生。2007～2019年中国潜在经济增长率整体变化情况见图1-4。

3. 经济结构调整持续，经济结构不断优化

虽然新常态下经济增速放缓，但是结构不断优化，经济增长不再一味追求快，而是在合理增速下的结构优化。只有实现经济结构优

[①] 中国人民大学宏观经济分析与预测课题组、刘元春、闫衍、刘晓光：《持续探底进程中的中国宏观经济——2015—2016年中国宏观经济分析与预测》，《经济理论与经济管理》2016年第1期。

[②] 中国人民大学宏观经济分析与预测课题组、毛振华、刘元春、袁海霞、张英杰：《稳增长和防风险双底线下的宏观经济——2016年宏观经济形势分析与2017年预测》，《经济理论与经济管理》2017年第1期。

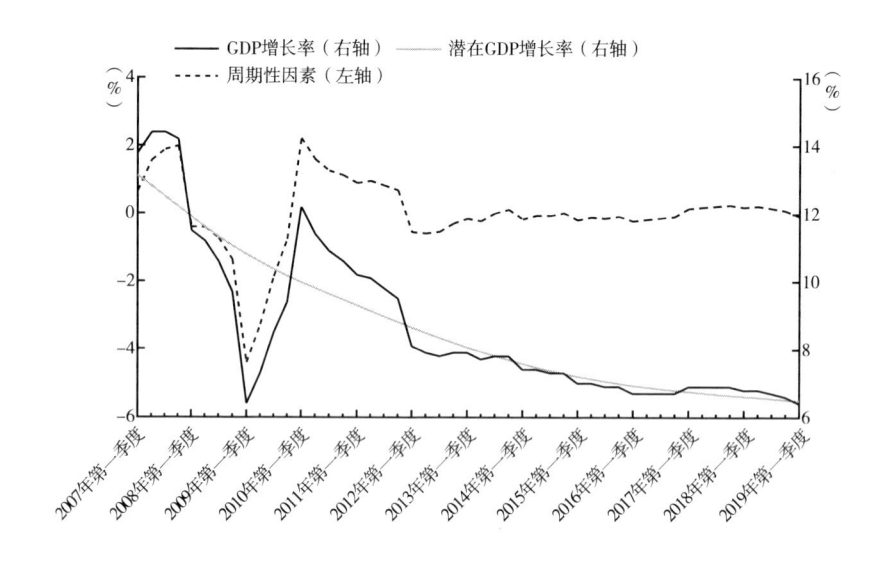

图 1-4 2007~2019 年中国潜在经济增长率整体变化情况

资料来源：笔者使用"HP滤波"方法消除周期因素后回归得到。

化，经济的平衡性、协调性和可持续性才能增强，经济质量和效益才能提高。比如，促进产业结构优化、以创新带动经济发展，进一步提升服务业产值占 GDP 的比重；完善消费结构，以优化需求结构，提升消费的贡献率，逐步形成消费主导型的经济结构；有序推进户籍制度改革，消除城乡二元结构的弊端。

经济结构优化调整包括调整存量和优化增量两个方面。调整存量的方式有去产能、去库存、去杠杆等，而这正是供给侧改革和供给管理的内容。优化增量的途径是培育新产业、新业态、新技术、新品牌等，这也正是供给侧改革和供给管理的题中应有之义。因此，全面的结构性调整是新常态的重要特征之一。实践证明，结构调整较快的地区发展较为主动，经济增长的形势也相对较好。例如，以广东为代表的部分沿海省份，通过鼓励技术改造、投资和发展高新产业推动产业转型升级，在化解过剩产能和经济结构调整方面取得了明显成效，经济增长动力在逐步增强。

当前，中国科技创新能力不断提高，一些重要领域已经跻身世界先进行列，生产方式、产业组织形式、商业模式等各个方面的创新水平不断提高。但是，中国仍然存在核心技术缺乏、科技转化能力不强等问题，经济新常态迫切需要进行科技创新，依靠创新驱动引领发展。

中国创新驱动发展已具备发力加速的基础。经过多年努力，科技发展正在进入由量的增长向质的提升的跃升期，科研体系日益完备，人才队伍不断壮大，科学、技术、工程、产业的自主创新能力快速提升。经济转型升级、民生持续改善和国防现代化建设对创新提出了巨大需求。庞大的市场规模、完备的产业体系、多样化的消费需求与互联网时代创新效率的提升相结合，为创新提供了广阔空间。中国特色社会主义制度能够有效结合集中力量办大事和市场配置资源的优势，为实现创新驱动发展提供了根本保障。2008～2017年三大需求对经济增长的贡献率见图1-5。

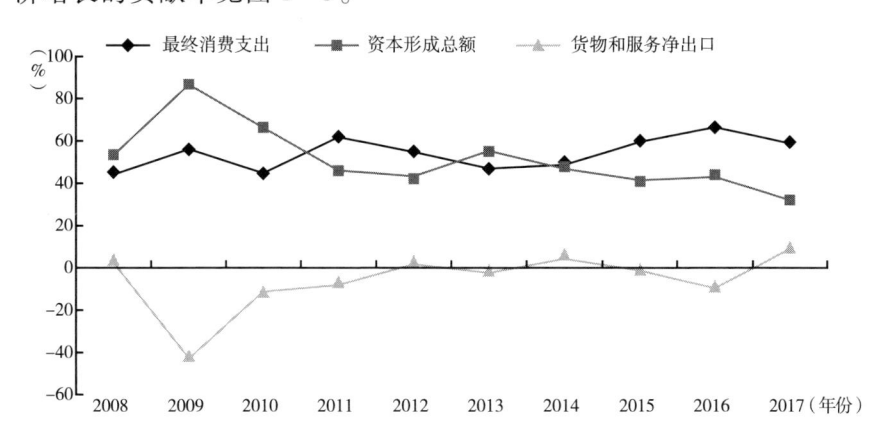

图1-5　2008～2017年三大需求对经济增长的贡献率

资料来源：笔者根据历年国民经济和社会发展统计公报整理得到。

从最终需求对经济增长的贡献率来看,外需对经济增长的贡献率持续维持低位甚至负数,资本形成总额的贡献率总体下行,消费支出贡献率接近60%。虽然整体经济增长放缓,但2013年以来全国居民人均可支配收入的增速一直处于实际经济增速之上,消费支出贡献率在2014年之后超过了资本形成总额贡献率。虽然在2018年出现了有关"消费降级"的争论,但长远来看,中国经济的增长动能面临再一次的转型,那些能够满足居民更高消费需求的产品和产业将迎来更好的发展前景和机会。从产业结构来看,第三产业保持了较快增长,自2014年第三季度以来持续保持高于第一、二产业的增长速度(见图1-6),产值占GDP比重持续提升,2013年第三产业产值占比首次超过第二产业,2015年第三产业产值占比超过50%,服务业对于经济增长的贡献进一步增加。

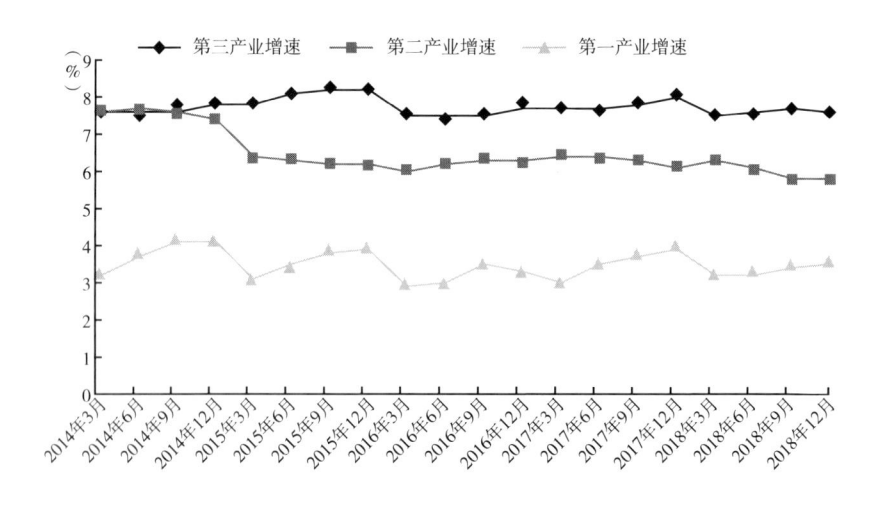

图1-6 2014~2018年三大产业增速

资料来源:笔者根据历年国民经济和社会发展统计公报整理得到。

从产业内部结构看,传统制造业调整压力持续增加,新能源汽车、机器人等新业态快速发展,新旧动能转换持续。2013年以来,随着经济结构持续调整和传统行业产能过剩情况加剧,传统制造业调整压力持续增加,六大高耗能行业①增加值同比增长持续放缓,但高技术制造业和装备制造业保持了较好的增长势头,持续快于规模以上工业增长速度。而随着创新型国家战略实施——"中国制造2025"的提出以及支持"大众创业、万众创新"一系列措施的出台,以数字化、智能化为特征的制造业逐渐显露出力量,新能源汽车、微型机器人等新兴产业产值保持翻倍增长,O2O等新业态也如雨后春笋般快速发展。

4. 经常项目顺差收窄,大国博弈下外部环境有所恶化

2001年,中国加入世界贸易组织(WTO)后,正式融入世界贸易体系并迅速成为"世界工厂",得益于成本和市场优势,中国制造成为全球产业链分工的重要组成部分。虽然中国在加入WTO之后的初始外贸阶段从事的活动只处于低价值回报的加工环节,但随着人力及科技水平的上升,中国出口的产品中的科技含量、人力资本含量在不断增加,并且随着中国经济的发展以及人们消费水平的提升,中国对外贸易在全球贸易格局中所占的地位越来越重要。2001~2007年中国经济增长的主要驱动力即为对外出口,贸易顺差带来了外汇储备的大量积累,基础货币投放中的60%来自外汇占款,还带动了国内出口加工产业链条的形成与发展,而对外贸易的繁荣带来了人员、技术和资本在中国境内的流动,提高了中国经济的潜在产出水平。与此同时,招商引资吸引FDI流入也成为各地发展经济的重要支撑之一,利用外商投资金额也在不断增加。但从2008年开始,中国的外部经济环境先后两次出现较大扰动。首先是2007年美国首先爆发了次贷危机,并传导至

---

① 化学原料及化学制品制造业、非金属矿物制品业、黑色金属冶炼及压延加工业、有色金属冶炼及压延加工业、石油加工炼焦及核燃料加工业、电力热力的生产和供应业。

欧盟等发达经济体，西方国家的经济下滑带来全球经济增速下降，外需的骤然减少对中国由出口拉动的经济增长形成较大压力，从2008年开始，中国的经常项目顺差出现了绝对数值的下降，FDI流入的增速也出现了下滑，甚至出现了外资企业成批撤出中国的情况。在外部环境恶化造成经济增长下滑的背景下，以及世界各国纷纷出台量化宽松的宏观政策的压力下，中国也出台了"四万亿元"的经济刺激计划。正是从2008年的经济刺激计划开始，中国经济逐渐从出口拉动型经济向"债务—投资"拉动型经济转变，并为此后的债务水平上升埋下了伏笔。2008~2018年中国的贸易顺差变化情况见图1-7。

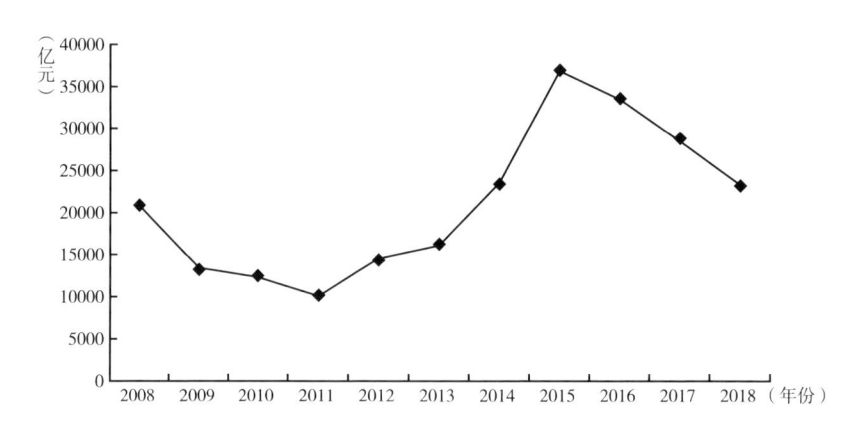

图1-7　2008~2018年中国的贸易顺差变化情况

资料来源：笔者根据《中国统计年鉴2019》整理得到。

随着西方国家逐渐走出经济危机的负面影响，中国的贸易顺差开始恢复，但受到成本上升等因素的影响，2015年，中国对外贸易顺差达到了阶段性顶点，从此之后呈现下降趋势。与此同时，中国成为净资本输出国且对外投资净额不断增加，但由于发展模式的不同，引起了部分西方国家的敌视。由于对来自中国的资本加强了管制，中国对外资本输出净额在2017年出现大幅下降。2018年初，美国在其国防战略报告摘要中将中国视为首要战略竞争者,并在其后主动向中国挑起了贸易争端,在这样的背景下,中国的外部环境又一次恶化,中国面临更多的挑战。2008~2017年中国的FDI、OFDI变化情况见图1-8。

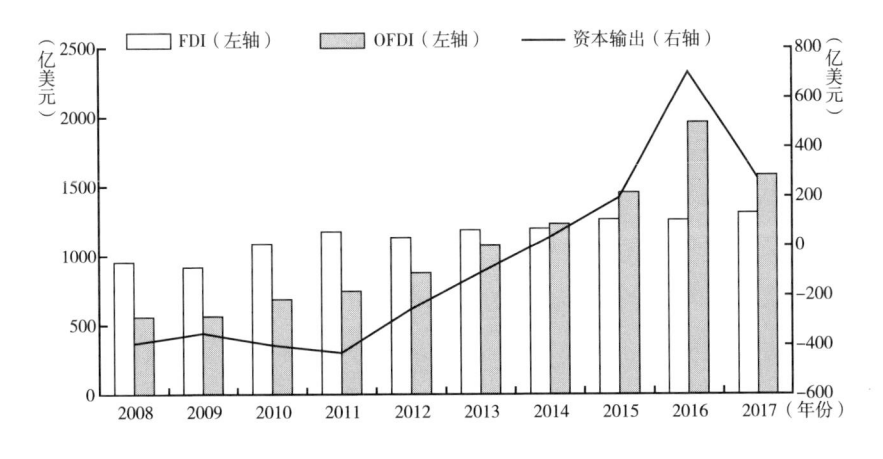

图1-8　2008~2017年中国的FDI、OFDI变化情况

资料来源:FDI数据源自《中国统计年鉴2019》,OFDI数据源自东方财富Choice数据。

自中美建交以来,中美关系历经40年风雨,其间虽然经历了众多波折,但基本上是在冲突与合作间来回摇摆,"经贸关系是中美关系压舱石"的观点多年来并未真正被撼动过。但是,特朗普上台以来提出中国是美国的"首要战略竞争者",表明中美关系中合作因素退居次要位置,矛盾、竞争、冲突的因素前所未有。与此同时,遏制中国已经成为美国精英的共识。在此前历次中美冲突中,美国不同党派、不同阶层、不同利益群体对于遏制中国均有不同的声音。但现在这一情况有了变化。笔者曾作为智库代表于2015年、2018年两度访问美国,与美国各界进行了深入交流,两次访问感受迥异:2015年美国各界的关注点在于"中国发生了什么",而2018年8月底的访问中，笔者所拜访的各界人士的关注点已经转向"遏制中国"。此外，中美贸易摩擦发生说明，经贸关系这一"压舱石"也已被撼动①。中美之间的贸易争端如果进一步向着投资、技术、金融等领域蔓延，不仅将对两国经济社会产生深刻影响，甚至还有可能成为影响全球经济稳定的"黑天鹅"事件。

5. "债务—投资"驱动的经济增长模式导致债务风险不断累积

在外部环境面临恶化的同时，2008 年以来投资驱动经济的模式所积累的债务风险在 2015 年前后开始逐步凸显。随着经济形势和发展阶段的变化，中国债务总规模呈现快速扩张的态势，杠杆率经历了危机前略有降低、之后快速攀升的态势，杠杆率总体偏高，而且结构性问题突出，非金融企业部门债务水平较高。根据中诚信国际的测算，到 2016 年底，中国非金融部门总杠杆率为 264.6%，比 2008 年的 139% 上升了 125.6 个百分点②，虽然低于日本、法国、加拿大，但已超过美国、韩国，也高于同等发展水平国家。其中非金融企业部门杠杆率为 180.3%，远高于世界平均水平、新兴市场国家平均水平和发达国家平均水平。政府部门和居民部门杠杆率分别为 36.9% 和 50.6%（见图 1-9）。正是在这样的背景下，2016 年下半年，中国经济的宏观调控重点从经济增长转向风险防控。

在整体债务水平居高不下的同时，中国经济体系中还存在较为严重的隐性债务问题。《中华人民共和国预算法》（以下简称《预算法》）第三十五条指出："除前款规定外，地方政府及其所属部门不

---

① 出自毛振华于 2018 年 9 月 30 日在中国人民大学"大金融思想沙龙"发表的"中美关系演变下的中国经济"的演讲。
② 本书关于杠杆率的测算，2014 年之前的数据来自国际清算银行（BIS），2014 年（含）的数据来自中诚信国际的测算。

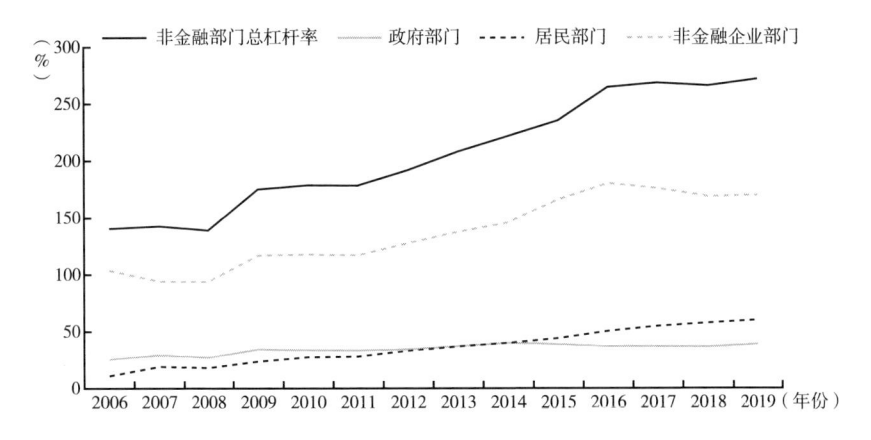

第一章 颇具理论研究价值的中国经济增长与经济政策

图1-9 2006~2019年宏观杠杆率变化情况

资料来源：2014年及之前的总杠杆率、政府部门杠杆率、非金融企业部门杠杆率及2012年及之前的居民部门杠杆率来自BIS，其余杠杆率数据来自中诚信国际的测算。

得以任何方式举借债务"。除了税收分成外，地方政府财政支出较多依赖中央政府的转移支付，体制的约束往往促使体制之外的力量滋生，以城投公司的形式进行投融资可以帮助地方政府绕过《预算法》的直接约束，尤其是2008年，为了应对外部经济危机的冲击，城投平台的发展被视作对冲外部冲击的渠道。地方政府的融资平台通过债务杠杆拉动了经济增长，带来了城市基础设施的快速更新和增加。虽然并不能完全否认城投公司在经济发展过程中的作用，但是地方政府的融资平台大量借贷和举债，并且其活动无法反映在地方政府的预算收支表上，使预算软约束问题和刚性兑付问题同时存在；隐性债务积累了金融风险。为了使地方政府的负债行为逐渐透明、可控，2009~2014年，中央政府开始代发代还地方政府债，并在2015年实施了新的《预算法》，赋予省级政府一定限额的自主举债权。据中诚信国际估算，截至2018年底，中国地方政府隐性债务规模在27.5万亿~40万亿元，是显性债务的1.49~2.17倍（见表1-2）。

表1-2 2018年三个口径计算下的地方政府隐性债务规模

单位：万亿元，倍

	隐性债务	显性债务	隐性债务/显性债务
口径一	40.0	18.4	2.17
口径二	39.7	18.4	2.16
口径三	27.5	18.4	1.49

资料来源：中诚信国际根据全国各省财政决算报告数据计算得到。

（二）金融危机后宏观调控理论的争论与双底线思维的意义

1. 金融危机加剧了关于宏观调控理论的争论

从凯恩斯革命开始，理论界对于政府宏观调控的性质、目标和手段一直充满争论，围绕政府宏观调控权利的边界形成了许多宏观调控的理论范式。詹姆斯·托宾曾说，重大的历史事件以及对这些历史事件的解释总会引起对旧学说的深刻怀疑，继而以新的学说取而代之。从第二次世界大战到20世纪70年代初，大部分西方资本主义国家的政策制定者普遍接受凯恩斯主义的信条。凯恩斯主义认为，市场存在总需求不足的固有缺陷，有效需求的不足可以通过政府支出扩张、减税和货币扩张等举措来应对，这是现代宏观调控的理论基础。但坚持新古典经济学的学者对此提出警告，认为政府对经济的干预只能引起通胀。

20世纪70年代，越南战争使美国的通胀率快速上升，随着滞胀的长期持续学者和决策者开始反思凯恩斯主义的有效性，此后涌现出了货币主义、新古典宏观经济学和供给学派经济学。美联储在20世纪70年代严格控制了货币供给，践行货币主义政策；卢卡斯提出的理性预期概念则增强了学者和决策者支持自由放任的信念和决心，此后的里根经济学、撒切尔在英国的经济自由化改革支持新古典宏观经济学的主张；以减税为特征的供给学派一度成为里根经济学的核心，里根的减税政策虽然缓解了美国经济滞胀问题，但其联邦预算的赤字随之增加，在里根政府时期，联邦政府的债务比之前增加了43%。英国和西欧其他国家也经历了类似的进程，各国政府和央行的"赤字运行"在全球范围内变得流行起来。

与此同时，一种新的货币理论开始形成，即现代货币政策理论（Modern Monetary Theory，MMT），该理论认为拥有货币发行权的主权政府不会面临真正的预算约束，所有的政府面临的真正问题是生产和消费的匹配，政府的赤字和负债不过是其他经济主体的盈余和资产。这一理论推崇澳大利亚政府在长期赤字下运行，并且经济保持增长。

2007年美国爆发的次贷危机，再次引发了对政府宏观调控边界的争论。关于次贷危机发生的原因，有些学者认为是金融市场的运行失灵，因此主张加强政府监管和宏观调控，沃克尔法则正是在这样的背景下出台的。另外一些学者认为危机发生的主要原因不是市场失灵，而是政府的调控失灵，包括对利息率的调控以及对次级贷的政策支持都出现了失误，该立场支持政府减少对经济的干预，回到货币主义和供给学派所主张的信条上来。这样，对于同一现象，有着不同的解释和政策主张，并出现了针锋相对的局面。

无论是支持加强宏观调控的主张，还是支持减少政府干预的主张，次贷危机本身带来的冲击都引发了学者和决策者对金融稳定的重新重视，而在应对危机过程中各国出台的量化宽松政策的真实效果则成为理论界关注的重点。根据世界银行的统计，2008~2018年，全球债务增长约50%，其中中国债务增长77%，全球债务占GDP的比例从2008年的208%上升到2018年的231%。在债务增长和经济增长之间寻找平衡成为近些年宏观调控理论研究的重点。

2. 中国发展模式转换和宏观调控运用引发争论

最近10年里，中国的经济运行经历了改革开放以来内外环境最为复杂的10年，在上文所描述的宏观背景下，围绕中国经济未来该如何调整、宏观政策该如何运用，学者之间产生了较大的分歧。

首先是关于"债务—投资"驱动模式的可持续性的讨论，其背后是关于宏观刺激政策有效性的讨论。在宏观债务率高企的情况下，一些学者和研究人员认为应当适时放松政府部门对于投资的支持，主要依据是宏观刺激政策的效果在减弱。笔者也曾提出对于债务风险累积的警示，提出需要将防风险作为宏观调控的一条底线，并在此后提出把加强股本融资作为风险防控的一条重要途径，甚至作为一项基本国策[①]。一方面，刺激政策在边际上的作用呈现递减的情况；另一方面，2016年下半年，宏观调控转向去杠杆，但当时并未以扩大股本融资规模等替代性的方法进行去杠杆，而是将以市场出清为前提的供给侧结构性改革进一步深化，通过严格管控影子银行等较为直接的方式压低债务率，两方面共同起作用，使经济增速出现了向下调整。

在这样的情况下，一些学者认为应当坚持积极的宏观调控政策，比如余永定认为没有一定速度的经济增长，金融风险的问题可能会更多。他还认为，在经济下行压力面前，不仅货币需要保持适度宽松，财政也要敢于打破3%的赤字红线，要防止经济增长速度进一步下滑，主要办法是实施扩张性财政政策[②]。这种想法并非没有道理，在经济增速下滑的情形下进行顺周期的去杠杆政策，可能带来资产价格的大跌，使各负债主体的资本金无法得到补充，从而使经济陷入费雪

---

① 出自毛振华于2018年11月在"第二十届中国上市公司金牛奖颁奖典礼暨高端论坛"上发表的主题演讲"民营上市企业债务风险及缓释"。
② 《余永定：财政政策当如何积极　货币政策怎样避免漫灌》，新浪网，http://finance.sina.com.cn/china/gncj/2018-08-10/doc-ihhnunsq9700605.shtml。

所谓的"通缩—债务"恶性循环的陷阱，最终变成达里奥所谓的糟糕的去杠杆过程。

宏观调控如何运用、如何引导中国经济转型，不仅引发学术界的讨论，还引发政府部门内部的争论。中国人民银行研究局局长徐忠提出，"中国高杠杆风险的根源在于财税体制改革滞后"，"中央财政与地方财政的关系一直没有理顺，地方政府融资的正门未开、'后门'难堵，""省级政府代市、县级政府发债，举债、支出权责不对等，催生中央财政兜底幻觉，导致刚性兑付和道德风险"[1]。这种观点实际上是说高杠杆的根源在于体制性的结构问题，过度依赖货币政策本身无法解决去杠杆引发的问题。徐忠认为，财政政策应在去杠杆中发挥更大作用。"财政政策是结构调整的核心政策，当前去杠杆过程中暴露出的结构性问题，归根到底要靠财政政策解决。"中国人民银行金融研究所所长孙国峰也有类似看法，他认为，打好防范化解重点金融风险攻坚战、控制宏观杠杆率，从根本上要管住货币总闸门。"去杠杆千招万招，管不住货币，都是无用之招。"[2] 在央行发出上述声音后，财政部有关人士对这些观点进行了反驳：一是认为财政政策已经足够积极，表面的财政赤字率低是来源于统计口径的问题；二是财政的资产负债表扩张受限较多，而央行的资产负债表扩张的弹性则较大，因此对央行的"慷慨掏钱"需要警惕；三是在形成高杠杆的过程中，金融机构绝不是无辜清白的，反过来金融机构以预防金融风险为名要求地方政府兜底，形成了刚性兑付问题[3]。

总之，2008年的金融危机及其调控应对并没有减少对于宏观调

---

[1]《徐忠：当前去杠杆过程中暴露出的结构性问题要靠财政政策解决》，澎湃新闻，https://www.thepaper.cn/newsDetail_forward_2228350。
[2] 孙国峰：《正确理解稳健中性的货币政策》，《中国金融》2018年第15期。
[3]《财政政策为谁积极？如何积极？》，财新网，http://opinion.caixin.com/2018-07-16/101304412.html。

控的争论，也没有带来关于政府如何作为的共识，"看得见的手"与"看不见的手"之间的分歧和博弈正在加强而非减弱。

3. 双底线思维具有现实和理论的意义

在宏观经济背景发生变化、学者之间充满激烈争论的情况下，我们需要对宏观调控的理念进行再次审视。2015年以来的宏观经济调控的经验似乎在验证稳增长与防风险之间存在矛盾性的关系。由于"债务—投资"驱动的经济增长模式的确带来了债务风险的积累，防风险应当是宏观调控的一条底线。但是防风险不应与稳增长完全对立起来，虽然坚持两条底线意味着宏观调控可以操作的空间狭小，但两者不对立的部分里隐藏着未来中国经济健康发展、迈向高质量增长的机遇。双底线思维的实质是回答经济如何从"债务—投资"增长模式转向高质量的经济增长模式。稳增长与防风险之间是相辅相成的，两者之间的互补性应该得到更多的强调。增长是解决债务问题的重要前提，那些既能促进增长，又不会带来过多债务积累的产业方向、发展模式代表了转型的方向。双底线思维所研究的对象就是如何通过稳增长的方式化解债务风险，寻找两者之间的最优平衡。

稳增长、防风险、守底线，通过稳增长的方式化解债务风险对中国经济转型具有重要的现实意义和理论意义。

从现实意义来说，双底线理论上意味着最大限度地避免债务危机的发生。首先，短期内通过市场出清的手段去杠杆使杠杆率降低简单有效，但会带来经济失速，甚至可能引发债务危机，这主要包括两条路径：其一，金融去杠杆导致货币政策收紧，从而导致利率上升，最终引发企业资金链断裂；其二，去杠杆会压低房地产市场的走势，从而带来核心抵押品的价值下降，引发金融机构收缩资产负债表。因此，在去杠杆的同时，不要放弃经济增长的底线，避免市场流动性的紧张以及核心抵押品的资产价格下降。其操作空间在于，中国的潜在经济增长率还有提高空间,全要素生产率的提高也有较高空间。其次,一味地通过债务驱动力来稳增长最终会带来违约情形的集中发生,同样也会带来债务危机。因此在经济增长的过程中不要放弃防风险的底线,其操作空间在于,中国的经济结构还有较大调整空间,从投资驱动转向消费驱动还有漫长的道路。在增长中调整债务结构,可以阻断经济危机与债务危机之间的反应链条。

从理论意义上来说,双底线思维实际上讨论的是宏观调控与经济增长、经济周期之间的关系,"熨平"经济周期当然是宏观调控的主要目标,但对于中国这样一个特殊的、巨大的转型过程中的经济体而言,如何在保持较高经济增速的基础上"熨平"经济周期,也是理论上的重大探索。如何在具体政策措施中实施双底线思维,还涉及对于政府与市场关系的认识与重新定位,防风险下的稳增长意味着以大规模投资拉动经济增长的模式必须转变,稳增长下的防风险意味着市场经济主体必须摆脱对于政府信用的过度依赖。

二 双底线思维的逻辑体系

(一)研究的基本思路

本书围绕"是什么——辨析概念,为什么——阐释理论,怎么办——政策建议"三个部分展开研究。中国的宏观经济政策有显著的"相机抉择"的特征,而相机抉择的宏观调控是一把双刃剑,一方面,它具有灵活性和适时性,在短期内可以变换经济调整的方向;另一方面,它往往缺乏长期的考量,加上宏观调控的多目标带来的多部门的参与,容易造成短期的调整过度,政策调整的过于频繁也不利于稳定的市场预期的形成。最近10多年的宏观调控呈现在稳增长与

稳增长与防风险：中国经济双底线政策的形成与转换

防风险两者之间摇摆不定的情况，将防风险、稳增长作为宏观调控的双底线，实际上是为相机抉择的宏观调控加上框架性的约束，强调宏观调控的连续性和长期性，也强调两者之间并不完全冲突，那些重合的部分恰恰是中国经济未来改革的方向。

就概念而言，双底线思维指的是在宏观调控过程中，要始终坚持把稳增长和防风险同时作为政策目标，不同时期的政策优先次序可以调整，但不能偏废任何一方，在调控过程中注重风险与机遇的平衡。

从20世纪以来全球发生的历次经济危机的历史经验来看，危机的发生与金融和债务的关系日趋紧密，甚至可以说经济危机的本质是金融危机，而金融危机实质上是债务危机。2008年，随着美国次贷危机蔓延为全球性的金融危机，中国开始了以稳增长为核心的宏观调控，"债务—投资"模式成为经济增长的主要驱动力量。长期坚持稳增长的政策，带来了债务风险和资产泡沫，尤其是地方政府为发展经济而进行隐性负债带来了隐性债务风险。随着整体负债水平的逐步上升，2016年下半年以来宏观调控的重心从稳增长转向了防风险，2017年12月中央经济工作会议将防风险列为三大攻坚战之首，提出要使宏观杠杆率得到有效控制，在这样的调控思路下各个部门、政府的各个层级都在防风险的压力下出台了各种政策，政策合力的结果带来了经济向下超调的压力和金融市场的波动，加之美国发动了针对中国的贸易摩擦，2018年7月底中央政治局会议首次提出宏观经济的"六稳"目标，在深入推进供给侧结构性改革和打好三大攻坚战的同时做好结构性去杠杆的工作。2018年10月，《国务院办公厅关于保持基础设施领域补短板力度的指导意见》将铁路、公路、水运、机场等领域的基础设施建设列为重点任务，并提出"合理保障融资平台公司正常融资需求"，标志着宏观调控重回稳增长的重心。宏观经济调控在风险与机遇之间动态调整本身具有合理性，但政策调整本身往往又带来"一收就死,一放就乱"的情况,坚持双底线思维,就是要努力寻找风险与机遇之间的微妙平衡,避免政策的反复调整带来经济超调的状况。

在政策建议上,需要尽快构建双底线思维下的宏观调控体系,明确稳增长、防风险、促改革等各个目标之间的逻辑顺序,协调好短期目标和长期目标之间的关系。一是将需求侧管理和供给侧改革协调配合起来,通过增长的方式稳步化解存量债务问题。二是要努力推动落实国企改革、房地产长效机制的建立以及土地要素改革等各项体制性障碍,使经济增长的轨道尽快转移到高质量增长的路径上来。

(二) 研究的基本框架

针对上述研究思路,本书研究框架共分为理论篇、实践篇和对策篇三部分。在具体章节分布上,第二章为理论篇,第三章至第七章为实践篇,第八章及第十章为对策篇。研究框架如图 1-10 所示。

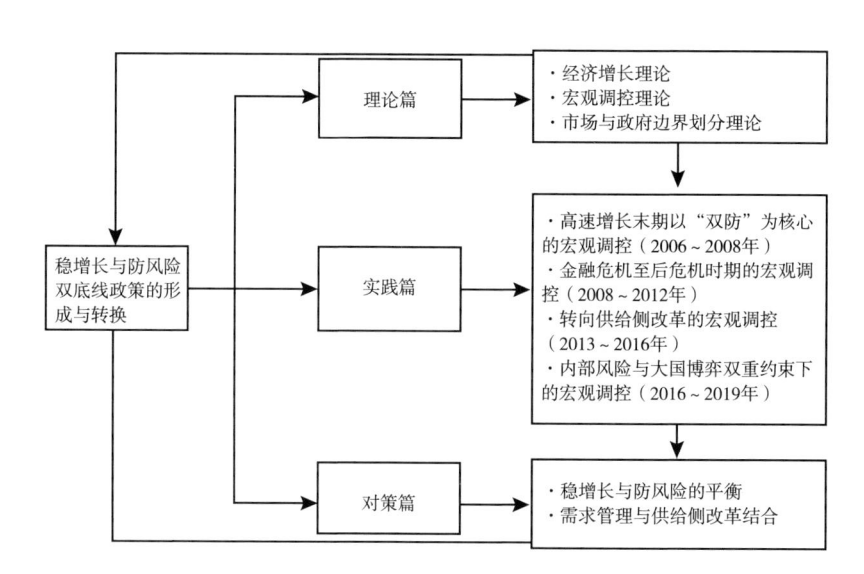

图 1-10 研究框架

第二章　宏观调控理论的形成与演化

一　宏观调控概述

(一) 宏观调控的起源和概念

宏观调控是指为了防止市场经济条件下市场失效和保证国民经济总体的稳定运行，政府在市场发挥配置经济资源的基础性作用的前提下，通过运用宏观经济政策工具来调节国民经济，以最终实现国家的宏观经济目标的一整套运作过程[①]。

20世纪30年代前，以亚当·斯密为代表的古典经济学派主导着西方经济学界。该学派倡导以市场机制来配置社会资源的经济体制和经济运行方式，鼓励自由竞争，认为完全竞争条件下价格机制会自动调节市场，以达到市场出清、劳动力充分就业的均衡状态，相信"供给创造自己的需求"，不可能发生生产过剩或生产不足的经济危机。在这样的体制下，政府没有发挥干预作用的空间，因此该学派反对政府干预，认为政府只需要扮演"守夜人"的角色。然而20世纪

---

① 刘树成主编《现代经济辞典》，凤凰出版社、江苏人民出版社，2005。

30年代的大萧条打破了这一构想，人们发现单凭市场的自我调节无法摆脱危机，生产设施闲置、大量工人失业，但古典经济理论对此束手无策。1936年，凯恩斯的《就业、利息和货币通论》面世并很好地解释了经济危机，其理论与政策主张被广泛用于指导各国的政策实践，对一战后西方各国政府的经济政策乃至经济和社会体制的运行产生了重大影响，促使西方国家20世纪中期经济增长的黄金时代产生[1]。凯恩斯的经济思想是现代国家政府干预主张形成和发展的起点。

凯恩斯之后大量学者从不同方面发展了政府干预理论，但市场缺陷和失灵始终被视作主张政府干预的基本理由。不论在市场经济发展的哪一阶段，完全市场经济和完全竞争的市场都是不能实现的，除市场经济本身不能达到理想状态的客观限制以外，市场缺陷还表现在公共物品的供给、负外部性、垄断、分配方式等方面。为消除上述市场缺陷，政府需利用其行政权力发挥干预调节经济的作用，充当公共物品的供给方，消除负外部性，进行合理再分配，维持市场秩序。

（二）宏观调控的目标

现代宏观调控制度以罗斯福新政作为起源，迅速被各资本主义国家接纳，并在长期实践中不断演进，形成了基本统一的定义与调控目标。从具体实践来看，政府干预市场经济起源于西方国家，在近百年里，调控政策措施日趋成熟，但收效不一，仍无公认的最优政府干预机制。目前传统宏观经济管理思路所归纳的宏观调控的四大目标已被主流宏观经济学和各国政府所接受，四大目标一般描述为：以GDP

---

[1] 苏雪串：《新自由主义与政府干预主义理论与政策实践的演变——金融危机后对政府干预经济的再思考》，《学习与实践》2010年第5期，第17~22页。

为代表性指标的经济增长、以消费者物价指数（CPI）为代表性指标的物价稳定、以失业率为代表性指标的充分就业、以国际收支平衡表的会计账户为代表性指标的国际收支平衡。

1. 经济增长

经济增长是宏观调控效果的最终目标和最后体现形式，也是经济和社会发展的基础。持续快速的经济增长是实现国家长远战略目标的首要条件，也是保持社会稳定、提高人民生活水平的首要条件，因此促进经济增长是宏观调控最重要的目标。经济持续快速增长的前提之一就是实现社会总供给与社会总需求平稳协调，宏观调控即要求通过政府干预使之接近基本平衡。

2. 充分就业

就业关系到人民群众的切身利益，是民生之本和安国之策，也是人民群众改善生活的基本前提和基本途径。千方百计地增加就业总量、实现充分就业既是经济增长的需要，也是保持和维护社会稳定的需要。充分就业促使经济持续快速增长，经济增长是就业增加的基础。

3. 物价稳定

在市场经济中，价格的波动是价格发挥调节作用的表现形式。保持物价水平在一定目标区间内，有利于市场各主体在比较稳定的价格预期下安排生产和消费，促进经济健康、平稳增长，避免经济大幅波动。物价的大幅上涨或下滑，都会带来人们对价格预期的紊乱，影响市场主体的信心和判断，扭曲资源配置，降低生产效率，对社会稳定和经济发展带来负面影响。稳定物价的同时要控制政府赤字和国际收支，避免赤字和收支失衡带来物价被动波动。

4. 国际收支平衡

国际收支是指一个国家或地区在一定时期内与世界各国或地

区经济交往所发生的总计收入和支出总额,是对一个国家或地区一定时期内涉外经济交往状态的全面反映。国际收支出现过度顺差和逆差都不利于经济稳定发展。国际收支顺差虽有利于增加外汇储备、稳定币值、增强抵抗经济风险的能力,但顺差过大易造成资金利用效率不高,引起与贸易逆差国之间的贸易摩擦,影响国民经济发展。而国际收支逆差会减少外汇储备,降低币值和物价稳定性,削弱抗金融风险的能力,恶化投资环境,甚至引发经济危机。从世界范围来看,经济贸易总量在不断增加,各国的关系也趋于复杂,短期的国际收支平衡难以实现,但是以长期收支平衡作为宏观调控目标有助于加强对外经济交往和促进国内经济稳定发展。

四大目标紧密相连,既相辅相成,又相互制约,但难以同时达到理想状态。在不同时期和不同情况下,国家宏观调控的侧重点可以动态调整。从目前西方政府宏观调控实践来看,主要是使多目标围绕一个最佳平衡点有限制地波动,具体来说是根据经验设定每个目标的波动范围,把各目标控制在预设波动范围内有限浮动作为宏观经济管理的基本任务。这个"最佳平衡点"的选择实际上就是西方国家宏观调控目标的确定。以美国为例,长期经验使其将经济增长速度控制在3%上下,CPI低于3%,失业率在4%左右,国际收支平衡。除此之外,当客观经济形势不允许四大目标同时处于预设的平衡区间时,宏观调控按照设定的优先顺序来选定宏观经济管理目标。例如,为应对2008年国际金融危机,美国把增加就业作为首个调控目标。此外,宏观调控的目标并不是绝对不变的,而是随着经济的发展变化不断调整转变的,比如21世纪以来全球对环境、气候问题的关注不断增加,各国政府也积极将对生态环境的保护等与宏观调控的目标联系起来,相互协调。

（三）中国与西方国家宏观调控理论对比

宏观调控是一个在内涵上有浓厚中国本土化特征的概念，是中国社会主义市场经济本土化实践的理论成果，体现了政府与市场关系中国式治理的实践特色[①]，但它在表达形式上借鉴了西方经济学中"政府干预"等概念。国内学者普遍认为中国的宏观调控与西方国家采取的政府干预既有相似之处，也有自身的特点，虽然目的都是实现宏观经济运行的有序、稳定、协调，但决策机制、目标选择、调控手段、效果都存在不同程度的差异。在宏观调控或政府干预以及政府与市场的关系上，中国与西方的逻辑起点并不一致。具体来说，首先是国家观的分歧，西方的国家观念以社会契约论为基础，国家被视为个人之间契约关系的集合，而中华文明的国家观的思想基础是整体主义，国家被视作一种利益共同体。在西方的国家观里，政府作为暴力权力的唯一垄断者，需要被监督与控制，管理最少的"小政府"即为最优政府。而在中国人的国家观里，政府与个人激励相容，从而使政府从各方面介入社会经济生活的行为得以合理化，在国家和个人层面上实现利益最大化的政府即为最优政府。其次在宏观调控中中国和西方政府的角色不同。西方的理想经济结构以自由市场经济模型为基础，并以此为参照系定义出"市场失灵"，进而引入国家干预或政府介入的必要性。在这种观念看来，市场是资源有效配置的唯一者，政府仅仅被视为处理市场失灵的工具。而在中国，国家和政府不仅是社会秩序的维持者，还是社会经济发展的直接组织者、推动者和管理者，在推动经济市场化、资源有效配置和各项领域改革过程中，同样

[①] 张勇：《宏观调控：中国社会主义经济学的重要概念》，《甘肃社会科学》2017年第6期，第193~198页。

是政府主导力量。

从国家观差异到政府在宏观调控中的角色轻重，中国与西方的宏观调控从理论到实践存在重大区别。中国的宏观调控这一概念最早是在党的十三届三中全会上提出的。此后，党的历次报告一直强调宏观调控的不可或缺，《中华人民共和国宪法》（2018年修正）第十五条中"完善宏观调控"的表述更是将宏观调控上升至国家重大制度安排层面。现代国家的基本职能之一，是将宏观调控视作公共物品，并区分作为公共物品的宏观调控的级次，由不同级别政府分别进行执行，强调各类宏观调控主体的权力明晰，职责明确，以解决集权与分权等问题，使宏观调控更为高效。[①] 在现代市场经济中，政府的作用主要是维护市场秩序、提供公共产品、调节收入分配和调控宏观经济。

总的来说，中国与西方国家巨大的国情差异，国家观、政府的执政基础、经济体制的不同等方面决定了宏观调控在中国和西方国家不同的地位。将各个发展阶段的中国与西方的宏观调控历程对比，会发现西方宏观经济政策的主要措施是财政政策和货币政策，没有法律手段和行政手段，没有计划手段或者规划手段。中国的宏观调控具有更广泛的内涵和更丰富的工具，从经济结构目标到社会调控目标，覆盖各个领域。中国特殊的国情也使宏观调控带有改革的属性，调控的具体目标和措施反映了改革的方向与力度。

二 西方国家的宏观调控理论与实践

如前所述，宏观调控是一个中国化的概念，但它在表达形式上借

---

① 汪同三：《如何处理好政府与市场的关系》，《新金融》2016年第12期，第13~16页。

鉴了西方经济学中政府干预、政府与市场关系等理论与概念。政府与市场的关系从古典政治经济学诞生以来一直是西方经济学研究的重要议题，各个时期的不同经济发展阶段，新的经济问题不断出现，对当时主流经济学理论产生冲击，推动不同经济学流派对政府与市场关系进行理论研究。目前主流学派总体肯定政府的必要性和在经济发展中制定规则、提供稳定环境的作用，但对政府是否应该和如何干预经济运行在观点上有显著差异。

（一）重商主义

按经济学流派出现的顺序，首先是重商主义。15～17世纪是各种经济观念、思想产生和发展的时期，此时经济学虽然尚未成为一门独立的学科，但一些重要的经济思想已经开始在经济生活中发挥作用，其中主要的思想便是重商主义。这一时期欧洲正处于以极度垄断和特许形式为特征的商业资本主义发展时期，各国的重商主义有不同的表现形式，但都依靠重商主义政策实现了各自的经济崛起，尤其是更早、更完善接受重商主义的英国，更快地实现了民族工商业的振兴，为工业革命和英国的崛起提供了必要的物质基础。

作为一种经济思想，重商主义统治欧洲长达3个世纪，并且经历了早期重商主义到晚期重商主义的发展。早期重商主义认为黄金白银即为财富，通过贸易增加国家的黄金储备以增加财富就成为贸易和生产的主要目标。为保护和促进民族国家的利益，重商主义主张国家干预经济生活，通过贸易限制和关税鼓励出口和限制进口，保护国内市场，禁止金银输出，增加金银输入，政府干预的唯一目的是实现中央集权以获得金钱来巩固地位。晚期的重商主义从早期的"货币差额论"发展为"贸易差额论"，黄金、白银即为财富的主张发生变化，开始强调提高贸易条件，确保国际收支的盈余和货币的净流入。

（二）古典自由主义

17世纪中叶以后，资本主义经济蓬勃发展，工农业规模快速扩大，国内外市场不断开拓，对外贸易也持续增长。重商主义政策包含的一些关税保护、居住资格法令等政策措施开始与社会经济发展脱节，阻碍了经济发展和资产阶级对外扩张，资产阶级对减少政府对经济生活干预的呼声越来越强烈。到18世纪下半叶，"经济学之父"亚当·斯密的《国民财富的性质和原因的研究》（简称《国富论》）出版，标志着古典经济学的形成，也反映了日益壮大的资本主义对市场经济和有限政府的诉求。

《国富论》对重商主义进行了批评，摒弃了重商主义固守金钱的拜物教态度，用劳动价值论取代货币财富观，探讨如何为人民提供充分的收入，用自由放任的经济体系代替国家干预主义。亚当·斯密认为参与经济生活的每个人都追求自己的最大利益，并且参与经济生活的人对自己的经济活动能够做出比其他人更正确的决策，最终个人的逐利行为可以产生公共福利，而价格作为"看不见的手"可以调节市场，实现市场出清和抑制波动，因而主张经济中的政府干预最小化。但同时斯密认为政府应承担"守夜人"的责任，他指出了政府的三个主要功能，包括保护社会免遭外来暴力入侵、建立司法机构保证每个社会成员免受不公正对待，以及建立和维护私人企业不能从中获利的公共工程机构和公共制度。政府的职责在于保持社会安定、维护国家安全和提供公共产品。法国古典自由主义经济学家萨伊对政府职责边际的观点与斯密类似，坚决反对政府干预生产；另一位同样大力倡导经济自由主义的经济学家约翰·穆勒认为，只有在能增进普遍便利的情况下，才允许进行政府干预。

（三）凯恩斯主义

工业革命使资本主义社会结构发生了根本性转变，古典主义的"自由放任"思想带来的弊端开始显现，社会财富集中在资产阶级，工人生活水平恶化。在此背景下，20世纪30年代西方发达国家爆发了严重的经济危机，冲击了"自由放任"的经济学思想主流。第一次世界大战后，英国开始走向衰落并陷入了10多年的经济衰退，紧接着1929年美国爆发经济危机波及整个资本主义世界。按照古典主义经济学的主张，自由市场经济运行的自我调节机制排除了危机的可能性，因此古典主义经济学无法解释和处理无法控制的市场失灵。在金融崩溃、经济停滞、收入骤减的压力下，古典主义学派束手无策，民众对政府干预经济的呼声越发强烈，政府开始从有限政府转变为强干预政府，时任美国总统罗斯福颁布以救济、复兴和改革为核心的一系列经济政策，在新政的推动下，美国经济率先恢复至危机前水平。

危机后期，凯恩斯集其思想和理论之大成的《就业、利息和货币通论》问世，一经出版即在经济学界引发"凯恩斯革命"，宏观经济学由此创立。凯恩斯认为，经济危机期间，市场机制失灵，无法自动扭转衰退和恢复至均衡状态，政府需通过财政政策和货币政策进行干预，弥补私人部门直接投资缺口，提升有效需求，才能够摆脱经济危机，维持经济繁荣。市场本身的缺陷在资本主义市场经济初期处于可控状态，但随着经济发展，不完全竞争条件下的各种问题与矛盾不断爆发，市场经济的内在平衡稳定被打破，需要超市场的手段来重构经济的稳定，凯恩斯认为这种情况下政府有义务采取各种财政政策使社会总需求和总供给相协调。

大萧条之后，发达国家不再仅把国家干预当作经济危机的紧急应对措施，而是在凯恩斯主义的指导下广泛采用经济政策和社会政策进行宏观经济调控。继承凯恩斯主义的理论流派,例如新古典综合派、新剑桥凯恩斯学派、新凯恩斯主义学派等始终坚持"政府干预的有效性"的观点,并通过经济模型的不断完善夯实政府干预的理论基础。

(四)新自由主义

凯恩斯主义在大萧条后相当长时期内保持了在西方经济学中的主流地位,在积极政府干预下,资本主义经济发展良好,而新自由主义学派则一直处于边缘地位。20世纪70年代两次石油危机爆发,资本主义世界再次陷入空前危机之中,凯恩斯主义的政策无法解释经济增长停滞与通货膨胀同时出现即"滞胀"的问题。受此影响,凯恩斯主义的正统经济学地位被动摇,出现于20世纪二三十年代,以米塞斯、哈耶克为首的反对政府干预的新自由主义逐渐受到重视,新自由主义继承了古典自由主义"自由放任"的思想,反对公有制、反对社会主义和国家干预,呼吁全球一体化,倡导小政府、大市场。新自由主义经济学囊括诸多学派,包括奥地利学派、货币主义、理性预期学派、制度经济学派、供给学派等。但总体来说,新自由主义学派强调经济在长期中能够实现就业均衡,通货膨胀的主要原因是政府过度增发货币,提高通货膨胀率以降低失业率的做法在长期无效,因而反对政府扩大总需求的需求管理政策。

以哈耶克为代表的奥地利学派批判了国家干预主义和福利国家政策,认为"滞胀"问题的起源正是政府对市场的干预和货币发行权力的滥用。奥地利学派坚持方法论个体主义,是研究人的行动及其所导致的社会现象的经济学派,它把一切社会现象看作个体行为和个体之间互动的结果,任何群体只是个体的组合,否认群体可以被看作独立决策者。奥地利学派历经传承,开创了包括货币理论、自发秩序理论、经济周期理论等诸多独特理论。该学派对政府与市场关系的论断与新自由主义保持一致，米塞斯和罗斯巴德赞成完全的自由放任，而哈耶克主张政府应该建立和维护竞争秩序，反对政府的宏观调控和相机抉择。

货币主义代表人弗里德曼对大萧条进行了重新解释，批评了凯恩斯主义，否认政府纠正市场失灵的努力，认为政府任何形式对经济的干预都是无效率的，他在《美国货币史（1867—1960）》中指出，大萧条并不是自由市场的产物，而是美联储错误的政策使原本一场普通的衰退演变为大萧条。货币主义认为：货币是一国经济运行中最重要的因素，政府应该且仅仅应该通过控制货币增长来实现经济稳定增长，实行"单一规则"的货币政策，即公开宣布在长时期内货币供应增长率固定，并应与经济长期增长率大体一致；通货膨胀与失业在长期上不存在替换关系，长期菲利普斯曲线是一条处于自然失业率上的垂直线，所以总需求管理政策从长期来看是无效的。

在货币主义认为长期失业率趋近于自然失业率，但短期内提高通货膨胀率可以降低失业率的基础上，理性预期学派进一步指出短期内通货膨胀与失业的替代也是不可实现的，原因在于人们在形成自己的预期时利用了一切可以得到的信息，"理性预期"的人会将政府通货膨胀率的调整纳入预期之中，个人预期可能有一定偏差，但人们平均预期总是接近真实通货膨胀率，所以短期内政府通过提高通货膨胀率拉动就业同样不可行。

在这一时期，以科斯等人为代表的新制度经济学派，沿用新古典主义经济学的核心假设、方法和工具，侧重从微观和个人主义角度分析法律、企业组织和社会政治文化等生产的制度结构，研究制度的形成以及制度在经济生活中的作用。产权理论作为新制度经济学的主要理论，其核心基础——科斯定理的主旨是，假设交易费用可以被忽略，产权的完全明晰化可以解决市场的外部性问题，市场机制便可以引导经济获得最优效率，也就是产权要落实到私人，即在各个领域实行私有制。新制度经济学通过交易费用分析框架修正了新古典经济学的理论假设前提，否认了垄断、外部性、公共产品以及规模经济等国家干预市场机制的合理基础，维护了完全自由的私有制市场经济制度。

除以上理论之外，新自由主义还包括：认为"市场失败"并不能使政府干预合理化，政府的局限性和缺陷同样可能导致"政府失败"的公共选择学派；以减税为主张，提倡提高劳动参与率的政策制度的供给学派；等等。

新自由主义在理论界崛起的同时也深刻影响着西方发达国家的政策制定，新自由主义学派倡导以自由化和私有化为核心的市场改革，呼吁重建自由市场。在时任英国首相撒切尔夫人和美国总统里根的推动下，新自由主义思想进入实践，有效缓解了经济"滞胀"局面。其后，西方资本主义国家则在20世纪80年代掀起了私有化浪潮，俄罗斯对经济采用了"休克法"，拉美国家则按照"华盛顿共识"来推进经济改革。这些改革都强调要尽可能发挥市场配置资源的作用，反对政府过多干预。

（五）2008年金融危机后对新自由主义的批判与反思

自新自由主义经济学在英美等西方国家取代了凯恩斯经济学的主流地位，其思想指导的政策实践从撒切尔主义、里根经济学演变到"华盛顿共识"，影响力从西方发达国家传导至新兴国家。风靡一时的"华盛顿共识"以新自由主义学说为理论依据，希望新兴经济体按照西方经济发展经验建立起完善的市场机制和繁荣稳定的经济。20

世纪70年代以来，智利、韩国、新加坡等国家按照"华盛顿共识"实施经济政策，取得明显成效，但同样新自由主义倾向的政策导致20世纪90年代东欧国家转轨过程中出现"大休克"和"大阵痛"，经济陷入严重衰退，也使许多拉丁美洲发展中国家身陷"中等收入陷阱"，经济增长乏力。而2008年肇始于美国的金融危机向全球蔓延，导致了资本主义国家自经济大萧条以来最严重的一次经济衰退，此次危机使得新自由主义受到前所未有的挑战。为了应对这次危机，许多资本主义国家加大了政府干预力度，政府去干预势头也随之减弱。危机后各界对新自由主义进行了多角度分析和批判，达成了新自由主义在促进经济增长上具有局限性和对金融危机负有一定责任的共识。

西方经济思想史实质上是国家干预主义和经济自由主义两种思想的不断碰撞的历史，如今两种思想的政策主张具有相互融合的趋势。事实上，两者的出发点都在于市场是创造财富的最优制度，但区别在于如何保持市场经济长期平稳运作。从实践来看，即使在古典主义经济学时代，政府干预同样存在：19世纪中叶的英国受工业化和城市化过程中出现的弊病困扰，颁布了《矿井法》、《十小时工作日法案》和《公共卫生法》等法案，旨在改善工人的劳动生活条件。这实际上成为古典主义坚持自由放任主张的例外。目前来看，虽然在理论界尚有争议，且对常规时期政府进行宏观调控的效果评价不一，但在实践中，面临经济波动各国政府都实施了不同程度的干预措施，主流经济学和各国政策实践默认政府的职责已远超出亚当·斯密定义的三项主要功能，政府肩负着使宏观经济平稳运行的责任。经济学诞生以来，国家干预主义和经济自由主义两种思想以及它们所引导的政策实践此消彼长，政府与市场的关系也会随着宏观经济形势和主流思想的转变而不断被重新定义。

三 中国的宏观调控理论与实践

(一) 中国宏观调控的必要性与特殊性

与西方国家类似，新中国成立以来，关于社会主义公有制下是否可以有市场以及市场所应具有的地位和作用，中国宏观经济管理部门、理论界与实务界的看法也是不断发展变化的，中国宏观调控思路的演进也始终围绕如何处理好政府与市场的关系这一主线，处理好政府与市场的关系是中国经济体制改革的核心问题。

建设社会主义市场经济体制，要充分发挥市场对资源配置的决定性作用，同时也离不开政府对国民经济运行的宏观调控，这是因为市场机制作为资源配置的基础性、决定性调节机制，通过价值规律、价格导向、供求变动、竞争与利润、风险约束等相互关联、相互作用的子机制，能够实现资源在微观层面较高效率的配置，但是市场失灵与市场失衡这两个市场自身难以克服的缺陷意味着仅仅依靠市场，并不总是能够实现社会资源宏观配置和利用的最优化，也并不总是能够实现宏观经济的平稳、高效运行。市场机制存在的功能性缺陷会导致市场失灵，比如，利润是市场机制运行的重要驱动力，这意味着那些具有正外部性和较强社会效益但无法产生经济效益的活动如社会公平、基础设施和公共产品提供、环境保护、新兴产业发展等，无法依靠市场机制进行调节。在这些市场"鞭长莫及"的领域，宏观经济调控作为补充手段，有助于调和独立做出经济决策、追求自身利益最大化的微观主体与宏观经济整体需要之间的矛盾，是克服市场失灵、化解个体理性与集体非理性以及短期目标与长期目标之间的矛盾的重要手段。

市场失衡是由于市场本身功能紊乱引发经济波动的现象。随着生产力发展和科技进步，生产的社会化和国际化程度不断提高，不同国家、地区、部门、企业之间的联系也更加密切。社会化大生产的顺利进行客观上要求社会生产各部门保持一定的合理比例，否则供求矛盾就会周期性失衡并引发危机。虽然市场机制下可以实现资源的按比例分配，但市场机制调节作用的事后性、不确定性容易导致虚假需求和盲目生产，从而造成资源的破坏和浪费；另外，市场机制下催生出的投机行为也会干扰市场经济的稳定和有序运行。换言之，市场运行无法自动实现经济关系的平衡，失衡出现并累积的过程就是风险甚至危机酝酿的过程。宏观经济调控则有助于从源头消除失衡，识别、防范、化解风险和危机，平抑经济波动。

与西方国家的宏观调控建立在市场机制经过长期发展演化、相对比较成熟的条件下不同，中国市场经济发展时间短，政府在市场经济形成发展过程中起了重要能动作用，这决定了中国的宏观调控不只是为了弥补市场失灵或市场失衡，还具有自身的特殊性。这种特殊性一方面体现为在新古典主义框架下从"市场失灵、市场失衡"出发引入政府干预的必要性，进而得出的"小政府"观点以及新自由主义的主张无法用来指导、解释中国的经济改革与发展，与此相反，中国所走的是一条由政府主导的发展路线。中国要建设的市场经济是以公有制为基础的社会主义市场经济，政府作为公有制的代理人和实施者，必然要在资源配置中发挥作用。另一方面则体现在中国的市场经济是政府推动培育的非自然进程的市场经济[1]，其中不仅存在西方国家常见的市场失灵和市场失衡，而且存在中国特有的市场缺失。目前中国经济发展过程中出现的很多问题和困难，主要不是市场失灵造成

---

[1] 张朝尊、曹建：《社会主义市场经济与政府调控》，《经济科学》1993年第6期，第3~8页。

的，而是市场机制不够成熟，调节力度不足不强，政府干预过多、干预失当造成的。如何培育和创造市场、在市场机制基本建立后如何实现政府角色从资源配置主体向有为政府、服务型政府方向的转变，是中国宏观经济治理和调控过程中要解决的重要问题。另外，中国要建设的市场经济是社会主义市场经济，是建立在社会主义公有制基础上、坚持国家宏观调控和社会主义初级阶段的基本分配制度的现代市场经济。"发展社会主义市场经济，既要发挥市场作用，也要发挥政府作用"[1]。换言之，政府的宏观经济调控是建设社会主义市场经济的客观要求。

经济理论和西方国家市场经济发展的历史都已表明，宏观调控早已不再像古典经济学时期那样，是市场经济体制的外在因素，至少从凯恩斯革命时起，宏观调控就已经成为市场经济体制重要的内在有机组成部分。现代市场经济本质上就是一种有政府宏观调控的经济运行体制[2]。但是，中国市场经济发展时间短、非自然演进的特点决定了中国宏观经济治理和调控的任务和目标具有特殊性。正如下文详细分析的，任务和目标的特殊性决定了中国宏观经济调控手段、政策、工具的特殊性。

（二）新中国成立以来中国宏观调控实践的演变

新中国成立以来，中国对政府与市场关系的认识，大致经历了从最初的只有政府没有市场，到政府主导资源配置、适当发挥市场的辅助作用，再到明确提出要建立并不断完善社会主义市场经济体制、发挥市场在资源配置中的基础性作用，直到十八届三中全会提出让市场

---

[1] 《关于〈中共中央关于全面深化改革若干重大问题的决定〉的说明》，中国共产党新闻网，http://cpc.people.com.cn/xuexi/n/2015/0720/c397563-27331312.html.
[2] 张朝尊、曹建：《社会主义市场经济与政府调控》，《经济科学》1993年第6期，第3~8页。

在资源配置中起决定性作用、更好地发挥政府作用四个时期。据此，可以把中国的宏观调控实践分为四个阶段，不同阶段指导宏观经济调控的理论、调控方式、调控手段与政策工具也各有不同、各有侧重，既有中国特色的行政干预，也有比较符合市场经济要求的调控工具，如利率、法定存款准备金、公开市场操作、财政赤字规模等"总量参数型工具"，以及针对特定行业投资管制、信贷与公开募股（IPO）有保有压的"产业调控型和准入型工具"[1]。

新中国成立到党的十一届三中全会以前是只有中央指令性计划，没有市场的时期。从新中国成立到确立改革开放路线的十一届三中全会召开之前，中国实行的是高度集中的计划经济体制，政府通过指令性计划直接控制整个社会的生产、流通、分配。这一阶段中国尚没有现代经济学意义上的宏观调控理论，甚至没有宏观调控思路[2]，政府通过行政手段和计划手段控制国民经济的运行。

党的十一届三中全会至1991年，是以计划经济为主、适当发挥市场调节作用的时期。十一届三中全会不仅做出了把党和国家的工作重心转移到经济建设上来、实行改革开放的历史性决策，还在总结经济建设经验教训的基础上，突破了完全排斥市场调节的传统经济观念，提出要让企业"有更多的经营管理自主权"，要"按经济规律办事，重视价值规律的作用"。党的十二大报告进一步把"计划经济为主、市场调节为辅"确定为中国的宏观调控思路。这一宏观调控思路背后的理论依据是陈云在《计划与市场问题》中阐述的"板块论"[3]。这一时期宏观经济调控的总体特征则可以概括为：计划仍然

---

[1] 毛振华、张英杰、袁海霞：《近年来中国宏观调控和经济政策的特征分析》，《中国人民大学学报》2016年第5期，第21~28页。
[2] 方福前：《我国宏观调控思路的历史性进展》，《理论探索》2019年第1期，第109~114页。
[3] 方福前：《我国宏观调控思路的历史性进展》，《理论探索》2019年第1期，第109~114页。

是资源配置和调控经济运行的主要手段，但并不仅仅包括指令性计划，指导性计划也是计划经济的重要形式，而且前者的使用范围不断缩小，同时适度扩大后者的应用范围；市场调节在国民经济中只占有很小的比重而且必须以不损害计划调控为前提。在党的十二届三中全会第一次在中央文件《中共中央关于经济体制改革的决定》中使用了"宏观调节"一词之后，特别是1987年10月党的十三大报告进一步提出要"逐步健全以间接管理为主的宏观经济调节体系"这一目标后，政府对经济活动从直接控制和直接调节逐渐向间接调控方式转变，也是这一阶段宏观调控的重要特征。

1992年至党的十八大召开之前，是政府明确提出要建立并不断完善社会主义市场经济体制，让市场在国家宏观调控下对资源配置起基础性作用的时期。20世纪80年代末，围绕社会主义商品经济中计划和市场谁为主、谁为辅，公有制为主体的社会主义条件下是否可以发展市场经济，各界展开了激烈讨论。1992年初，邓小平在"南方谈话"中指出："计划多一点还是市场多一点，不是社会主义与资本主义的本质区别。计划经济不等于社会主义，资本主义也有计划；市场经济不等于资本主义，社会主义也有市场。计划和市场都是经济手段。"[①] 同年10月，中共十四大报告明确指出："我国经济体制改革的目标是建立社会主义市场经济体制"，实现这一任务的关键是"正确认识和处理计划与市场的关系"，"要使市场在社会主义国家宏观调控下对资源配置起基础性作用"。与此相适应，在借鉴凯恩斯主义的总需求管理理论和西方发达国家政策实践的基础上，中国的宏观调控思路也再次发生调整。具体来说，宏观调控方式更加强调政策主导的间接调节，"政府运用经济手段、法律手段和必要的

---

① 乌杰：《邓小平思想论》，人民出版社，1992，第138页。

行政手段管理国民经济，不直接干预企业的生产经营活动"；调控手段方面，宏观调控主要采取经济办法，包括财政政策、货币政策、产业政策在内的宏观经济政策手段逐渐取代了计划和行政手段；调控的实施主体由此前直接调控、间接调控时的计划部门转为财政部门和中央银行；调控的主要着力点则由经济的供给方转向经济的需求方。从此，中国的改革开放进入由计划经济向社会主义市场经济整体转型的新阶段。

党的十八届三中全会以来，是使市场在资源配置中起决定性作用，更好地发挥政府作用的时期。次贷危机爆发后，中国经济进入新阶段，面临新挑战，所面临的国内外政治经济形势更加错综复杂，党和政府认识到必须以深化经济体制改革促进深层次矛盾的解决和其他领域改革的全面深化，而正确处理政府和市场的关系则关乎中国经济体制改革和全面深化改革的全局，因此必须把宏观调控方式的创新与完善和深化经济体制改革有机结合起来。在此背景下，党的十八届三中全会通过的《中共中央关于全面深化改革若干重大问题的决定》明确指出要"使市场在资源配置中起决定性作用和更好发挥政府作用"，要"健全以国家发展战略和规划为导向、以财政政策和货币政策为主要手段的宏观调控体系"。这一阶段宏观调控的总体思路是宏观政策要稳、微观政策要活、社会政策要托底；宏观调控理念有所创新，提出了宏观调控机制化，调控方式更加灵活；宏观调控目标由过去重在"稳增长、调结构"扩展为"稳增长、促改革、调结构、惠民生、防风险"，兼顾短期目标和长期目标，将短期调控与长期改革结合；调控的着力点由过去的侧重总需求管理转换为同时向总需求和总供给发力，将需求管理和供给侧结构性改革协调起来，同时既看重总量管理，又强调结构性调整。

综上所述，中国宏观调控的演进过程是对政府与市场关系的认识不断转变和深化、相关机制和制度建设不断推进和完善的过程。中国的宏观调控实践也为发展和创新宏观调控理论提供了基石和试验场。建设社会主义市场经济是一项伟大工程,未来必须时刻立足经济和社会发展的现实,不断探索和构建与社会主义市场经济体制相适应的宏观调控思路和宏观调控方式。

第三章　高速增长末期以"双防"为核心的宏观调控（2006～2008年）

一　高速增长末期的中国经济：流动性过剩下的繁荣

中国经济在2005年完成从经济萧条到经济繁荣的周期形态转换，在2006年继续强劲扩张，延续了2005年以来的高增长格局，最终在2007年达到本次增长型经济周期波峰。但伴随着高增长，通货膨胀、资产价格飙升也在2007年达到了这一时期的峰值。

（一）GDP增长强劲，经济增长保持两位数以上

2006年至2008年上半年，在投资和出口快速增长的带动下，中国宏观经济延续了2003年以来的强劲增长态势，2006～2007年GDP增速均保持在10%以上，持续快速上扬：2006年，中国GDP突破20万亿元，取代英国成为世界第四大经济体；2007年超越德国，成为世界第三大经济体，仅次于美国和日本；2008年，中国GDP进一步突破30万亿元。从季度走势来看，2006年到2007年末，季度GDP同比增速均在12%以上，但从2008年上半年开始，经济出现一定波动，第一季度和第二季度的GDP增速分别为11.5%和11.2%，较2007年的高位下降了3个百分点，季节性波动已经有

下滑趋势。2008年下半年，在全球金融危机的冲击下，经济增速迅速回落，第三季度、第四季度GDP增速分别为9.5%、7.1%，其中，7.1%的季度增长率也是当时有记录以来的最低值。由于下半年经济增长的快速回落，2008年全年GDP增速也被拉低至10%以下。（见图3-1）

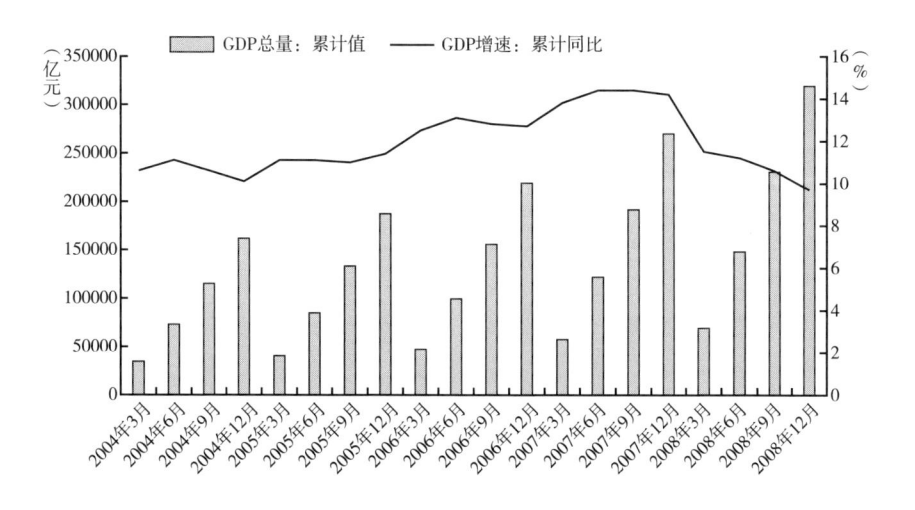

图3-1 2004~2008年中国的经济增长情况

资料来源：国家统计局网站，http://www.stats.gov.cn/tjsj/。

（二）从经济结构看，投资驱动模式明显，产业结构有所改善

从需求结构来看，投资驱动模式明显，外需对经济增长的贡献持续维持高位。随着"西部大开发""东北振兴""中部崛起"等战略的提出，2003年之后中国固定资产投资持续保持高速增长，2005~2008年，投资延续前几年的高速增长态势，固定资产投资增速持续保持在20%以上，资本形成总额对经济增长的作用有所增强，从2005年的32.33%提升至2007年的43.4%；最终消费支出对经济增长的贡献有所减弱，贡献率从2005年的55.03%下降

至 2007 年的 45.85%，而外需对经济增长的贡献率一直维持在 10% 以上（见图 3-2）。

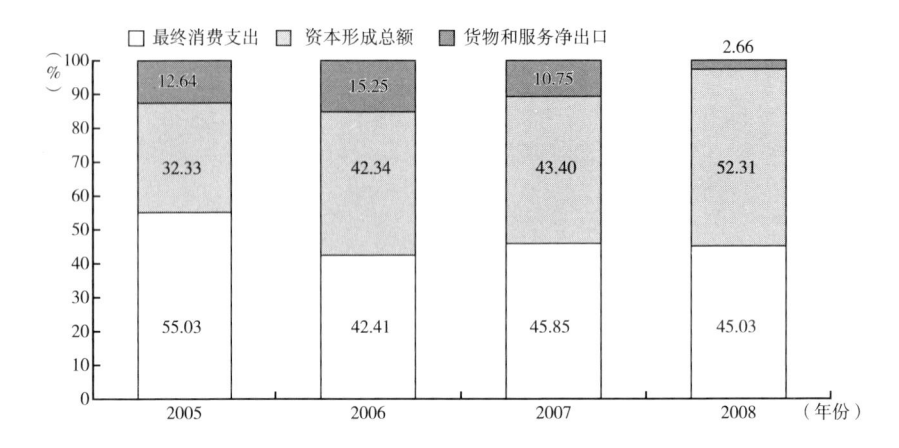

图 3-2　2005~2008 年三大需求对经济增长的贡献率情况

资料来源：国家统计局网站，http：//www.stats.gov.cn/tjsj/。

三次产业结构有所改善，传统产业减速，第三产业增长加快。从三次产业增长的情况来看，金融危机之前，除了第一产业的增速有一定下滑之外，第二产业和第三产业均有明显增长，第二产业增加值累计同比增速从 2005 年第一季度的 11.2% 上行到 2007 年第二季度的 15.6%，达到了金融危机之前的最高点，第三产业增加值累计同比增速从 2005 年第一季度的 11.9% 增加到 2007 年第四季度的 16.1%（见图 3-3）。

从三次产业对经济增长的拉动情况来看，2005~2007 年，第二产业和第三产业对经济的贡献均有所增强，对经济的拉动作用分别从 5.71% 和 5.04% 上升到 7.08% 和 6.19%，随着产业结构的调整，第一产业对经济的拉动作用有所回落，从 2005 年的 0.6% 下降到 2007 年的 0.38%。

从产业结构来看，三次产业结构总体呈现"三进二退"、服务经

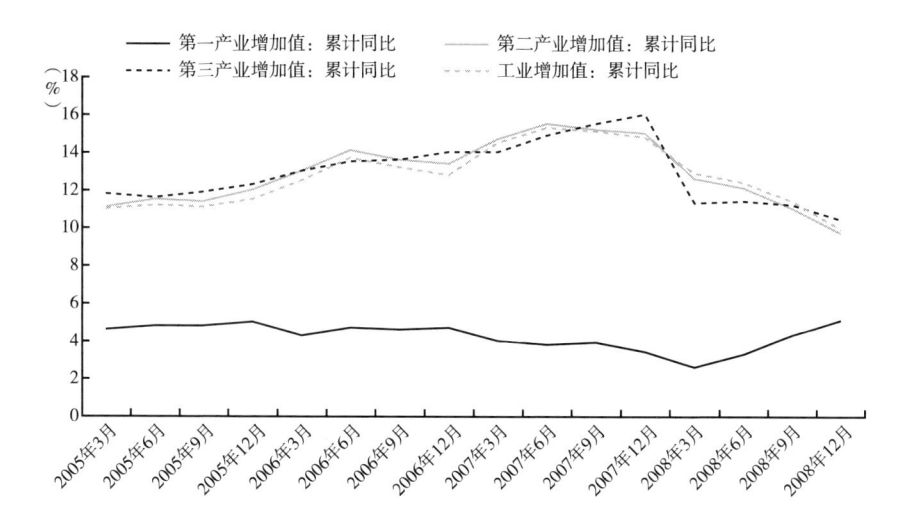

第三章 高速增长末期以"双防"为核心的宏观调控（2006～2008年）

图3-3 2005～2008年三次产业增加值的增长情况

资料来源：国家统计局网站，http://www.stats.gov.cn/tjsj/。

济占比持续上升的趋势，产业内部结构调整持续。2005～2008年，中国经济开始进入第四个增长周期[①]，钢铁、水泥、建材等原材料和技术装备的产量迅速上升，许多产品的产量均位居世界前列，第二产业的比重从2005年的50.5%降至2007年的50.1%；在房地产、金融等相关行业的带动下，第三产业的比重由2005年的44.3%上升至2007年的47.3%（见图3-4）。随着第三产业比重的攀升，第三产业对经济增长的贡献也有所增强。

从产业内部结构来看，传统产业增长减速，高技术制造业和装备制造业比重有所上升，服务业中现代型服务业的占比也有所提高。2005～2007年，工业内部包括食品加工、纺织、家具等在内的一般加工业和化工类产业占整个GDP比重呈下降趋势，而包括设备制造和仪器仪表在内的机电产业所占比重保持增长态势。

---

① 刘伟、蔡志洲：《我国产业结构变动趋势及对经济增长的影响》，《经济纵横》2008年第12期。

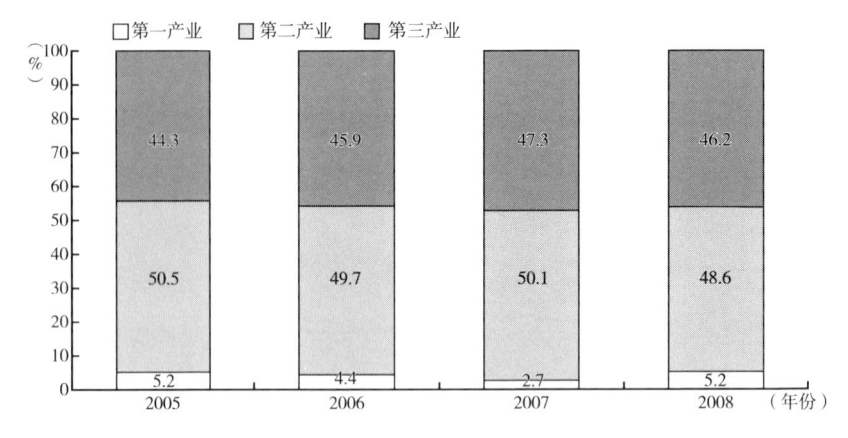

图 3-4 2005~2008年三次产业结构的变化情况

资料来源：由笔者根据国家统计局网站（http://www.stats.gov.cn/tjsj/）数据整理得到。

（三）投资冲动下，固定资产投资保持高速增长

2005年至2008年上半年，固定资产投资保持高速增长，在带动经济强劲扩张方面发挥了重要作用。虽然与2004年相比，2005年至2008年上半年的投资增速略有回落，但仍保持20%以上的高速增长。其中，2005年固定资产投资同比增长27.2%仅较上年回落0.4个百分点；2006年固定资产投资增速进一步回落至24.3%，但2007年再度反弹至25.8%。截至2008年6月，固定资产投资增速为26.8%，仍在20%以上。此外，2005年至2008年上半年，除个别月份外，房地产开发投资绝大部分时间保持在20%以上高速增长，房地产业与建筑业产业产值占GDP比重超过了10%。（见图3-5）

（四）居民收入不断提高，消费需求保持旺盛

一个国家或地区的居民收入状况反映了该国发展的经济实力，在经济增长的同时，人均收入会随之增加。2005~2008年，中国居民

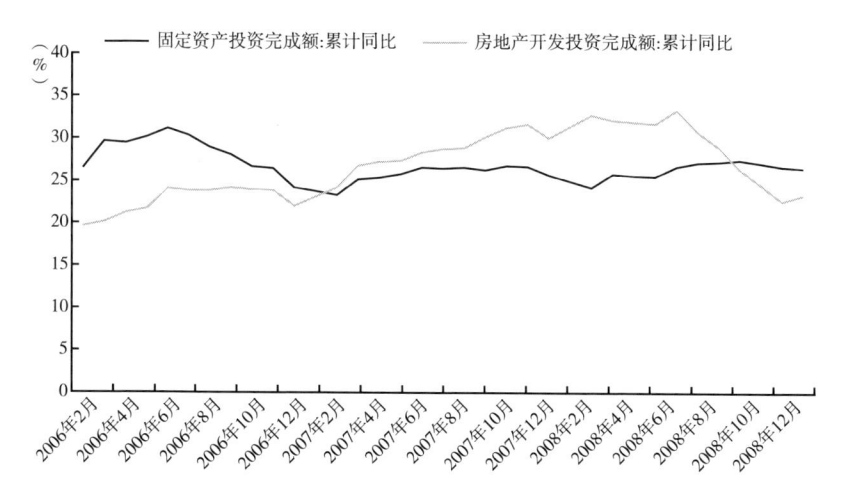

第三章　高速增长末期以"双防"为核心的宏观调控（2006～2008年）

图3－5　2006～2008年固定资产投资和房地产开发投资增长情况

资料来源：国家统计局网站，http://www.stats.gov.cn/tjsj/。

人均可支配收入有大幅增长，城镇居民人均可支配收入从2005年的10493元增加到2008年的15780.76元，农村居民人均纯收入从2005年的3255元增长到2008年的4716元，这也反映出中国经济增长所带来的巨大成就（见图3－6）。

2006年消费增长明显加快，中国社会消费品零售总额2006年第一季度增长12.8%，上半年增长13.3%，前9个月增长13.5%，全年增长13.74%，呈逐季加快态势，达到1998年以来的最高水平。2006年全年最终消费对GDP增长的贡献率比2005年提高了近7个百分点，表明大力启动国内消费需求的措施产生了效果。2007年，中国社会消费品零售总额名义值在2006年快速增长的基础上出现了加速增长的态势，第一季度社会消费品零售总额名义增长率为14.9%，第二季度达到15.4%，第三季度15.9%，全年达到16.75%。但是，由于2007年物价水平持续攀升，社会消费品零售总额达到的实际增

稳增长与防风险：中国经济双底线政策的形成与转换

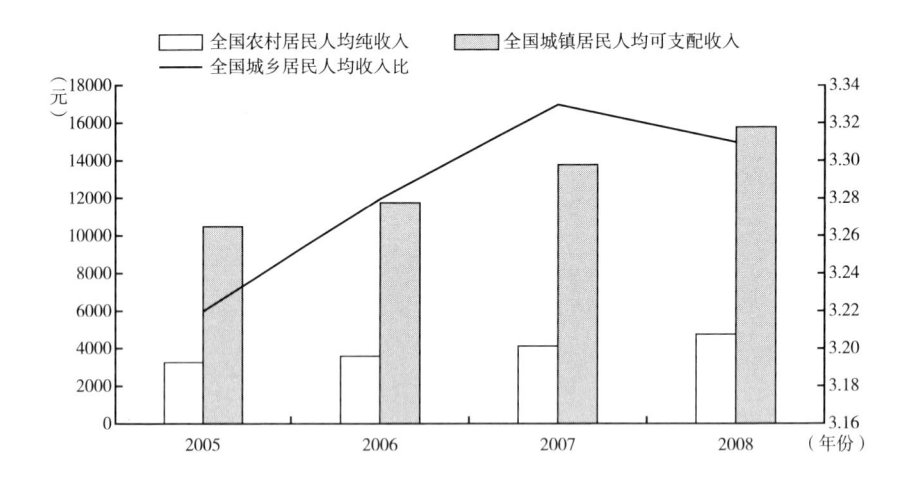

图 3-6　2005~2008 年农村和城镇居民收入变化情况

资料来源：国家统计局网站，http://www.stats.gov.cn/tjsj/。

长率较 2006 年不仅没有加快，反而出现小幅下跌，全年实际增长速度为 12.52%。（见图 3-7）

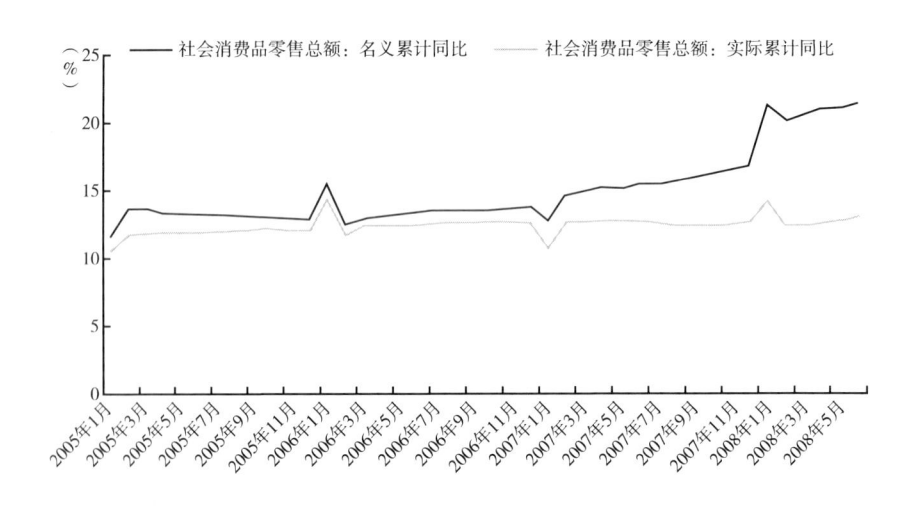

图 3-7　2005~2008 年社会消费品零售总额增长情况

资料来源：国家统计局网站，http://www.stats.gov.cn/tjsj/。

(五) 进出口高位增长，国际收支双顺差扩大

2005~2008年，进出口贸易均保持高位增长态势，进口、出口贸易的增速均在两位数以上，贸易顺差也有所扩大，以人民币计价的贸易顺差额从2005年的0.84万亿元上升至2008年的2.09万亿元（见图3-8）。中国外汇储备从2005年1月的6236.46亿美元上升至2008年1月的15898.1亿美元，增幅显著（见图3-9）。

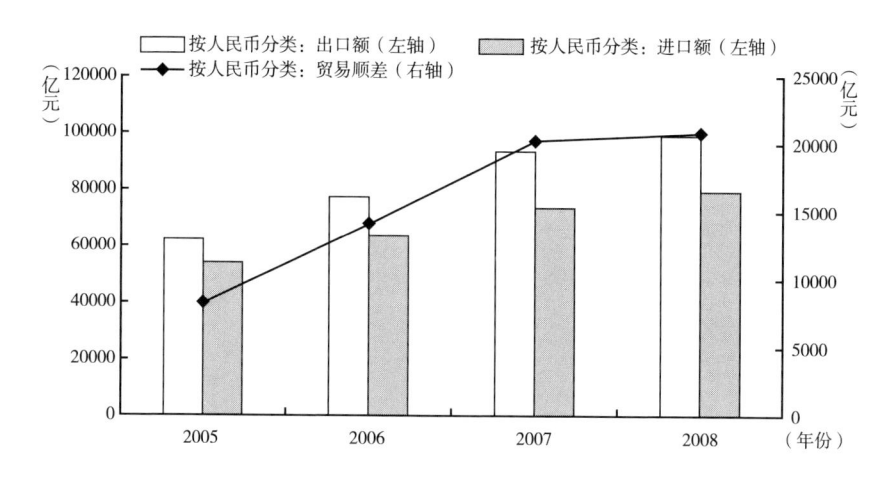

图3-8 2005~2008年中国进出口额及贸易顺差变化情况

资料来源：国家统计局网站，http://www.stats.gov.cn/tjsj/。

受到投资增长速度大幅度回落的影响，2006年的进口增长速度出现回落，为18.2%。2007年全国进出口总值为21749.2亿美元，同比增长23.5%，其中，出口额12173.7亿美元，同比增长25.6%，比2006年增幅提高1.6个百分点；进口额9575.5亿美元，同比增长21.0%，增幅比2006年提高了1个百分点。贸易顺差达到2598.2亿美元，同比增长46.4%。中国2007年上半年出现"双顺差"的状况，即在经常项目大幅度增长、创造历史新高的同时，资本与金融项目的顺差出现了巨幅增长。

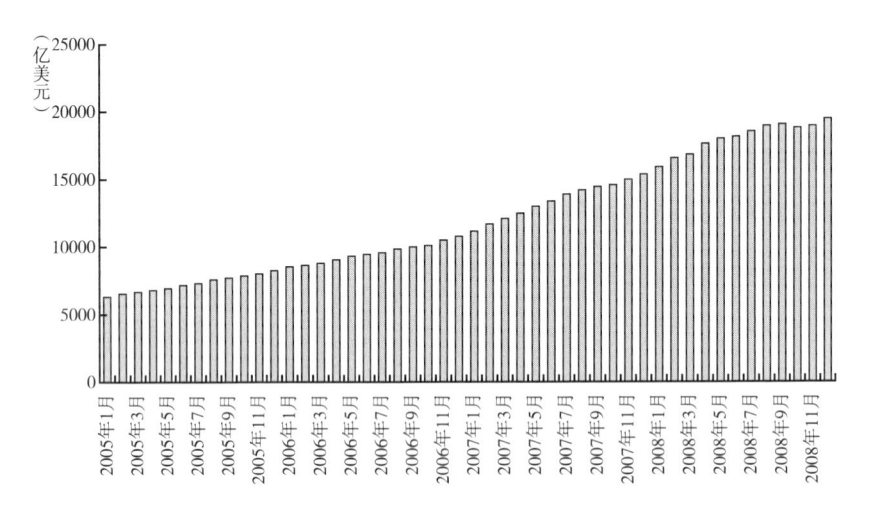

图 3-9 2005~2008 年中国外汇储备变化情况

资料来源：国家统计局网站，http://www.stats.gov.cn/tjsj/。

从进出口货物贸易来看，2005~2008 年，"两出一进"的加工贸易在进出口贸易尤其是出口贸易中占据主导地位，这导致中国在制造业分工中处于产业链微笑曲线的两端，出口更多集中于低附加值、劳动密集型行业。随着全球贸易方式的转变、中国出口政策调整以及劳动力成本提升等因素的影响，加工贸易在进口和出口贸易中所占比重均有所下降。

（六）价格水平全面上涨，经济出现过热现象

2005~2008 年，中国经济总体呈现经济快速增长，价格水平出现由结构性上涨向全面上涨的趋势。在投资增长超过 20%、消费平稳增长等带动下，GDP 增速由 2006 年的 12.7% 快速上涨至 2007 年的 14.2%，2008 年，受金融危机影响，全年 GDP 增速下滑至 9.7%。与此同时，受需求快速扩张、食品价格快速攀升、原油等国际大宗商品价格加快上涨等多种因素推动，居民消费价格指数（CPI）涨幅从 2006 年的 1.5% 快速上涨至 2008 年的 5.9%，其间月度变化更是一度

攀升至8.2%（2008年4月）；在原材料价格上涨带动下，工业品出厂价格指数（PPI）也从2006年的3%快速攀升至2008年的6.9%，同期资产价格也呈现同样的增长趋势，房地产价格和股市都呈现快速攀升的态势（见图3-10）。

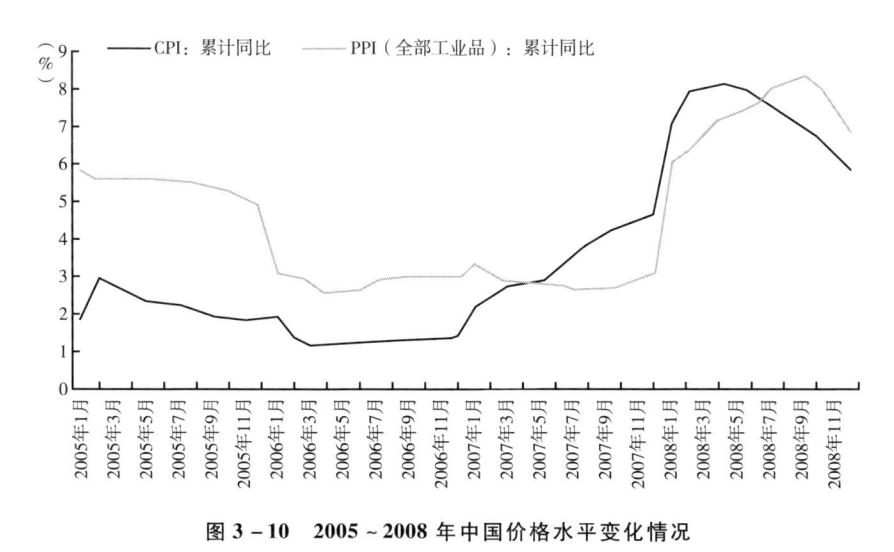

图3-10 2005~2008年中国价格水平变化情况

资料来源：国家统计局网站，http://www.stats.gov.cn/tjsj/。

（七）人民币长时间持续升值，对外投资处于缓慢增长平台期

2005年5月至2008年6月，自中国放弃固定汇率政策，开始实行以市场供求为基础的、参考一篮子货币进行调节的、有管理的浮动汇率制度以来，受经济快速增长以及经常项目和金融与资本项目长期存在双顺差[①]等因素影响，外汇储备的急剧增加（2006年中国超过日本成为全球第一大外汇储备国）和国外资金的流入导致外汇市场上

---

① 逐利的境外资本流入境内，除了进入实体经济外，同时直接进入房地产和股市，推升国内资产泡沫。

外汇供给远大于外汇需求，购汇的需求上升，人民币对美元汇率持续保持快速升值态势。截至 2008 年 6 月，人民币对美元实际有效汇率走强，人民币升值（见图3-11）。

图 3-11　2005~2016 年人民币对美元汇率变化情况

资料来源：东方财富 Choice 数据。

从对外直接投资情况来看，2005~2008 年，这一时期中国经济延续过去近 30 年的高速增长，总体投资回报率处于全球较高水平，外商直接投资虽然增速放缓，但实际利用金额远高于中国对外直接投资，相比而言，这一时期中国对外直接投资还处于缓慢增长的平台期。

（八）企业效益稳步提升

2005~2008 年，中国工业企业效益保持稳步增长，利润总额累计同比增速从 2005 年 2 月的 17.43% 增长到 2007 年 2 月的 43.78%，之后迅速下降，2008 年上半年，工业企业利润总额和营业收入均已下降到 2005 年的水平（见图 3-12）。分不同类型的企业看，私营企业的效益增长最迅速（见图 3-13），无论利润总额还是营业收入均比国有企业和外资企业增幅更快。

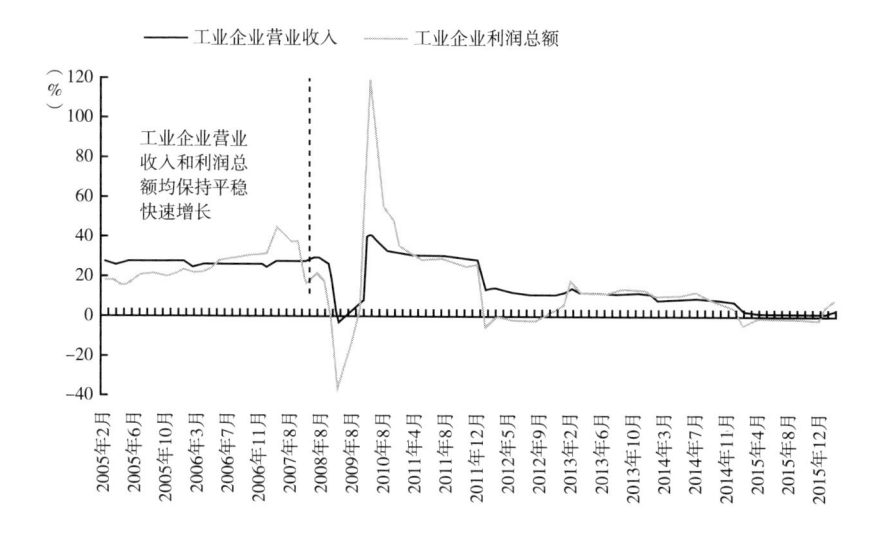

图 3-12 2005~2015 年工业企业营业收入和利润总额累计同比变化情况

资料来源：国家统计局网站，http://www.stats.gov.cn/tjsj/。

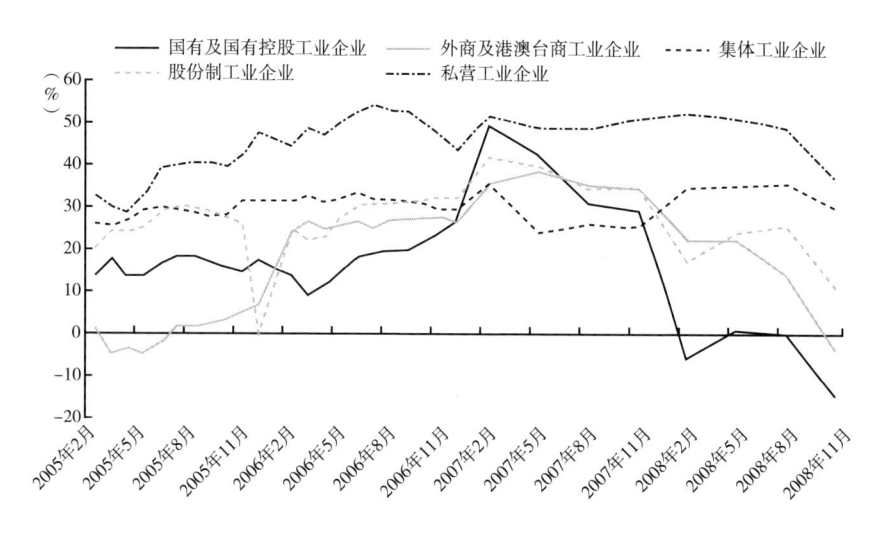

图 3-13 2005~2008 年不同类型工业企业效益变化情况

资料来源：国家统计局网站，http://www.stats.gov.cn/tjsj/。

(九) 财政收入保持较快增长,地方财政收入占比有所下降

2005~2008年,全国财政收入保持较快增长,从2005年的3.16万亿元增长到2008年的6.13万亿元(见图3-14)。2005年以来,地方财政收入从2005年的1.51万亿元增长到2008年的2.86万亿元,与此同时,中央财政收入从2005年的1.65万亿元增长到2008年的3.27万亿元。地方财政收入占比有一定波动,其占全国财政收入的比重从2005年的47.71%下降至2007年的45.90%,2008年再度上升至46.71%。

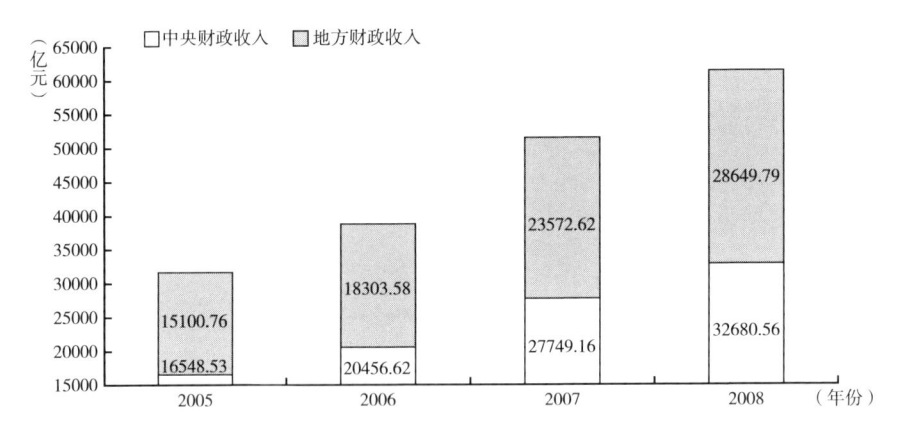

图3-14 2005~2008年中央财政收入和地方财政收入情况

资料来源:中国财政部网站,http://www.mof.gov.cn/index.htm。

二 经济运行中存在的问题和风险

(一) 经济增长过快,存在局部过热转向全面过热的风险

这一阶段经济运行中存在的主要问题是经济增长过快,经济过热

带来诸多风险，经济过热主要由投资驱动型增长模式所致。投资冲动本身就是结构性失衡的结果，在扭曲的投资冲动下导致的经济过热的风险是严重的：一方面可能带来通货膨胀的风险，进一步导致泡沫经济，使名义价格严重高出实际价值，扭曲价格信号；另一方面，经济过热也不利于经济结构调整，会进一步带来经济的扭曲，长远来看损害经济质量。此外，2005～2008年的经济高速增长实际是延续旧有的投资和出口驱动型的经济增长模式，这种旧有的经济增长模式一方面会因为投资冲动带来经济过热，另一方面，经济增长模式过于单一使得经济极易受到外部环境的冲击，经济面临的风险较大，不可持续。

（二）存在由结构性物价上涨向全面通胀转变的风险

2005～2007年，尤其是2007年存在由结构性物价上涨转向全面通货膨胀的风险。通货膨胀的起因有如下几种：需求拉动型通货膨胀，即由于经济运行中总需求过度增加，超过了既定价格水平下商品和劳务等方面的供给而引发的通货膨胀；供给型通货膨胀，由成本或供给方面的原因形成的通货膨胀，是由厂商生产成本增加而引起的一般价格总水平的上涨；此外，还有结构失调如节能减排因素导致的通货膨胀。总之，2005～2008年上半年，伴随着经济保持两位数的高速增长，在投资过热、大宗商品价格快速攀升等因素带动下，价格领域出现结构性上涨，并有向全面上涨转变的趋势。

（三）资金流动性过剩，资产价格涨幅偏高

2005年以来到2008年金融危机爆发前，经济上涨速度过快，资金流动过剩，从M2增速看，2005年2月为14.23%，2006年1月已

稳增长与防风险：中国经济双底线政策的形成与转换

经上升至 19.21%，增速迅速。从信贷增速来看，人民币贷款余额的增速自 2005 年以来大幅增长，从 2005 年 2 月的 11.13% 快速攀升至 2006 年 7 月的 16.72%，2007 年全年的增速一直保持 15% 以上的高位（见图 3-15）。

图 3-15　2005~2008 年 M2 和贷款余额同比增速变化情况

资料来源：东方财富 Choice 数据。

从房地产价格来看，全国商品住宅平均销售价格从 2005 年的 2936.96 元/平方米，上升至 2007 年的 3645.18 元/平方米（见图 3-16）。从股市来看，上证所和深交所的平均市盈率均有大幅增长，上证所平均市盈率从 2005 年 1 月的 23.87% 上升至 2007 年 9 月的 72.97%，资产价格涨幅偏高（见图 3-17）。

以金融危机爆发前的 2007 年为例，货币信贷出现了以下几个特征，显示出经济出现过热趋势。第一，货币供应量偏高。9 月末，M2 余额达到 39.2 万亿元，同比增长 18.5%，增速比 2006 年同期高 1.2 个百分点。第二，存款活期化进一步持续。9 月末，居民存款余额 17.2 万亿元，同比增长 6.9%，增速比 2006 年同期下降了 9.2 个百

第三章 高速增长末期以"双防"为核心的宏观调控（2006~2008年）

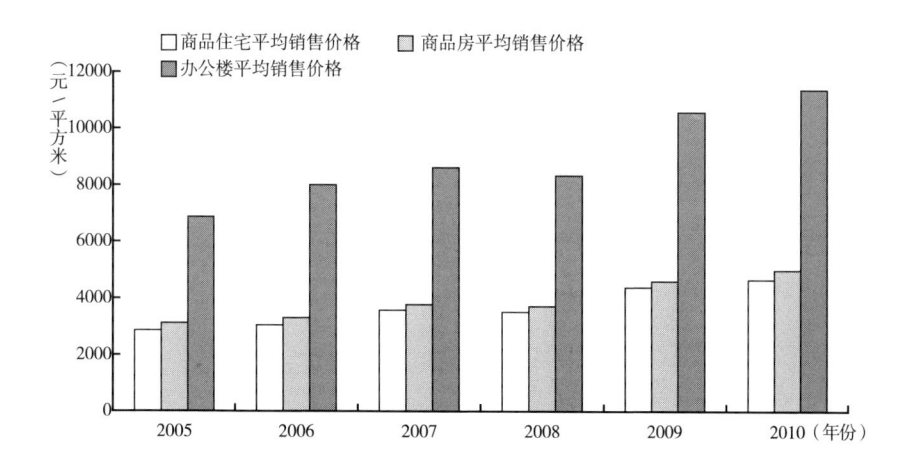

图 3-16 2005~2010 年全国房地产平均销售价格变化情况

资料来源：东方财富 Choice 数据。

分点，比年初增加 7621 亿元，同比少增加 9710 亿元。第三，贷款增速过快，增长额度突破限额。9 月末，全部金融机构本外币贷款余额达到 27.4 万亿元，同比增长 17.3%，增速比 2006 年同期高 2.7 个百分点，比年初增加 3.6 万亿元，同比增加 7656 亿元，接近全年的限额。

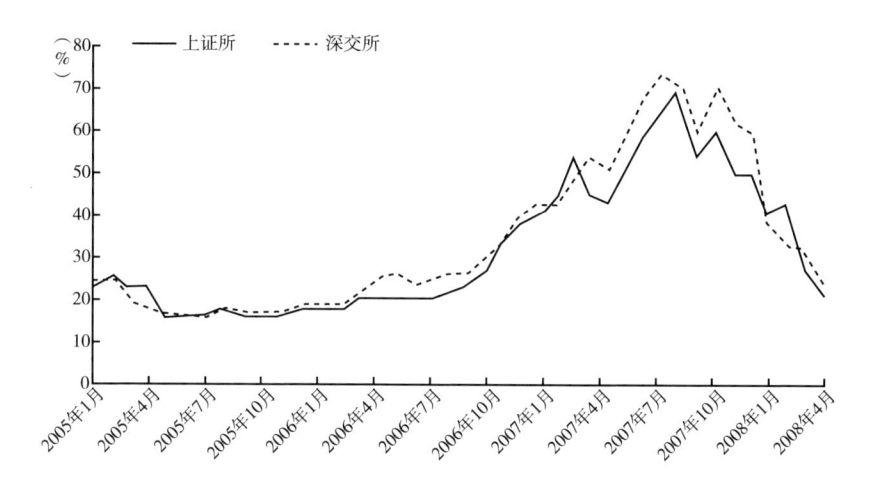

图 3-17 2005~2008 年上证所和深交所平均市盈率变化情况

资料来源：东方财富 Choice 数据。

059

(四) 国际经济风险加剧，次贷危机出现苗头

2007年初开始，美国次贷危机爆发且影响逐步放大，由单纯的次贷危机升级为金融风暴，并有可能触发新一轮全球经济大萧条，美国和西欧等世界主要经济体出现的危机和衰退已经给中国出口部门带来直接的影响和压力。在此背景下，2005年人民币汇率制度改革以来人民币总体持续升值，较大程度地挤压了出口企业的利润空间，中国经济增长面临改革开放以来最严峻的挑战。

三 宏观调控和经济政策以"双防"为核心

2006年至2008年国际金融危机发生之前，在投资快速增长以及贸易顺差双重扩张的带动下，中国的宏观经济延续了2003年以来的强劲增长态势，每年的GDP增速均保持在10%以上。与此同时，在石油等大宗商品价格攀升、食品和居住类商品价格快速上涨等影响下，CPI逐月攀升，通胀风险日益加剧。与此同时，流动性过剩并淤积于金融领域，再加上房价飙涨，"具有结构性、补偿性、成本推动性、国际联动性以及中期持续性"[①]的通胀有向全面通胀快速蔓延的趋势。2006年，中国还在实施稳健的财政政策和稳健的货币政策，但随着2007年以来经济有偏热的迹象以及价格总水平上涨，2007年12月中央经济工作会议提出了"防止经济增长由偏快转为过热，防止价格由结构性上涨演变为明显通货膨胀"这一"双防"任务。在这次经济工作会议上，提出了"实施稳健的财政政策和从紧的货币

[①] 中国人民大学经济研究所：《中国宏观经济分析与预测：2007—2008——财富结构快速调整中的中国宏观经济》，《新金融》2008年第2期。

政策",货币政策发生了重要改变,这种从紧的货币政策一直持续到2008年上半年。

这段时间的宏观调控政策以传统的财政政策、货币政策以及行政干预型政策为主,土地和信贷是两个最重要的避免经济过热的"关口",在2007年以及2008年的《政府工作报告》中均重点强调这两点。2006~2008年宏观调控目标见表3-1。

表3-1 2006~2008年宏观调控目标

年份	来源	宏观调控总结/目标
2006	《2007年政府工作报告》	防止了经济增长由偏快转为过热
2007	《2008年政府工作报告》	促进经济平稳快速发展;注重宏观调控的预见性、及时性和有效性
2008	《2009年政府工作报告》	保持经济平稳较快发展,控制物价过快上涨;防止经济增速过快下滑;实施积极的财政政策和适度宽松的货币政策

资料来源:中国政府网,http://www.gov.cn。

(一)稳健的财政政策重在调整结构

2006年至2008年上半年,稳健的财政政策主要包括运用税收、控制财政支出规模和调整财政支出结构等手段,加强税收对经济的调节,同时针对中央重点把控的土地领域出台相配套的财税政策。2006年,运用税收政策(如改革消费税税率、个人所得税起征额,调整部分产品的出口退税率)以及控制财政支出的规模和结构的手段,针对中央重点把控的土地领域,出台了调整规范住房土地收支管理的财税政策等。2007年,财政政策的重点是针对流动性过剩进行调整,如大规模削减赤字,财政资源重点针对民生类支出项目进行配置,税制方面进行了比较广泛的改革,如出台了《中华人民共和国企业所得税法》，资源税制度进一步完善（深化重要资源型产品价格和排污收费改革），加强税收对经济运行的调节。主要财政政策见表 3-2。

表 3-2 主要财政政策

时间	政策	主要内容
2006 年 4 月 1 日	《消费税税目调整细则》	对消费税税目、税率及相关政策进行调整
2007 年 3 月 16 日	《中华人民共和国企业所得税法》	"单独估价作为固定资产入账的土地"不得计算折旧扣除
2007 年 6 月 29 日	《中华人民共和国个人所得税法》（2007 年修正）	工资、薪金所得，以每月收入额减除费用一千六百元后的余额，为应纳税所得额
2007 年	调整规范住房土地收支管理的财税政策	将 2005 年实施的个人购房转手交易征免营业税期限由 2 年延长至 5 年
2007 年	《全国人民代表大会常务委员会关于批准财政部发行特别国债购买外汇及调整 2007 年末国债余额限额的决议》	批准发行 15500 亿元特别国债购买外汇，批准 2007 年末国债余额限额调整为 53365.53 亿元

资料来源：由笔者根据国家税务总局等网站公布的相关资料整理得到。

（二）货币政策从"稳健"转向"从紧"

由于调控目标的变化，这一时期货币政策经历了从"稳健"向"从紧"的转变。由于流动性过剩的压力，2006 年稳健的货币政策重点的调控任务是"加强银行体系流动性管理"，主要采取的措施有：两次上调金融机构存贷款基准利率，三次上调金融机构存款准备金率。与此同时，采用公开市场操作工具，如发行央行票据和回购操作等来调节流动性。在通胀的压力下，货币政策转向从紧。2007 年先后六次上调金融机构存贷款基准利率，先后十次上调金融机构存款准备金率，同时也运用"窗口指导"和信贷政策引导的手段来传递宏观调控的意图。此外，1998 年取消的贷款规模管理又回到了 2007 年的政策"舞

第三章 高速增长末期以"双防"为核心的宏观调控（2006~2008年）

台"上。2008年上半年的货币政策依然延续了从紧的货币政策，如提高金融机构存款准备金率来对冲流动性。与此同时，汇率改革在稳步推进，"进一步发挥市场供求在人民币汇率形成中的基础性作用，增强人民币汇率弹性，保持人民币汇率在合理均衡水平上的基本稳定"。[①]中国人民银行于2007年5月18日宣布，自5月21日起将银行间即期外汇市场人民币兑美元交易价日浮动幅度由3‰扩大至5‰。2006年至2008年上半年主要货币政策见表3-3。

表3-3 2006年至2008年上半年主要货币政策

时间	政策内容	主要内容
2006年	两次上调金融机构存贷款基准利率	2006年4月28日起，金融机构一年期贷款基准利率由5.58%提高到5.85%。2006年8月19日起，金融机构一年期存款基准利率由2.25%提高到2.52%
2006年	三次上调金融机构存款准备金率	2006年7月5日、2006年8月15日和2006年11月15日上调金融机构存款准备金率
2007年	十次上调金融机构存款准备金率	—
2007年	六次上调金融机构存贷款基准利率	—
2007年5月21日	银行间即期外汇市场人民币兑美元交易价幅度上调	浮动幅度由千分之三扩大至千分之五
2007年	提高QFII配额	2007年底，QFII的总配额提高至300亿美元，进一步提高资本市场的对外开放水平
2008年上半年	五次上调金融机构存款准备金率	—

资料来源：笔者根据2006年第四季度至2008年第四季度的《中国货币政策执行报告》（中国人民银行货币政策分析小组）整理得到。

[①] 《2007年第四季度中国货币政策执行报告》（全文），中国网，http://www.china.com.cn/economic/txt/2008-02/23/content_ 10504913.htm。

063

（三）"双闸门"行政干预等其他宏观调控措施

除了财政政策和货币政策外，其他的宏观调控措施以行政干预型政策为主，土地和信贷是两个重要的避免经济过热的关口，例如：加强新上项目市场准入审核和监督检查，加强对投资项目建设用地审批工作的管理；加强土地调控，从紧控制新增建设用地，严肃查处违法违规用地行为；加强房地产市场调控和监管，着力调整住房供给结构。值得一提的是，从其他宏观调控措施的发布主体来看，宏观调控可以说是多部门"九龙治水"，国家发改委、住房和城乡建设部、农业部、环保部、国土资源部、国税总局等均发挥了宏观调控的作用。主要土地调控政策和房地产政策见表3-4。

表3-4 主要土地调控政策和房地产政策

政策目标	时间	政策名称	主要内容
土地调控政策	2002年5月9日	《招标拍卖挂牌出让国有土地使用权规定》	招标、拍卖或者挂牌出让国有土地使用权应当遵循公开、公平、公正和诚实信用的原则
土地调控政策	2006年7月13日	《国务院办公厅关于建立国家土地督察制度有关问题的通知》	设立国家土地总督察及其办公室
土地调控政策	2006年8月31日	《国务院关于加强土地调控有关问题的通知》	进一步明确土地管理和耕地保护的责任，严肃查处土地违法违规行为
土地调控政策	2007年9月8日	《关于加大闲置土地处置力度的通知》	要立即采取有效措施，组织力量，集中开展闲置土地专项清理处置

续表

政策目标	时间	政策名称	主要内容
房地产政策	2006年5月24日	《关于调整住房供应结构稳定住房价格的意见》	切实调整住房供应结构,进一步发挥税收、信贷、土地政策的调节作用
	2006年12月28日	《关于房地产开发企业土地增值税清算管理有关问题的通知》	进一步加强房地产开发企业土地增值税清算管理工作
	2007年9月27日	《中国人民银行 中国银行业监督管理委员会关于加强商业性房地产信贷管理的通知》	对购买首套自住房且套型建筑面积在90平方米以下的,贷款首付比例(包括本外币贷款,下同)不得低于20%;对购买首套自住房且套型建筑面积在90平方米以上的,贷款首付款比例不得低于30%;对已利用贷款购买住房,又申请购买第二套(含)以上住房的,贷款首付款比例不得低于40%

资料来源:笔者根据中国政府网、自然资源部网站等公布的相关资料整理得到。

四 对本阶段宏观调控政策的评价

2008年以前,宏观调控的目标围绕防止经济增长由偏快转为过热、稳定物价和保持经济平稳发展等方面进行。

2006年的宏观调控措施逐步见效,固定资产投资增幅回落,银行信贷投放增速放缓,但2007年上半年政府采取的各项紧缩措施并没有收到明显的紧缩效应;GDP在上半年逐季加速的基础上没有出现明显回落;CPI在食品类价格和居住类价格的支撑下持续走高;"双顺差"的进一步扩大使外部不平衡问题进一步突出;外汇储备的大幅度增加进一步加剧了货币政策与汇率政策的冲突;货币政策组合式的紧缩调控效果并不明显。这一阶段的宏观调控手段呈现两个明显的特征：第一，短期宏观调控往往过度依赖行政管制和大幅度制度调整，把短期宏观调控等同于间歇性的社会经济秩序整顿（如金融秩序整顿、土地市场整顿以及违规投资项目审查等），把惩治腐败当成治理宏观过热的核心法宝之一；第二，市场秩序建设以及腐败的惩治应当是一个日常性和长期化的目标，依赖这些工具来完成短期宏观调控目标不仅有违社会经济秩序整顿的本意，同时也会增加调控过度和进一步扰乱市场的风险，因此，应该对宏观调控目标与社会经济秩序整顿目标及各自相应措施的实施进行一个实质性的区分。

第四章 金融危机至后危机时期的宏观调控（2008～2012年）

一 金融危机至后危机时期的中国经济

2008年下半年至2012年底，经济运行仍保持年均9%以上的增速，但在内外环境剧烈变化的情况下，经济增长经历了异乎寻常的波动。一方面前期经济偏热，政府实施紧缩调控政策；另一方面金融危机爆发，出口急剧下降，经济增速快速滑落，2008年第四季度降至7.1%，2009年第一季度降到6.4%这个10年来的最低值。此后，随着危机期间的一揽子刺激政策贯彻实施，货币与信贷触底反弹，经济增长出现回升。2010年第一季度经济增长达到12.2%，这是后危机时代的峰值。此后随着因高通胀而来政策紧缩以及外部环境复苏疲弱，经济增长稳中趋缓。

（一）经济增长在经历金融危机冲击下的大幅波动后逐步趋于平缓

从2007年下半年起，中国经济景气转折下行。特别是进入2008年上半年后，加强宏观调控与从紧货币政策的先后施行，人民币实际汇率的持续上升，以及美国次贷危机向全球经济的逐渐扩散，净出口需求紧缩效应显现，与中国经济周期的内在收缩倾向叠加，共同导致中国实际

GDP增长速度逐季减缓（见图4-1）。2009年，在"四万亿元"等一系列强刺激政策的带动下，中国宏观经济成功走出了自2008年第三季度以来深度下滑的低谷，实体经济出现超预期反弹，2010年第一季度GDP同比增速更是回升至12.2%的危机后高点。但从2011年起，在全球经济复苏受阻、国际资本流动变异、国内各种刺激政策全面回收、货币政策回调以及房地产调控政策全面加码等多重因素的作用下，中国宏观经济复苏的步伐放缓，呈现经济增速逐季回落、通胀压力高位回缓、经济泡沫逆转、资源错配加剧、金融风险上扬与结构刚性持续的局面。

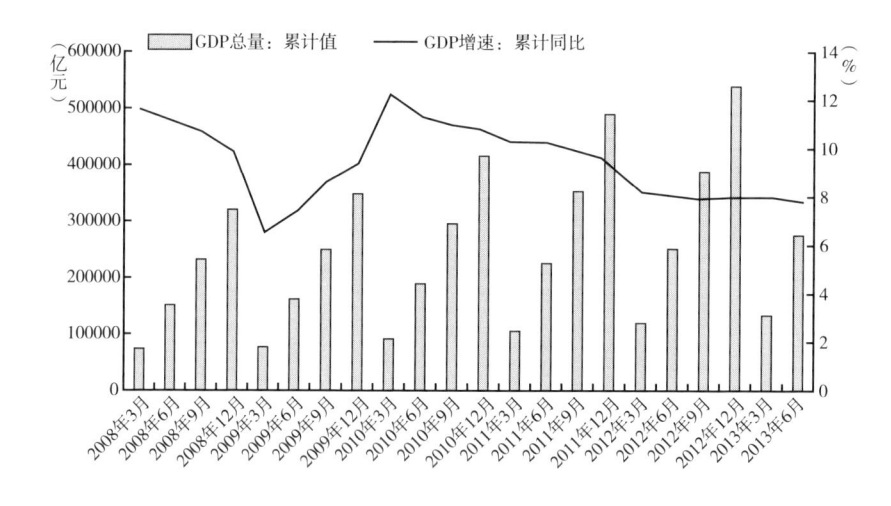

图4-1 2008~2013年中国GDP增长情况

资料来源：国家统计局网站，http://www.stats.gov.cn/tjsj/。

（二）外需对经济增长的贡献大幅下滑，在刺激政策影响下产业结构短期扭曲

从三大需求对经济增长的贡献来看，金融危机以来，全球经济形势恶化、贸易下滑严重，外需对经济增长的作用大幅下滑，从2007年的10.3%下滑至2009年的-42.8%，达到了1985年以来的最低值；与

第四章 金融危机至后危机时期的宏观调控（2008～2012年）

此同时，在"四万亿元"刺激政策作用下，政府主导投资带动全社会固定资产投资实际增速由2008年的15.56%上升至2009年的33.19%（1993年以来的高点），之后在基础设施投资高位增长的带动下持续保持快速增长，资本形成总额对经济增长的贡献在2009年高达86.5%，而后随着经济走出危机，贡献趋稳，2012年资本形成总额对经济增长的贡献是43.4%；同期，最终消费支出对经济增长的贡献是呈现波动增强的特点，并且是三个指标中波动相对最小的（见图4-2）。

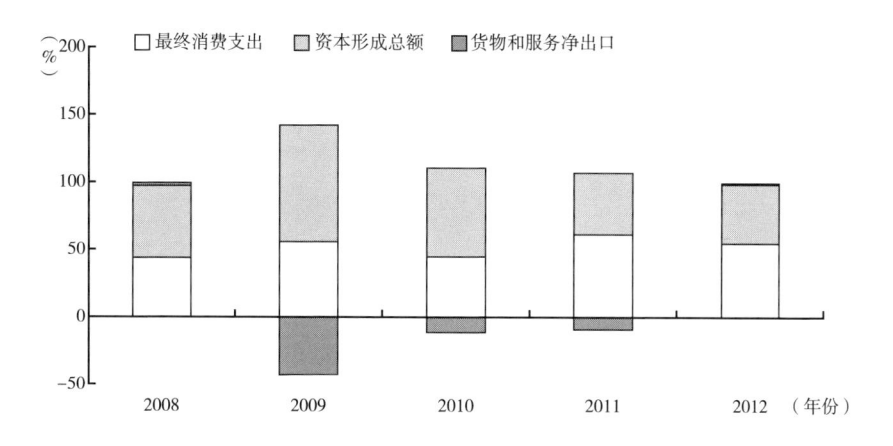

图4-2 2008～2012年三大需求对经济增长的贡献率变化情况

资料来源：国家统计局网站，http://www.stats.gov.cn/tjsj/。

2008～2012年，从经济危机到次萧条阶段，在"四万亿元"刺激政策作用下，大规模的投资在一定程度扭曲了经济结构，也阻碍了产业结构调整。从三次产业增长的情况来看，金融危机期间，第二产业和第三产业的增速在2008年下半年到2009年第一季度均有明显下降，第二产业增加值累计同比增速从2008年第一季度的12.7%下跌到2009年第一季度的5.8%，达到了金融危机期间的最低点。随着经济刺激计划的实施，2009年下半年之后第二产业和第三产业增速均有明显回升，2010年第一季度第二产业和第三产业增加值累计同比增速分别达到了15.4%、10%。从产业结构来看，随着拉动内需和振兴产业等刺激政策实施，第二产业和第三产业比重关系出现短期逆转，第二产业对经济增长的贡献在2010年达到了近十年的峰值，为57.4%。不过，随着经济结构的继续调整，2010年以来，三次产业的经济增速逐步回归平稳，2011年以后在外需低迷、产能过剩等影响下，工业尤其是制造业下行压力不断加大，增速持续下滑，第二产业在经济总量的比重也有所下滑。（见图4-3、图4-4）

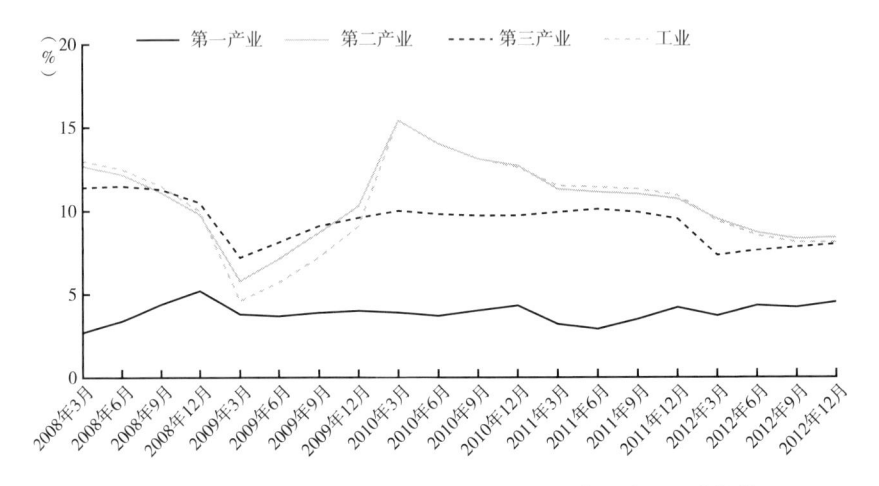

图4-3 2008~2012年三次产业及工业增加值的累计同比增长情况

资料来源：国家统计局网站，http://www.stats.gov.cn/tjsj/。

从产业内部结构来看，2008~2010年，高技术制造业和装备制造业比重继续上升。受国际金融危机影响，对外依赖度较高的制造业尤其是机电制造等行业需求严重下滑，增长和占比也有所回落。随着实施装备制造业调整和振兴规划等政策措施，机电行业等制造业增长有所恢复，2011年规模以上装备制造业[①]和高技术

---

① 装备制造业包括金属制品业，通用设备制造业，专用设备制造业，汽车制造业，铁路、船舶、航空航天和其他运输设备制造业，电气机械和器材制造业，通信设备、计算机及其他电子设备制造业，仪器仪表制造业，金属制品、机械和设备修理业。

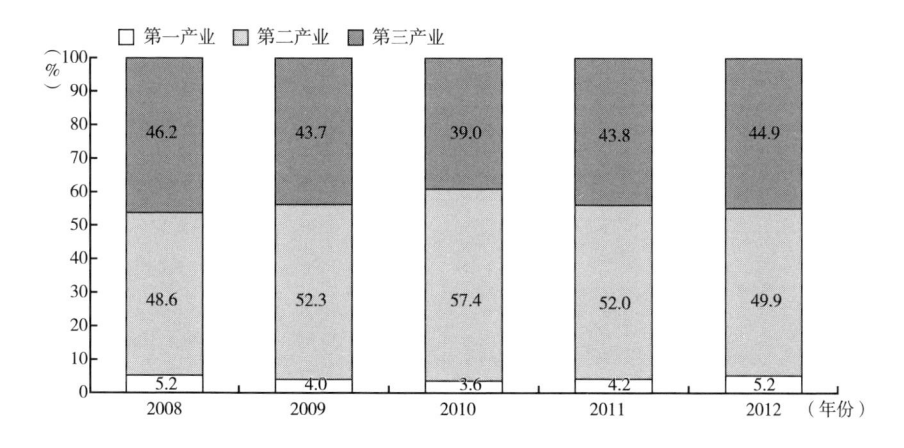

第四章 金融危机至后危机时期的宏观调控（2008~2012年）

图 4-4 2008~2012 年三次产业贡献率的变化情况

资料来源：国家统计局网站，http://www.stats.gov.cn/tjsj/。

制造业[①]占规模以上工业比重分别达到 28.9% 和 9.1%，前者比 2005 年的水平高 0.2 个百分点。

（三）固定资产投资和房地产开发投资增速高位回落

随着"四万亿元"刺激政策的全面退出和货币政策的收紧，固定资产投资的名义增速和实际增速都出现明显回落。固定资产投资受到"四万亿元"刺激计划的作用，名义增速于 2009 年 9 月达到最高点 36.2%，其后由于 2010~2011 年刺激政策的全面回收和货币政策的收紧，一路回落，到 2010 年 7 月下滑至 24.9%；而实际增速从 2009 年 9 月的 36.66% 下滑到 2010 年 9 月的 21.51%。其中，受 2010 年"国八条"出台的影响，2011 年下半年以后房地产投资出现明显回落，房地产开发投资同比增速从 2010 年 5 月的 38.2% 的阶段性高点持续下行，至 2012 年末仍处于 16% 左右的阶段性低点（见图 4-5）。

---

① 高技术制造业包括医药制造业，航空、航天器及设备制造业，电子及通信设备制造业，计算机及办公设备制造业，医疗仪器设备及仪器仪表制造业，信息化学品制造业。

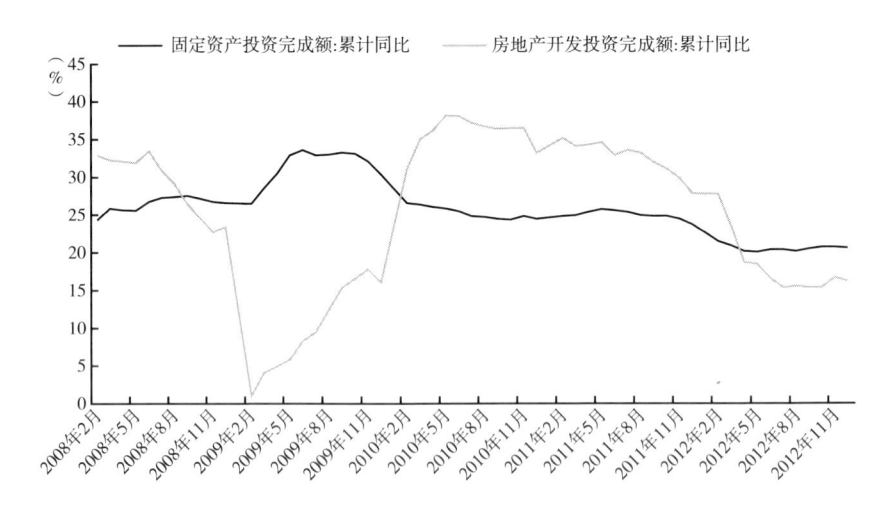

图 4-5 2008~2012 年固定资产投资增长情况

资料来源：国家统计局网站，http：//www.stats.gov.cn/tjsj/。

（四）消费增长乏力，消费者信心指数不佳

2008~2012 年，全国农村居民人均纯收入和全国城镇居民人均可支配收入分别从 2008 年的 4761 元和 15780.76 元上升至 2012 年的 7917 元和 24564.72 元（见图 4-6），但实际增速有明显下滑，城镇居民人均可支配收入增速从 2008 年的 8.4% 下降到 2010 年的 7.8%，之后有所回升，2012 年上升至 9.6%。

消费在收入实际增速回落、消费性刺激政策效应回落、汽车与房地产类消费下滑的引领下大幅度回落，消费升级与消费加速没有出现。2011 年 1~10 月，全社会消费品零售总额的名义增速为 17%，但与 2010 年同期相比下降了 1.6 个百分点，扣除价格因素后仅为 11.2%，比 2010 年同期下降了 3.5 个百分点（见图 4-7）。与金融危机前比较可以明显发现，在消费政策的刺激效应弱化之后，中国市场型消费受到经济危机的冲击较为严重。

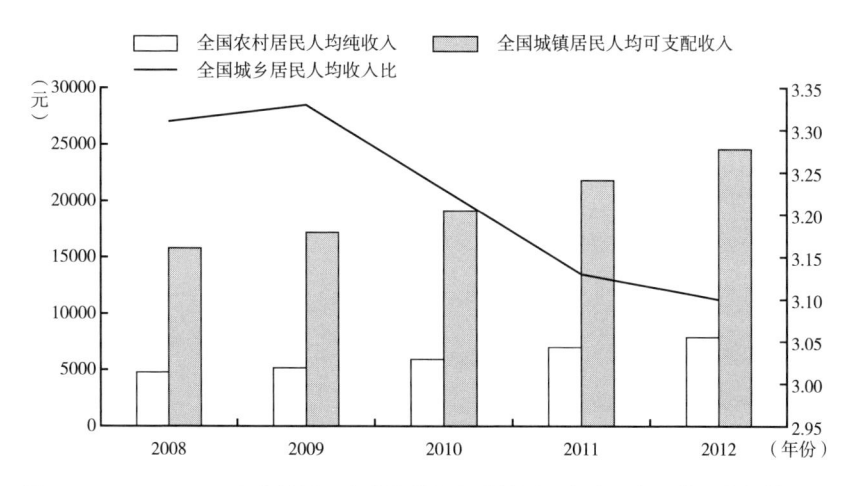

第四章 金融危机至后危机时期的宏观调控（2008～2012年）

图4-6　2008～2012年农村居民人均纯收入和城镇居民人均可支配收入变化情况

资料来源：国家统计局网站，http：//www.stats.gov.cn/tjsj/。

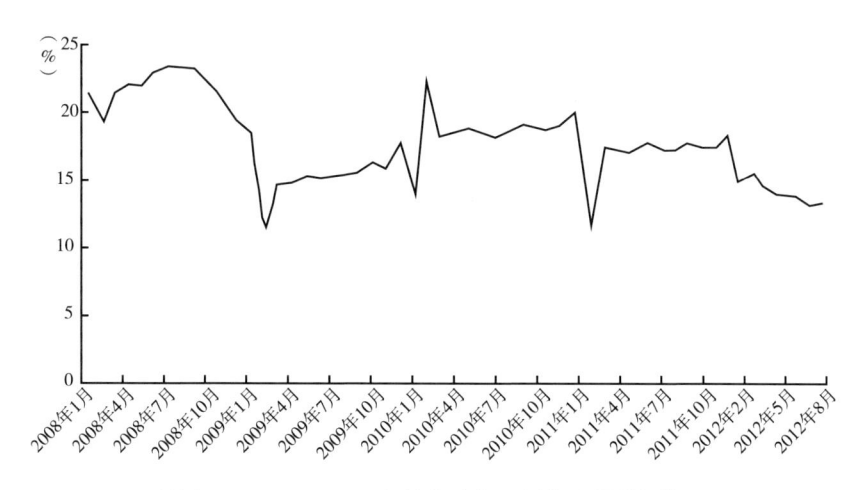

图4-7　2008～2012年社会消费品零售总额增长情况

资料来源：国家统计局网站，http：//www.stats.gov.cn/tjsj/。

在消费结构方面，居民饮食结构不断改善，粮食类消费逐渐减少，而肉类、蛋类等消费增加。此外，发展、享受型需求呈上升态势。交通通信支出增长迅猛，教育、文化与娱乐消费更加丰富，居民医疗保健支出亦维持高速增长，这充分表明中国居民的生活质量大幅提高（见图4-8）。

073

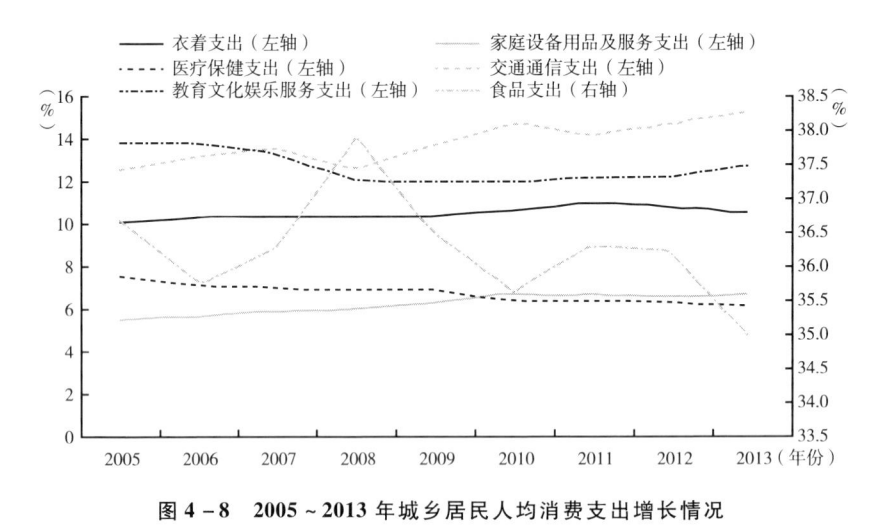

图 4-8 2005~2013 年城乡居民人均消费支出增长情况

资料来源：国家统计局网站，http://www.stats.gov.cn/tjsj/。

（五）金融危机期间进出口贸易下滑后持续保持疲软状态

2008~2012 年，受国际金融危机冲击，2009 年中国对外贸易进出口总额同比下降 13.9%，为 30 年来首次负增长，进口、出口均出现大幅下滑；2010 年，中国对外贸易进出口总额同比增长 34.7%，实现强劲反弹。但受世界经济复苏乏力、欧债危机持续发酵、国际市场需求低迷及国内企业经营成本上升等因素制约，自 2011 年下半年以来进出口贸易再次出现增速放缓迹象，全年同比增长 22.5%，比 2010 年减少 12.2 个百分点。在金融危机的影响下，中国的贸易顺差也出现下滑，2008~2011 年，贸易顺差一路下滑，2008 年的 20.87 万亿元下降到 2011 年的 10.08 万亿元，下跌了一半。2011 年以后，进出口贸易有所恢复，贸易顺差也有所回升，但由于全球经济依旧低迷，进出口贸易依然疲软。（见图 4-9）

从进出口货物贸易来看，2008~2012 年，这一情况有所反复，加工贸易在进出口贸易中的占比在 2008 年、2009 年出现回升，但总

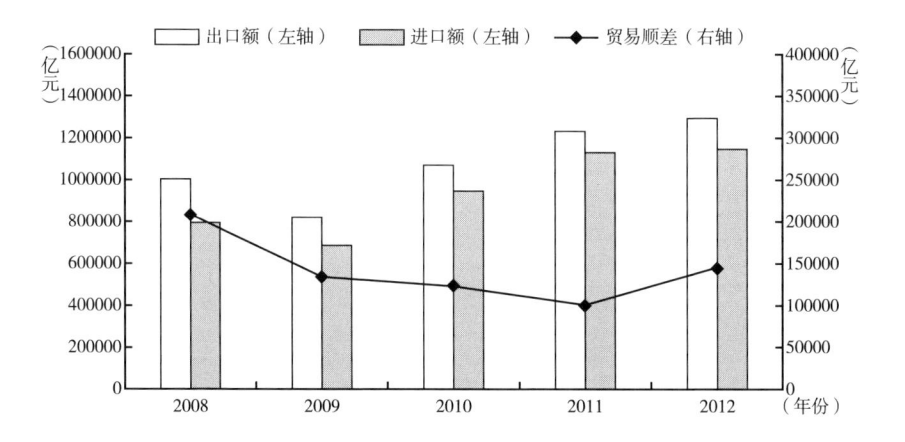

图 4-9 2008~2012 年中国进出口额及贸易顺差变化情况（以人民币计价）

资料来源：中国海关总署网站，http://www.custums.gov.cn。

体仍然延续下降态势。

从服务业贸易来看，2008~2012 年，旅游和其他商业服务的占比有所下降，而通信、保险、金融服务的比重虽有所上升，但总体占比较小。运输、旅游和其他商业服务项目是主要构成，三者占比超过60%，而运输、旅游服务所占比重下降，咨询服务、建筑服务、计算机和信息服务占比均呈明显上升态势（见表 4-1）。

表 4-1 2005~2013 年中国服务贸易构成变动情况

单位：%

类型\时间	2005 年	2006 年	2007 年	2008 年	2009 年	2010 年	2011 年	2012 年	2013 年
运输服务	20.87	22.99	25.75	26.23	18.33	20.09	19.53	20.43	17.90
旅游服务	39.64	37.13	30.61	27.89	30.85	26.91	26.62	26.27	24.50
通信服务	0.66	0.81	0.97	1.07	0.93	0.72	0.95	0.94	0.80
建筑服务	3.51	3.01	4.42	7.05	7.36	8.51	8.09	6.43	5.10
保险服务	0.74	0.60	0.74	0.94	1.24	1.01	1.66	1.75	1.90
金融服务	0.20	0.16	0.19	0.22	0.34	0.78	0.47	0.99	1.40
计算机和信息服务	2.49	3.24	3.57	4.27	5.06	5.44	6.69	7.59	7.30

续表

类型＼时间	2005年	2006年	2007年	2008年	2009年	2010年	2011年	2012年	2013年
专有权利使用费和特许费	0.21	0.22	0.28	0.39	0.33	0.49	0.41	0.55	0.40
咨询服务	7.20	8.57	9.52	12.39	14.48	13.37	15.59	17.56	19.30
广告、宣传	1.46	1.58	1.57	1.50	1.80	1.69	2.21	2.49	2.30
电影、音像	0.18	0.15	0.26	0.29	0.08	0.07	0.07	0.07	0.10
其他商业服务	22.85	21.54	22.12	17.76	19.20	20.90	17.73	14.92	19.10

资料来源：东方财富 Choice 数据。

（六）价格水平波动较大，资产价格上升较快

2008~2012年，中国经济经历了金融危机并逐步走出危机，受外部环境恶化、世界经济周期与中国经济周期、实体调整周期叠加等多种因素影响，中国经济增长步伐有所放缓，价格水平波动幅度有所加大（见图4-10），尤其是2010年，通胀苗头又起。2008年下半年，在外部环境恶化、国内结构性政策调整以及经济内在周期转换的三重压力下，中国"出口—投资导向型增长模式"的内在矛盾全面激化，总供给与总需求关系出现逆转，宏观经济形势急转直下，出现"冰火两重天"的急剧变化，中国宏观经济开始步入下滑区间。在"四万亿元"等强大的刺激政策与存货调整周期的作用下，"信贷—投资"驱动的增长模式推动中国经济超预期反弹，但同时通胀预期开始抬头，资产价格快速提升，宏观经济景气快速回升，外需依旧下滑严重。在前期刺激性政策的惯性释放、外部环境恢复性改善、消费高位运行等因素的作用下，2010年中国经济增长呈现恢复趋势，增速由2009年的9.2%恢复至2010年的10.6%，但"泡沫蔓延"所触发的物价水平持续攀升，房地产再次成为资产价格泡沫化重灾区，刺激政策问世不到一年半，房地产价格指数飙升四成以

上。高通胀推动宏观政策转向紧缩，2011年在多重因素影响下，经济复苏放缓。2012年是中国经济从"次萧条"到"复苏重现"的一年。受基础建设投资大幅增长、房地产政策微调带来的"刚需"释放、政策持续放松以及全球市场情绪稳定带来的外需稳定等因素影响，中国宏观经济开始在2012年9月出现"触底反弹"，并在党的十八大的召开、存货周期逆转、消费持续增长、外需小幅回升、投资持续加码等因素的作用下，重返复苏的轨道。

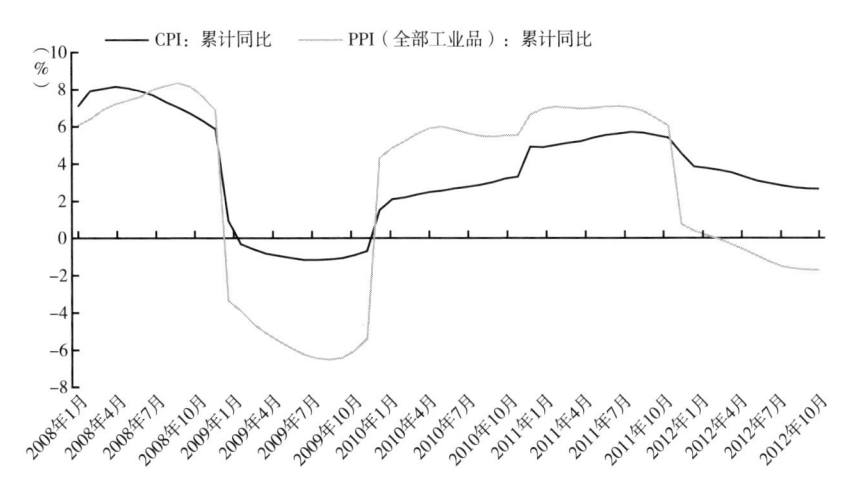

图4-10 2008~2012年中国价格水平变化情况

资料来源：国家统计局网站，http://www.stats.gov.cn/tjsj/。

（七）房地产行业对经济增长的贡献率依旧较高

1998年房改以来，中国房地产业逐渐快速发展，进入2003年，房地产业更是被当作国民经济发展的支柱行业，逐渐成为拉动中国经济增长的主要动力。由于房地产业具有很强的产业关联性，其对中国经济发展的重要性远远超过了房地产投资本身。房地产业既与钢铁、水泥、化工、塑料、机电等处于上游的制造业产业相关联，又与家用电器、家具、室内装潢等处于下游的制造业产业相关联，还与金融业、商业、咨询等服务业相关联。2008年下半年以来，随着金融危机的蔓延，对经济的担忧使市场信心严重下滑，房地产开发投资增速高位回落，由2008年的20.9%直线下降至2009年初的1%。之后在反危机政策影响下，逐月攀升，2009年全年房地产开发投资增速为16.7%，2010年又达到了33.6%的高点；作为需求的一部分，占总投资比重超过20%的房地产投资的大幅改善对经济恢复起到了一定作用（见图4-11、表4-2、图4-12）。

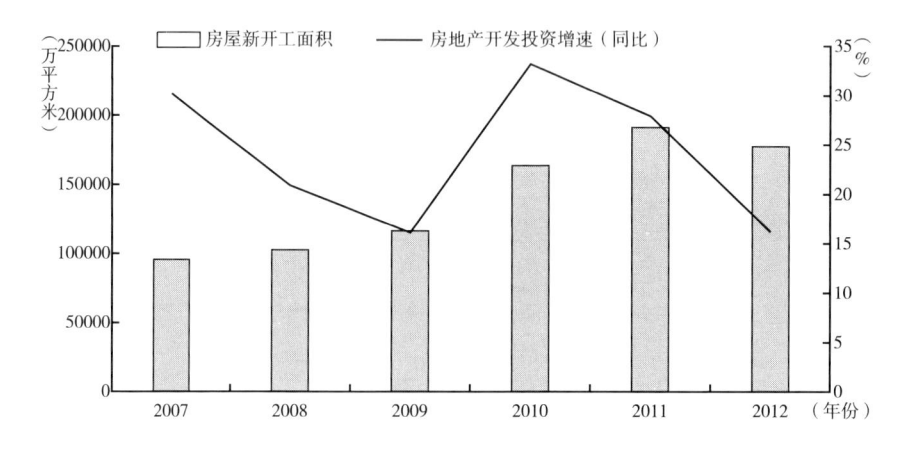

图4-11 2007～2012年房地产开发投资与房屋新开工面积增长情况

资料来源：国家统计局网站，http://www.stats.gov.cn/tjsj/。

表4-2 房地产业对中国经济增长的贡献

年份	房地产开发投资占比(%)	对GDP的贡献率(%)			拉动GDP增长(个百分点)		
		直接贡献	间接贡献	总贡献	直接拉动	间接拉动	总拉动
2003	23.7	14.9	20.9	35.9	1.5	2.1	3.6
2004	23.7	12.9	18.1	31.0	1.3	1.8	3.1
2005	22.0	8.5	11.8	20.3	0.9	1.3	2.3
2006	22.3	9.7	13.6	23.3	1.2	1.7	2.9
2007	23.6	10.0	14.1	24.1	1.4	2.0	3.4
2008	23.4	11.0	15.4	26.3	1.1	1.5	2.5

资料来源：中国人民大学中国宏观经济论坛《2014年第三季度中期报告》。

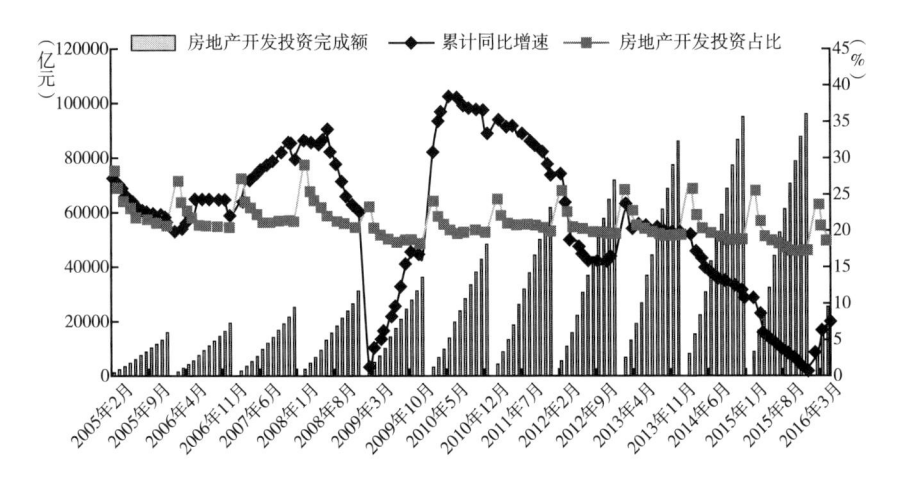

图 4-12　2005~2016 年房地产开发投资完成额、累计同比增速及房地产开发投资占比变化情况

资料来源：国家统计局网站，http://www.stats.gov.cn/tjsj/。

（八）人民币汇率先稳后升，对外投资快速增长

2008 年 6 月至 2012 年的汇率情况可以分为两个阶段（见图 4-13），第一阶段为 2008 年下半年至 2010 年，由于金融危机爆发，整体经济形势恶化，人民币汇率转为盯住美元方式，这期间人民币对美元汇率比较稳定，基本维持在 6.8 左右。第二阶段为汇率改革重启阶段。2010 年，随着国际国内形势的好转，中国重启汇率改革，香港离岸人民币市场建立，人民币国际化战略开始推行。美国等主要经济体量化宽松政策释放的巨量货币，由于中美利差以及逐利目的等，相当一部分流入中国，推升人民币快速升值[1]，人民币对美元汇率自 2010 年的 6.8 一路上升到 2014 年初的 6.1 的极限水平，升值幅

---

[1] 此时，美国 QE 释放的巨量资本不愿意投资美国境内的高风险资产，而持续升值的人民币无疑成为其投机的标的，这一阶段境外资本进入中国，主要进入房地产市场、贸易融资领域以及利用人民币离岸市场和在岸市场利差套利。

度达到10%。

从外商直接投资情况来看，2008年以来，中国境内企业主体在对外直接投资快速增长的带动下，尤其是在2008年金融类投资加快增长的带动下，中国境内投资者对外直接投资增长加快，中国对外直接投资净额为559.1亿美元，较上年增长111%，占比70%以上的非金融类对外直接投资同比增长高达63.6%。

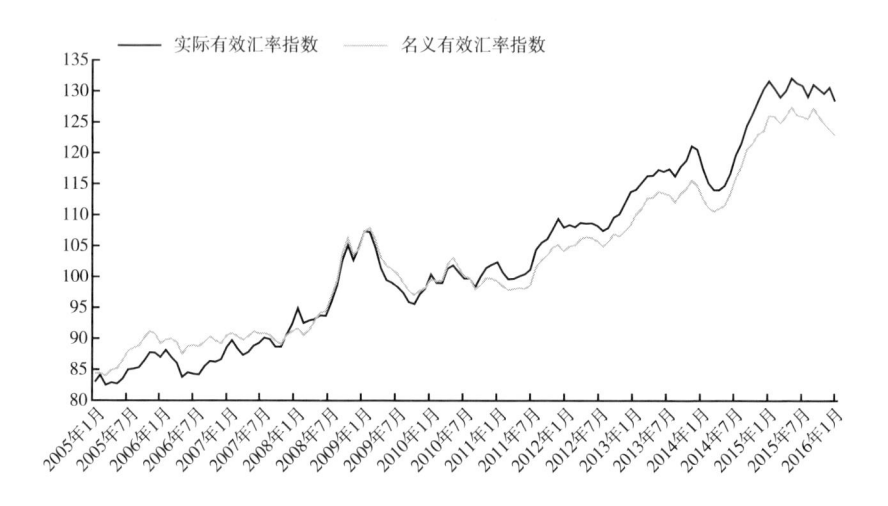

图4-13 2005~2016年人民币实际有效汇率指数和名义有效汇率指数变化情况

资料来源：国家统计局网站，http://www.stats.gov.cn/tjsj/。

（九）金融危机导致企业经济效益指标恶化

2008年，受金融危机的影响，中国工业企业效益指标迅速恶化，利润总额累计同比增速迅速下降到2009年2月的-37.27%，之后在经济刺激计划的影响下，工业企业效益指标有所好转，2009年末恢复为正，并呈现一路上升态势。总体来看，中国工业企业效益指标呈现剧烈波动（见图4-14）。分不同类型的企业看，总体上依然是私营企业的效益增长最迅速（见图4-15），无论是利润总额还是营业收入在大部分时点私营企业均比国有企业和外资企业增长迅速。

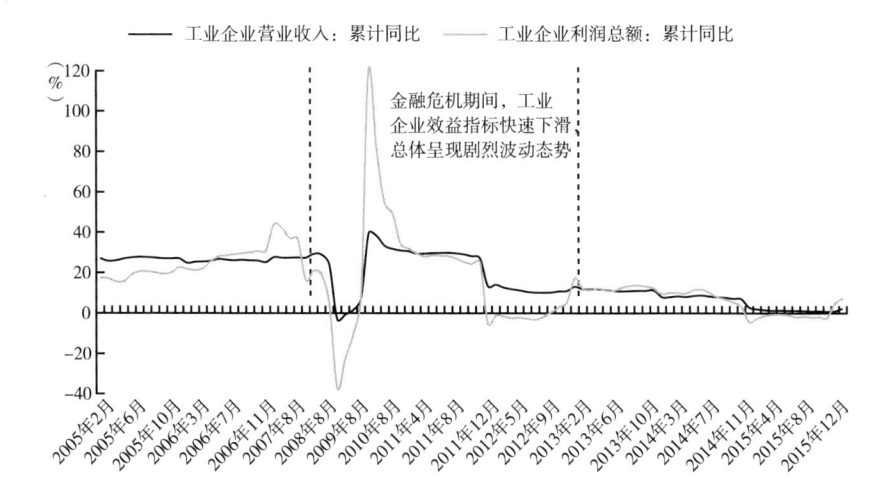

图4-14　2005~2015年工业企业营业收入和利润总额变化情况

资料来源：国家统计局网站，http://www.stats.gov.cn/tjsj/。

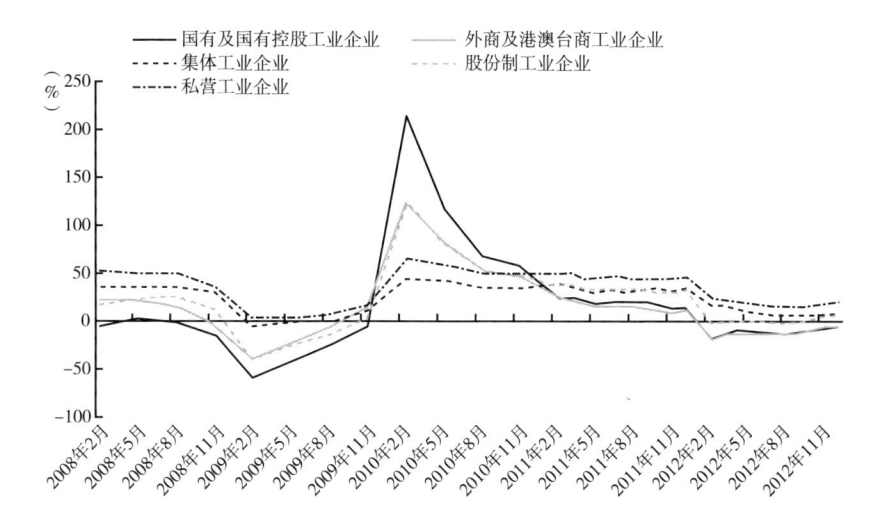

图4-15　2008~2012年不同类型工业企业效益变化情况

资料来源：国家统计局网站，http://www.stats.gov.cn/tjsj/。

（十）地方财政收入占比有所提高

2008~2012年，全国财政收入继续保持较快增长，从2008年的6.13万亿元增长到2012年的11.73万亿元。2008年以来，地方财政收入从2008年的2.87万亿元增长到2012年的6.11万亿元，与此同时，中央财政收入从2008年的3.27万亿元增长到2012年的5.62万亿元。地方财政收入占比有一定提高，占全国财政收入的比重从2008年的46.71%上升至2012年的52.09%（见图4-16）。

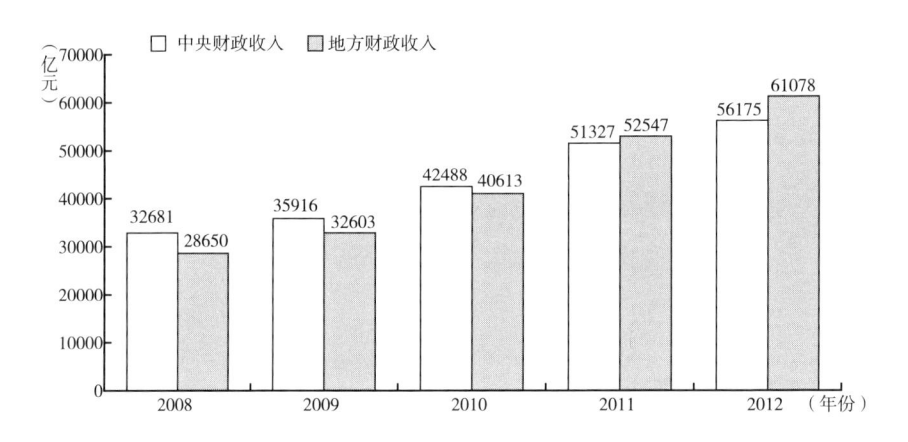

图4-16 2008~2012年中央财政收入和地方财政收入变化情况

资料来源：中国财政部网站，http://www.mof.gov.cn/index.htm。

二 经济运行中存在的问题和风险

（一）国际环境恶化，出口增长面临的外部环境趋于严峻

当时中国经济实际是"投资—出口"驱动型的经济增长模式，经济极易受到外部环境的冲击，因此在国际金融危机的影响下，中国的经济

形势在2008年下半年开始急转直下,国际环境恶化对经济的直接冲击是恶化了中国的出口状况。受国际金融危机冲击,2009年中国对外贸易进出口总额同比下降13.9%,为30年来首次负增长,进口、出口均出现大幅下滑,外向型经济受到严重冲击;另外,外需对经济增长的作用大幅下滑,从2007年的10.3%下滑至2009年的-42.8%,达到1985年以来的最低值,国内出口企业也面临成本提高、汇率升值、国内信贷等金融资源可获性"处于弱势"等问题,外向型经济受到严重挑战。

(二)有效需求不足,供给与需求的结构性矛盾显现

从供给角度看,中国工业生产供给结构的调整明显落后于需求结构的变化,供需错位。由于中国特殊的经济发展轨迹,中国工业所占的比重一直较高,很多时候企业处于产能过剩的状态。解决该问题最直接的方式便是通过投资直接刺激那部分因为需求不足而闲置的生产力,通过拉动第二产业来带动整个经济增长。然而投资的本质是为了扩大再生产,通过投资虽然在短期内解决了结构性需求不足,刺激了经济,但是从长期看是再一次扩大了第二产业的产能,这为随后经济增长中的结构性需求不足留下了更大的隐患。

这种矛盾在经历2008年经济危机以及"四万亿元"投资刺激计划之后表现得更为明显。大规模的投资计划不仅扭曲了经济结构,也阻碍了产业间结构的调整。在2008年之前,中国第三产业占GDP的比重正逐步赶超第二产业。然而,随着刺激方案的逐步实施,第二产业占比再度提高,产业结构升级调整放缓。

(三)金融扭曲和金融风险进入新的阶段,资产泡沫化风险突出

地方投融资平台债务的高筑、银行表外信贷的膨胀、民间融资的泛

滥以及各种监管套利和持续的资金虚拟化，标志着中国金融扭曲和金融风险步入一个新时期。中国经济泡沫的持续和数量性货币政策的调控直接导致中国金融资源虚拟化，"泡沫经济" + "利率管制" + "不对称的货币数量收缩"是中国金融资源错配与价格扭曲大幅度加剧的核心原因，这些资源错配和金融扭曲已严重影响中国经济的增长和稳定。

2009年和2010年分别新增信贷9.62万亿元和7.95万亿元，直接导致流动性出现大幅度上涨，其中2009年底，M2增速创10年的新高，达到29.74%。这些流动性并不是在各个领域平均增长，而是向房地产市场、期货市场以及其他类投资品市场大幅度偏向性流动，这种偏向流动直接导致2009年和2010年全国平均房地产价格飙升50%左右，期货交易额增加3倍多，价格的飙升进一步引发资金从实体领域向虚拟领域转移，资产泡沫明显加剧。从房地产价格来看，全国商品住宅平均销售价格从2009年的4459元/平方米，上升至2012年的5430元/平方米（见图4-17）；从股市来看，上证所和深交所的平均市盈率在2009年又有大幅上升，上证所平均市盈率从2008年10月的14.07%上升至2009年12月的28.73%（见图4-18）。

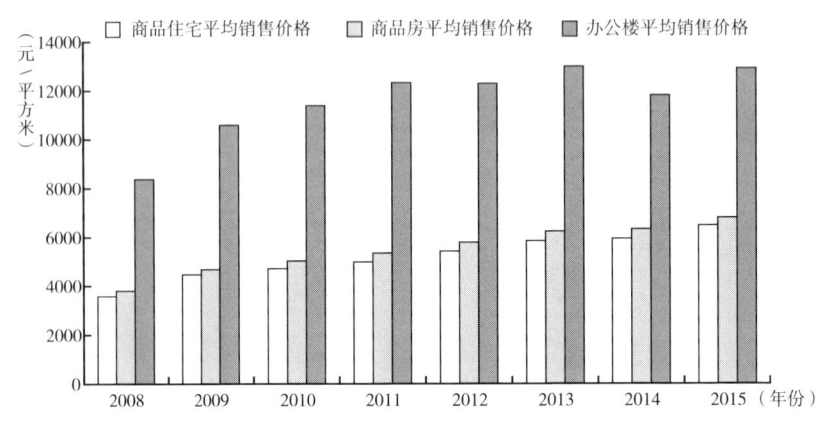

图4-17 2008~2015年全国房地产平均销售价格变化情况

资料来源：东方财富Choice数据。

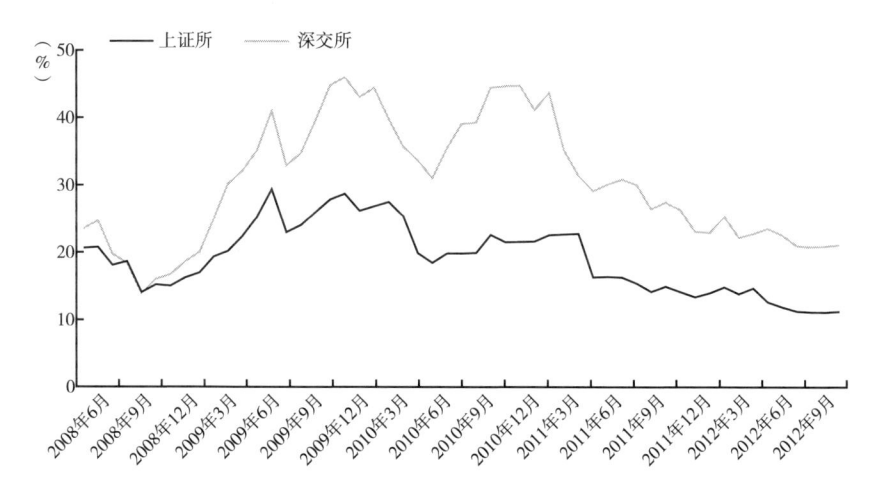

图 4-18　2008～2012 年上证所和深交所平均市盈率变化情况

资料来源：东方财富 Choice 数据。

此外，企业间债务增加所导致的"三角债"问题在不同行业已经不同程度存在，并有进一步蔓延的风险，部分地区金融秩序混乱，非法集资现象突出，金融市场扭曲程度进一步加剧。

（四）在"信贷—投资"模式下，债务规模尤其是地方政府隐性债务快速扩张

为应对金融危机带来的负面影响，国家出台了"四万亿元"刺激政策，中国经济增长由此进入"信贷—投资"驱动模式。在"四万亿元"投资计划中，其中地方政府配套资金 2.82 亿元。为了缓解地方政府配套资金来源压力，2009 年 3 月，《人民银行　银监会关于进一步加强信贷结构调整促进国民经济平稳较快发展的指导意见》出台，提出"支持有条件的地方政府组建投融资平台，发行企业债、中期票据等融资工具，拓宽中央政府投资项目的配套资金融资渠道"。在政策支持下，融资平台等国有企业的债务呈现爆发式增长，举债规模快速攀升。审计署 2011 年的调查数据显示，截至

2010年底,全国已有6576个地方政府融资平台公司,负债规模为4.97万亿元;而截至2013年6月底,全国融资平台债务余额达到6.97万亿元,较2010年底增长40.2%。在经济刺激政策推动下,融资平台等国有企业的债务的快速增长带动了中国债务水平在短时间内大幅攀升。据BIS统计,截至2012年底,中国非金融部门总债务达到105.95万亿元,较2008年末增加60.4万亿元,总杠杆率达到196.4%,较2008年末提升53.8个百分点。非金融企业部门、政府部门和居民部门债务均出现较大幅度攀升,其中包含融资平台等国有企业在内的非金融企业部门杠杆率的增长最为突出,至2012年底,其债务达到68.6万亿元,占总债务比例超过60%,非金融企业部门杠杆率达到127.6%,较2008年底提高33.7个百分点。虽然融资平台债务被纳入非金融企业债务进行统计,非金融企业部门杠杆率增长明显,但事实上,融资平台背靠地方政府信用,融资平台债务额快速增长,实际上反映的是地方政府债务尤其是地方政府隐性债务的快速膨胀。

(五) 中小企业融资难问题进一步凸显,部分中小企业出现停产

中小企业资金紧张最为突出的表现之一就是个体经营投资总额出现大幅度的下滑。2011年1~9月个体经营投资总额同比回落了16%左右,部分中小企业出现停产。出现这种局面的原因在于:一是总量性货币政策收缩导致资金投放偏向性效应加剧,使缺少资本金、抵押品和资信的中小企业融资难;二是资源性原材料和基础产品价格的上涨进一步压缩了部分没有转型的中小企业的利润,使内源性资金来源紧张;三是大量资金流向资产泡沫领域,并使民间融资成本大幅度上升,从而导致部分中小企业停产进行投机性活动和

资金拆借；四是在人工成本、资金成本以及原材料成本增加的多重挤压下，部分企业倒闭。

三 反危机时期的宏观调控：从"四万亿元"刺激向微刺激的转变

从2008年下半年开始，中国的经济形势急转直下，GDP季度同比增速出现大幅下滑。由于经济形势的重大变化，中国宏观经济政策取向出现重大逆转，宏观调控的主要目标由2007年的"双防"调整为"保持经济平稳较快发展，控制物价过快上涨"[①]，稳增长的压力凸显，开始实施积极的财政政策和适度宽松的货币政策。2009~2011年政府宏观调控目标见表4-3。

表4-3 2009~2011年政府宏观调控目标

年份	来源	宏观调控总结/目标
2009	《2010年政府工作报告》	实行积极的财政政策和适度宽松的货币政策；扭转了经济增速下滑趋势
2010	《2011年政府工作报告》	加强和改善宏观调控，促进经济平稳较快发展；实行积极的财政政策和适度宽松的货币政策
2011	《2012年政府工作报告》	加强和改善宏观调控，遏制物价过快上涨，实现经济平稳较快发展；实施积极的财政政策和稳健的货币政策

资料来源：中国政府网，http：//www.gov.cn。

2008年，国务院出台了"四万亿元"投资计划，并在全国所有地区、所有行业全面实施十项扩大内需、促进经济增长的重大措施，

---

① 《2009年国务院政府工作报告》，中国政府网，http：//www.gov.cn/premier/2019-03/16/content_1260221.htm。

包括"加快建设保障性安居工程""加快农村基础设施建设""加快铁路、公路和机场等重大基础设施建设""全面实施增值税转型改革"等。自2009年1月开始，国务院陆续出台重要产业调整振兴规划，涉及汽车业、装备制造业等多个行业。这些计划和规划的出台是为了全力保经济增长的目标而设立。积极的宏观调控措施促使经济形势在2009年出现好转，但随之而来的是通胀压力，资产泡沫也开始显现，货币政策开始调整。2011年，中国人民银行明确将货币政策取向由"适度宽松的货币政策"调整到"稳健的货币政策"。

（一）积极的财政政策从重在扩内需、稳增长逐步向调结构变化，融资平台快速发展，成为地方政府融资的重要途径

2008年下半年，为应对美国次贷危机的不利影响，宏观调控政策发生重大调整，稳健的财政政策开始转向积极。此次重启的积极财政政策将实施重点放在加快民生工程、基础设施建设、生态环境建设和灾后重建等方面，着力于提高城乡居民特别是低收入群体的收入水平，扩大内需特别是消费需求，促进结构调整和发展方式转变，促进经济平稳较快增长。2008年下半年，除了大规模进行财政支出安排以外，政府还通过三次提高出口退税率、暂免储蓄存款利息个人所得税、下调证券交易印花税、降低住房交易税费、加大对中小企业信贷支持力度等措施来缓解经济下行的压力。据初步统计，2008年各项税费减免政策共减轻企业和居民负担约2800亿元。在"一揽子"计划的支持下，中国的经济开始稳健回升。

2009年之后，积极的财政政策一直延续。一方面，为了减轻国际金融危机带来的负面影响，政府将保持经济平稳较快发展作为财政工作的首要任务，积极发挥财政职能作用，综合运用预算、国债、税收等政策工具，增加政府公共投资，加强各项重点建设，优化税制，

实行结构性减税。另一方面,2011年以后,积极的财政政策更侧重于调结构,进一步优化财政支出结构,并在安排使用好政府公共投资、优化投资结构的同时,落实结构性减税政策,如2012年"营改增"试点由上海扩大到北京等9个省(直辖市)和3个计划单列市。2008~2012年主要财政政策见表4-4。

表4-4 2008~2012年主要的财政政策

时间	会议名称或政策主要内容	详细政策内容
2008年	国务院常务会议	会议确定了进一步扩大内需、促进经济增长的十项措施,包括加快建设保障性安居工程,加快农村基础设施建设,加快铁路、公路和机场等重大基础设施建设,等等。初步匡算,实施上述工程建设,到2010年底约需投资4万亿元
2008年	税制改革,一系列结构性减税措施	实施企业所得税新税法,降低企业税负。提高个人所得税工薪所得减除费用标准,暂免征收储蓄存款和证券交易结算资金利息个人所得税。实施促进廉租住房、经济适用房建设和住房租赁市场发展的财税扶持政策。降低住房交易环节税收负担。下调证券交易印花税税率并改为单边征收。调整汽车消费税政策。允许困难企业阶段性缓缴社会保险费、降低四项社会保险费率等
2009年	发行地方政府债券	发行2000亿元地方政府债券,保障地方政府的配套资金需要
2009年	增值税转型改革	在全国范围内实施消费型增值税,调整增值税小规模纳税人的划分标准,并降低征收率,促进企业增加自主创新和技术改造投入
2009年	取消和停征行政事业性收费	取消和停征100项行政事业性收费
2010年	发行地方政府债券	继续代理发行2000亿元地方政府债券
2011年	《关于修改〈中华人民共和国个人所得税法〉的决定》第六次修正）	将个人所得税工薪所得减除费用标准由2000元/月提高到3500元/月并调整税率结构,降低中低收入者税负
2011年	《深入实施西部大开发战略有关税收政策问题的通知》	自2011年1月1日至2020年12月31日,对设在西部地区的鼓励类产业企业减按15%的税率征收企业所得税

续表

时间	会议名称或政策主要内容	详细政策内容
2012年	扩大"营改增"试点	"营改增"试点由上海扩大到北京等9个省(直辖市)和3个计划单列市
2012年	加强地方政府性债务管理	2012年到期的地方政府债券按期偿还,清理化解基层政府性债务取得明显进展

资料来源：笔者根据中国政府网、国家税务总局网站、中国财政部网站等公布的相关资料整理得到。

在这一时期，融资平台成为地方政府稳增长、刺激经济的主要融资渠道。由于投资增速远高于财政收入增速，地方政府扩张性支出所造成的资金缺口无法通过自身财政收入的增长予以弥补，出现了总量性的矛盾。另外，自1994年实施分税制以来，地方财政收入所占份额有所下降，而政府经常性支出和民生类支出在地方财政支出中的占比不断提高，地方政府仅依靠自身当期财政难以支持大规模的基建投资，出现了结构性矛盾。这种结构性矛盾推动融资平台快速发展，全国各地普遍设立融资平台。为应对国际金融危机及随之而来的经济下行，中国实施积极的财政政策并出台"四万亿元"投资计划，融资平台开始迅速增加融资，既能够与银行对接获得贷款，又能够通过发行债券进行直接融资，还能够通过信托公司、保险公司、证券公司等金融机构融资，从而极大地扩充了地方政府的融资渠道，成为地方政府信用扩张的主要途径，进而对地方基建投资形成了有力支持。

（二）货币政策：从"适度宽松的货币政策"回归到"稳健的货币政策"

2008年初，中国的货币政策延续2007年以来的从紧的货币政策，以防止经济过热以及全面的通货膨胀。但是在金融危机冲击下经

第四章　金融危机至后危机时期的宏观调控（2008~2012年）

济形势发生重大变化，从2008年9月开始，稳健的货币政策转向适度宽松，当年内五次下调存贷款基准利率，四次下调存款准备金率，以确保经济增长，并向市场传递信心稳定的信号，此外，还运用公开市场操作，如调减中央银行票据的发行规模和频率、适时增加短期正回购操作品种、逐步缩短操作期限结构等。2009年，适度宽松的货币政策主要采用公开市场操作，尤其强调货币政策与财政政策、产业政策等其他宏观调控手段的配合。

2009年之后，经济形势有所好转，但随之而来的资产泡沫与通胀压力开始显现，同时2011年9月之后，欧洲债务危机开始加剧，国际金融市场发生新的动荡。在此背景下，货币政策开始调整，由"适度宽松的货币政策"调整到"稳健的货币政策"。2011年，六次上调存款类金融机构人民币存款准备金率。此外，中国还继续推动金融机构改革、外汇管理体制改革、完善人民币汇率形成机制改革等相关的体制改革，并实现了关键突破（见表4-5）。

表4-5　2008~2012年主要货币政策

时间	政策	主要内容
2008年	五次下调金融机构存贷款基准利率	先后五次下调金融机构存贷款基准利率。1年期存款基准利率由4.14%下调至2.25%；1年期贷款基准利率由7.47%下调至5.31%
2008年下半年	四次下调金融机构存款准备金率	9月25日、10月15日、12月5日和12月25日四次下调金融机构人民币存款准备金率
2008年	公开市场操作	从7月起逐步调减中央银行票据发行规模和频率
2008年	《中国人民银行关于完善再贴现业务管理　支持扩大"三农"和中小企业融资的通知》	注重发挥再贴现窗口引导票据融资业务发展的职能作用；注重运用再贴现推广使用商业承兑汇票，促进商业信用票据化；等等
2009年	公开市场操作	发行中央银行票据、开展正回购操作、适当提高公开市场操作利率弹性

续表

时间	政策	主要内容
2010年	六次上调存款类金融机构人民币存款准备金率	1月18日、2月25日、5月10日、11月16日、11月29日和12月20日6次上调存款类金融机构人民币存款准备金率
2010年	两次上调金融机构人民币存贷款基准利率	10月20日、12月26日两次上调金融机构人民币存贷款基准利率
2011年上半年	六次上调存款类金融机构人民币存款准备金率	1月20日、2月24日、3月25日、4月21日、5月18日和6月20日6次上调存款类金融机构人民币存款准备金率
2011年下半年	一次下调存款类金融机构人民币存款准备金率	12月5日下调存款准备金率0.5个百分点
2011年	三次上调金融机构人民币存贷款基准利率	2月9日、4月6日和7月7日三次上调金融机构人民币存贷款基准利率
2012年	两次下调存贷款基准利率	中国人民银行分别于6月8日、7月6日两次下调金融机构人民币存贷款基准利率。其中,1年期存款基准利率由3.5%下降到3%,累计下调0.5个百分点;1年期贷款基准利率由6.56%下降到6%,累计下调0.56个百分点
2012年	两次下调存款准备金率	2月24日和5月18日两次下调存款准备金率各0.5个百分点

资料来源:笔者根据2009年第四季度至2012年第四季度的《中国货币政策执行报告》(中国人民银行货币政策分析小组)整理得到。

(三) 重点产业调整振兴规划相继实施

从2009年1月起,国务院陆续出台重要产业调整振兴规划,涉及行业包括纺织业、钢铁业、汽车业、船舶业、装备制造业、电子信息产业、轻工业、石化产业、物流业、有色金属业。十大产业规划的出台,配合宽松的财政政策和货币政策是中国率先走出金融危机的重要因素。

与此同时,为了推进贸易便利化和进一步推动人民币国际化,相关部门积极推进跨境贸易人民币结算试点。2009年7月,中国人民银行、财政部、商务部、海关总署、国家税务总局、银监会下发了

第四章 金融危机至后危机时期的宏观调控（2008~2012年）

《跨境贸易人民币结算试点管理办法》，此后中国人民银行分别与韩国、中国香港、马来西亚、印尼、白俄罗斯和阿根廷货币当局签署了6份总规模为6500亿元人民币的双边本币互换协议。截至2009年末，银行累计为企业办理跨境贸易人民币结算业务409笔，金额为35.8亿元。2010年6月，跨境人民币结算业务进一步扩大，经国务院批准，中国人民银行、财政部、商务部、海关总署、国家税务总局和银监会联合发布《关于扩大跨境贸易人民币结算试点工作有关问题的通知》，将境内试点地区由上海和广东省的4个城市扩大到20个省（自治区、直辖市），"跨境贸易人民币结算的境外地域由港澳、东盟地区扩展到所有国家和地区"。2010年12月，出口试点企业从试点初期的365家扩大到67724家[①]。2011年7月，中国人民银行、财政部、商务部、海关总署、国家税务总局、银监会发布《关于扩大跨境贸易人民币结算地区的通知》，将跨境贸易人民币结算地区范围扩大至全国。2008~2013年其他类型的宏观调控政策见表4-6。

表4-6 2008~2013年其他类型的宏观调控政策

政策类型	时间	政策名称	主要内容
产业政策	2008年12月20日	《国务院办公厅关于促进房地产市场健康发展的若干意见》	加大保障性住房建设力度，进一步鼓励普通商品住房消费等
	2009年	出台十大产业振兴规划	出台包括纺织业、钢铁业、汽车业、船舶业、装备制造业、电子信息产业、轻工业、石化产业、物流业、有色金属业等十个产业的振兴规划
价格政策	2011年	成品油、天然气、水等资源性产品价格机制改革	—

[①] 《中国人民银行发布2010年第四季度中国货币政策执行报告》，人民网，http://finance.people.com.cn/GB/13852483.html。

续表

政策类型	时间	政策名称	主要内容
区域政策	2009年1月26日	《国务院关于推进重庆市统筹城乡改革和发展的若干意见》	重庆统筹城乡改革和发展
	2009年5月6日	《国务院关于支持福建省加快建设海峡西岸经济区的若干意见》	福建加快建设海峡西岸经济区
对外开放政策	2009	双边本币互换协议	中国先后与韩国、中国香港、马来西亚、印尼、白俄罗斯和阿根廷货币当局签署了6份总规模为6500亿元人民币的双边本币互换协议
	2009年7月	开展跨境贸易人民币结算试点	2009年7月上海市和广东省广州市、深圳市、珠海市、东莞市的365家企业开始跨境贸易人民币结算试点
	2010年6月	《关于扩大跨境贸易人民币结算试点工作有关问题的通知》	境内试点地区由上海和广东省的4个城市扩大到20个省（自治区、直辖市）
	2011年8月	《关于扩大跨境贸易人民币结算地区的通知》	将跨境贸易人民币结算境内地域范围扩大至全国

资料来源：由笔者根据中国政府网、中国人民银行网站等公布的相关资料整理得到。

四 对本阶段逆周期调控政策的评价

2008年以后，宏观调控的目标转向为"防止经济增速过快下滑"，实施扩张性的宏观调控工具，经济下滑趋势得以控制，但随后出现的物价水平上涨，2011年宏观调控目标变为"稳定物价总水平"。

在金融危机的冲击下，经济增长急速下滑，应对危机的"四万亿元"刺激政策出台具有及时性和必要性。"四万亿元"在本质上并不是一个完全的增量，它对宏观经济的刺激作用的信号意义远大于其实际投资拉动作用。在政策主导作用下，中国经济率先走出经济危机，整体开始进入从"政策刺激性反弹阶段"向"市场需求反弹阶段"过渡的阶段。但同时，这决定了中国宏观经济超预期反弹具有"政策主导性"、"结构不平衡性"、"动力不稳定性"、"增长要素缺少互动性"以及"总体发展方向的易变性"等特点。

从政策本身来看，此轮宏观调控政策是专门应对金融危机、抵御经济下滑、促进经济增长而制定的临时性、扩张性、短期的政策措施。它在推动经济逐步复苏的同时本身也隐含着诸多隐患，而且这些措施并非治理一切经济问题的良方，无法解决经济增长方式调整滞后和收入结构分配失衡等深层次矛盾，不仅如此，还可能带来一些副作用，使宏观经济运行面临更多的风险，如地方债务规模快速扩张、通胀风险、产能过剩、供给失衡等。如果这些矛盾不解决，那么中国经济将更加脆弱，经济可持续增长值得怀疑。大规模经济刺激产生的后遗症令人反思，包括这几年的房地产泡沫积聚、地方政府债务累积、部分行业产能过剩加剧以及银行坏账等，都与"四万亿元"不无关联。

第五章　转向供给侧结构调整的宏观调控（2013～2016年）

一　2013～2016年中国经济的表现

2013～2016年，在世界经济周期调整，国内经济增长速度换挡期、结构调整阵痛期、前期刺激政策消化期"三期叠加"等因素综合影响下，中国经济增长步伐不断放缓，中国经济发展从前期的高速增长回落至中高速增长的新常态。

（一）经济增速从前些年的高速增长转为中高速增长

从经济增长速度来看，进入新常态以来再难重现过去三十多年GDP10%以上的增速。从2013年第三季度直至2016年底，GDP实际增速呈波动下滑态势，不变价GDP累计同比增速从2013年第三季度的7.8%滑落至2016年第四季度的6.8%；名义GDP累计同比增速自2014年初开始回落，从2013年第四季度的10.2%波动下行至2015年底的7%的低位，但此后随着全球经济复苏加快和经济增长内生动能的增长，名义GDP增速从2016年第一季度开始回升。总体来看，2013～2016年GDP实际增速总体维持在6.5%～8%的中高速增长区间（见图5-1）。

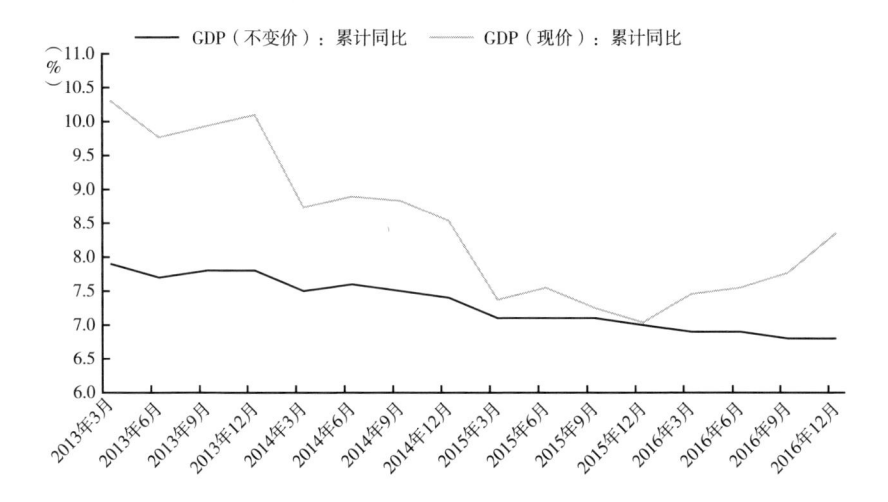

图 5－1　2013～2016 年中国的经济增长情况

资料来源：国家统计局网站，http://www.stats.gov.cn/tjsj/。

（二）需求、产业结构持续优化，最终消费对经济增长的贡献率提升

从最终需求对经济增长的贡献率来看，外需对经济增长的贡献率持续维持低位甚至为负数，资本形成总额的贡献率总体下行，消费对经济增长的贡献率超过 60%。2013～2016 年，由于全球经济复苏缓慢，外需对经济增长的贡献率持续维持在 15% 以下的低位，其中 2013 年下半年至 2014 年上半年以及 2015 年第三季度至 2016 年底，外需对经济增长的贡献率均为负数。同时，随着投资增长高位趋缓以及投资效率下降，资本形成总额对经济增长的贡献率总体呈下行态势，从 2013 年第三季度 55.8% 的阶段性高位滑落至 2016 年底的 42.2%。（见图 5－2）

从产业结构来看，"三进二退"继续发展，第三产业占比超过 50%。2013 年以来，受外需低迷、产能过剩等因素影响，工业再难

以延续前些年10%以上的增长速度，呈现波动下滑的态势，受此影响，第二产业增速波动下滑，在经济总量中的比重持续下滑。与此同时，受居民消费结构持续升级等因素影响，第三产业保持了较快的增长，自2014年第三季度以来持续保持高于第一、二产业的增长速度（见图5-3），占GDP的比重持续提升，2013年第三产业所占比重首次超过第二产业，2015年第三产业所占比重超过50%，服务业对于经济增长的贡献进一步增强。

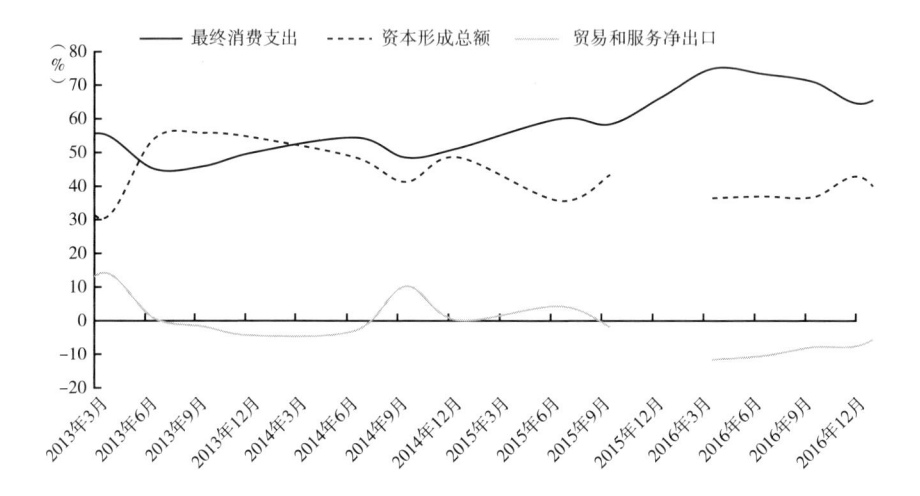

图5-2 2013~2016年三大需求对经济增长的贡献率变化情况

资料来源：国家统计局网站，http://www.stats.gov.cn/tjsj/。

从产业内部结构看，传统制造业调整压力持续加大，新业态快速增长，新旧动能转换持续。2013年以来，随着经济结构持续调整和传统行业产能过剩情况加剧，传统制造业调整压力持续加大，六大高耗能行业[①]增加值同比增长持续放缓，但高技术制造业和装备制造

---

① 化学原料及化学制品制造业、非金属矿物制品业、黑色金属冶炼及压延加工业、有色金属冶炼及压延加工业、石油加工炼焦及核燃料加工业、电力热力的生产和供应业。

业保持了较好的增长势头，持续快于规模以上工业增长速度。而随着创新型国家战略的实施、"中国制造2025"的提出以及支持"大众创业、万众创新"的一系列措施的出台，以数字化、智能化为特征的制造业逐渐显露力量，新能源汽车、微型机器人等新兴产业保持翻倍增长。

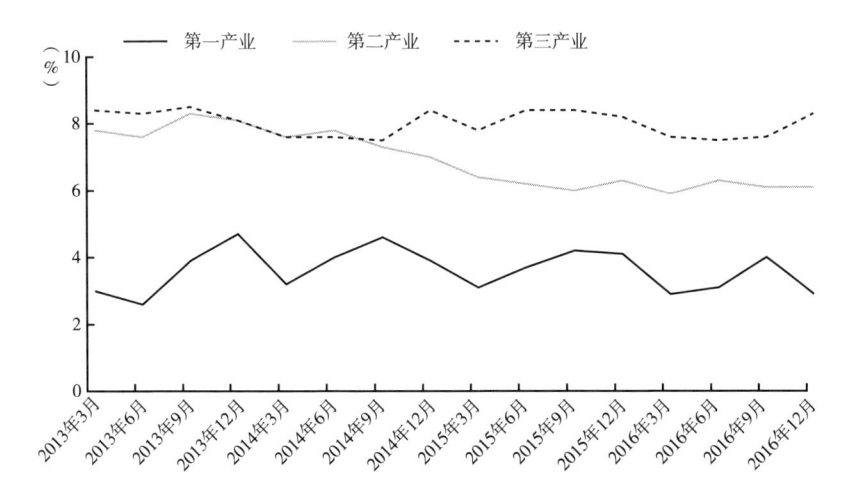

图 5 – 3　2013 ~ 2016 年三次产业增速变化情况

资料来源：国家统计局网站，http://www.stats.gov.cn/tjsj/。

（三）投资整体平缓回落，基建投资高速增长，房地产投资随政策变化波动

新常态以来，随着高杠杆约束的加大，金融危机以来的"债务—投资"驱动模式的弊端逐渐显露，投资高速增长态势难以持续。2013 ~ 2016 年，固定资产投资增速呈现逐年回落的特征，从2013年接近20%的同比增速逐渐回落，至2016年已经跌破10%至8.10%。从三大类投资来看，虽然基建投资同样呈现逐年回落的态势，但依旧是投资的重要支撑因素（见图5 – 4）。2013 ~ 2016 年，地方政府依托

融资平台、政府和社会资本合作项目（PPP）等方式进行隐性举债支持基础设施建设，使基建投资始终保持15%以上的高速增长。房地产投资占固定资产投资的比重持续维持在20%以上，同样是投资整体重要的支撑因素，但2013～2016年房地产调控政策变化较大，导致房地产市场出现较大幅度的波动，房地产投资也因此波动较大。2013～2015年，房地产投资持续下滑。但2014年，随着房地产调控政策逐步转向以"去库存"为基调，在2014年"9·30"新政和"11·21"降息以后，房地产市场开始触底回升，尤其是2015年"3·30"新政、持续降息降准之后，一、二线城市房价启动暴涨模式，房地产销售的回暖也逐步反映到房地产投资上来，从2016年初房地产投资开始触底回升。综合来看，2013～2016年投资整体上受政策影响较大，制造业投资、民间投资等内生性投资整体表现较为疲弱（见图5-5）。

图5-4　2013～2016年制造业投资、基建（不含电力）投资、房地产投资增长率变化情况

资料来源：国家统计局网站，http://www.stats.gov.cn/tjsj/。

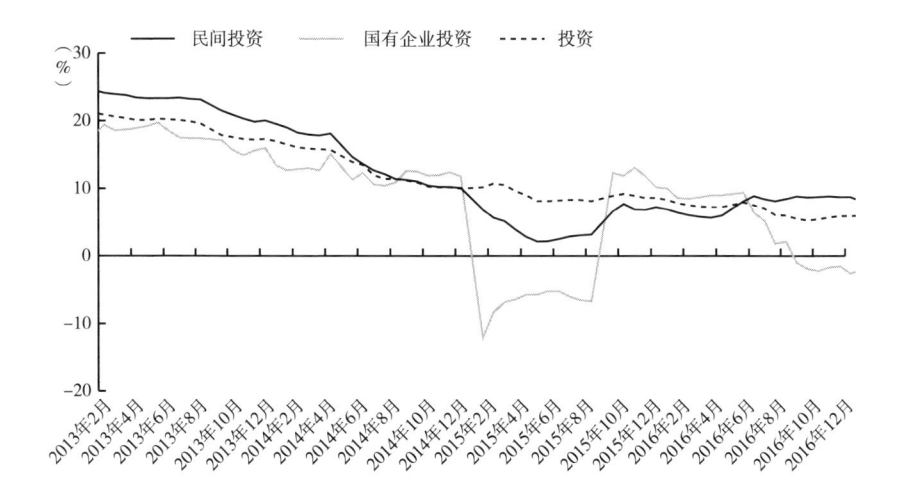

第五章 转向供给侧结构调整的宏观调控（2013~2016年）

图 5-5 2013~2016年民间投资、国有企业投资及投资增长率变化情况

资料来源：国家统计局网站，http://www.stats.gov.cn/tjsj/。

（四）社会消费品零售总额增速阶梯式回落，但消费结构持续转型升级

进入新常态，在居民部门负债压力较大、收入增长放缓的背景下，消费的增长面临的制约因素有所增加，社会消费品零售总额增速呈现阶梯式回落的特征（见图5-6）。在社会消费品零售总额增速持续回落的过程中，消费领域的结构性特征的变化更值得关注：分区域来看，虽然农村居民与城镇居民社会消费品零售总额均同比放缓，但农村居民社会消费品零售总额的增速自2012年以来持续高于城镇居民，在扶贫攻坚、农村经济发展等因素支撑下农村居民消费动力相对较强，消费的区域结构有所优化；分消费方式来看，实物网上商品零售额和网上商品和服务零售额同比保持了高速增长，消费方式有所创新；分实物和服务消费来看，虽然缺乏具体的服务消费的数据，但从最终消费对经济增长的贡献率持续攀升、与社会消费品零售总额走势

分化的情况来看，服务消费仍保持旺盛的发展势头，包含服务消费在内的总消费的走势依然较为平稳。这一系列特征表明，新常态以来，虽然社会消费品零售总额消费增速持续回落，但消费升级态势明显。

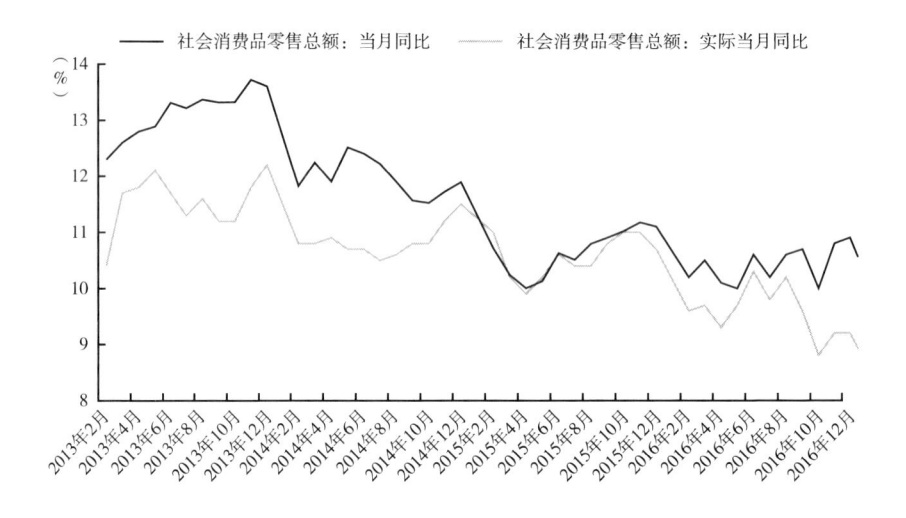

图 5-6　2013~2016 年社会消费品零售总额增速变化情况

资料来源：国家统计局网站，http://www.stats.gov.cn/tjsj/。

（五）全球经济低迷、贸易保护主义回潮，对外贸易较长时间保持负增长

2013~2016 年，由于 2008 年国际金融危机的深层次影响与欧洲债务危机共振，世界经济复苏不确定性、不稳定性上升，全球贸易持续低迷，外需持续疲弱。与此同时，在全球经济复苏艰难的情况下，一些发达国家将国内经济运行中存在的问题归咎于全球化，保护主义情绪加剧，部分发展中国家政府也加强了干预，对本国企业或产业进行保护，限制外国资本和商品进入，各种形式的贸易保护措施明显增多。尤为值得一提的是，随着中国产业和出口商品结构升级，涉华贸易摩擦涉及的产品由传统劳动密集型产品向高科技产品扩展。在全球

经济低迷与贸易保护主义的负面影响下,在此期间,中国对外贸易也保持低迷态势,尤其是2015~2016年,中国出口连续保持了负增长态势。与此同时,在国内经济底部"L"形运行的情况下,国内需求也较为低迷,进口同样增长放缓,走势基本与出口保持一致,2015~2016年持续负增长(见图5-7)。

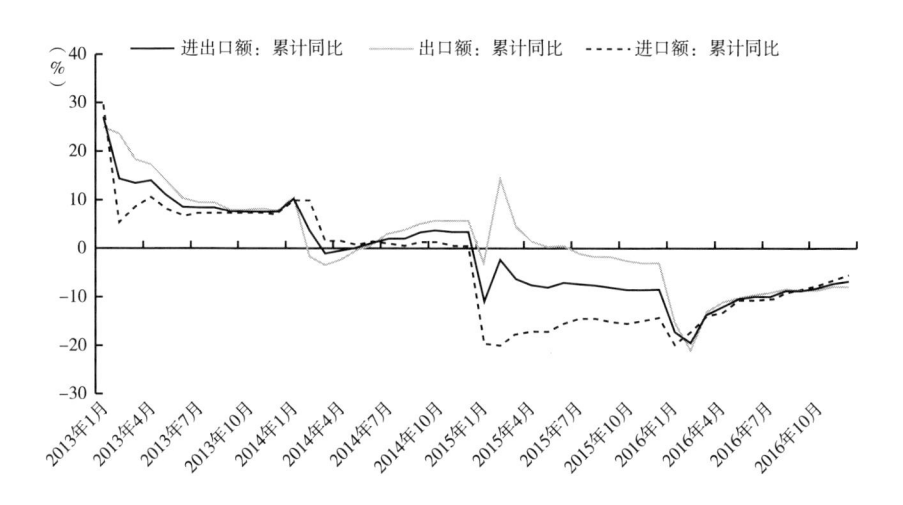

图5-7　2013~2016年进出口增长情况

资料来源:中国海关总署网站,http://www.customs.gov.cn。

(六)随着刺激政策的减弱和产能过剩问题的凸显,工业生产进入平缓回落期

2008年金融危机后,在一系列经济刺激政策的带动下,工业增加值增速多年保持两位数增长。但是,强刺激政策在带动短期工业生产快速上扬的同时,也导致工业产能市场化出清和产业转型的步伐被迫延后,产能过剩问题凸显。进入新常态以来,刺激政策减弱和产能过剩加剧,叠加经济底部运行需求低迷,使工业生产从前几年10%以上的增速跌落至个位数增长,并呈现平缓回落的特征(见

图5-8）。但2016年，在去产能效果逐步显现的背景下，工业和制造业生产低位企稳。

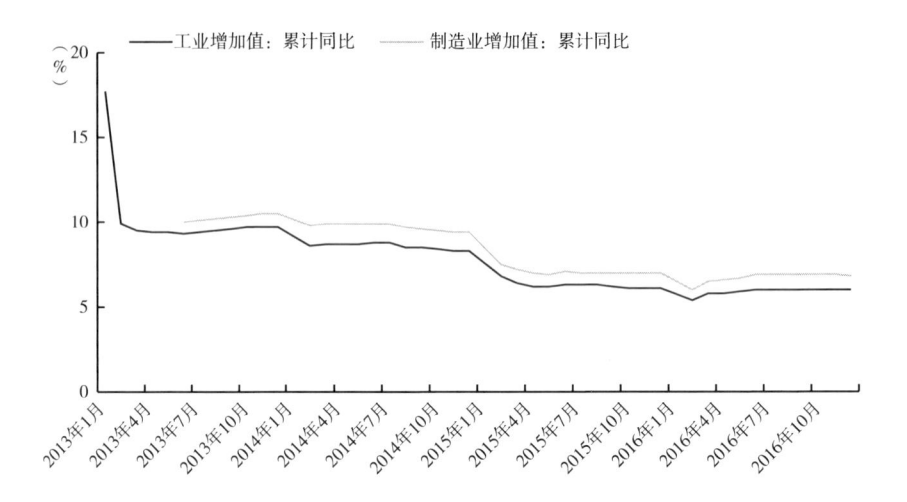

图5-8 2013~2016年工业及制造业增加值增长情况

资料来源：国家统计局网站，http://www.stats.gov.cn/tjsj/。

（七）通胀水平分化，价格结构性问题逐步显现

由于有效需求不足，产能持续过剩，供给与需求结构性矛盾较为突出。2013~2016年，虽然中国货币投放维持高位，但并没有带来一般消费品价格的大幅上扬，CPI总体表现较为平稳，除2015年1月达到0.76%的阶段性低点外，总体上为1%~3.2%。但是，受世界经济复苏疲弱、中国增长周期调整、产能过剩等多重因素影响，工业领域持续通缩，PPI从2013年1月直至2016年9月，连续45个月维持通缩态势。2016年10月，随着煤炭、石油、钢铁和有色金属等主要原材料价格的上涨，PPI才由负转正。值得一提的是，从2016年11月起，CPI与PPI、PPI与PPIRM（工业生产者购进价格指数）之间的差值转为负数，说明在供给与需求结构性矛盾的背景下，上游原

材料价格向中下游和最终消费的传导并不顺畅，价格的这种结构性问题对中下游制造业企业的利润造成挤压。（见图 5-9）

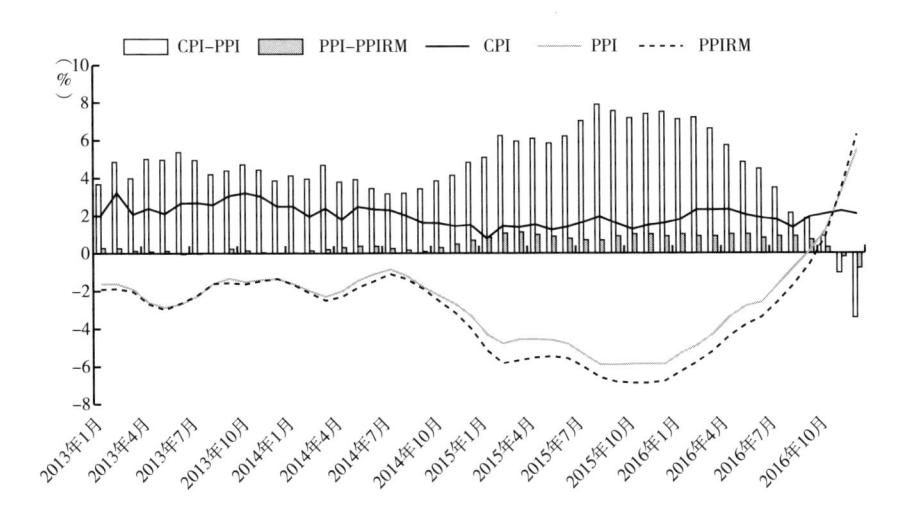

图 5-9 2013~2016 年价格水平变化情况

资料来源：国家统计局网站，http://www.stats.gov.cn/tjsj/。

（八）人民币汇率双向波动加大，但资本流出压力持续存在

2014 年之后尤其是 2015 年下半年之后，虽然人民币对美元汇率有所走低，但由于汇率的供求基础已经从对外贸易的高速增长和金融与资本账户的双顺差，转变为贸易衰退式顺差、资本项目以对外投资为主的双向流动，人民币汇率形成机制更为市场化，参考一篮子货币因素增强，双向波动幅度加大。尤其是 2016 年人民币双向波动表现明显，2016 年初人民币对美元汇率走势延续了 2015 年"8·11"以来的快速贬值趋势[①]，1 月人民币对美元汇率从上年底的 6.45 快速贬

---

① 2016 年 1 月 4 日，在岸人民币兑美元短短 47 分钟内跌 140 余点，日内跌幅扩大至 300 点，收于 6.52；离岸人民币跌至 6.62，日内下跌 517 点，在岸、离岸价差约为 1100 点。

值到 6.56，当月贬值幅度达到 1.6%；2 月以来随着监管机构的干预和市场预期的变化，人民币汇率走势有所企稳，人民币对美元汇率中间价在 3 月、4 月总体呈现小幅升值的迹象；5 月以来，受英国脱欧、美国加息预期变化等冲击影响，人民币对美元汇率走势又呈现快速贬值趋势，5 月、6 月、7 月三个月的平均汇率分别为 6.53、6.59、6.68，累计贬值超过 3%；随着人民币基本面特征的阶段性变化以及监管政策的趋严①，8 月人民币总体呈现小幅升值状态；9 月之后，随着美元短期走强等因素影响，人民币贬值压力加大，9 月、10 月、11 月、12 月人民币对美元平均汇率分别为 6.67、6.74、6.84、6.92。2005～2016 年人民币对美元汇率变化情况见图 5-10。

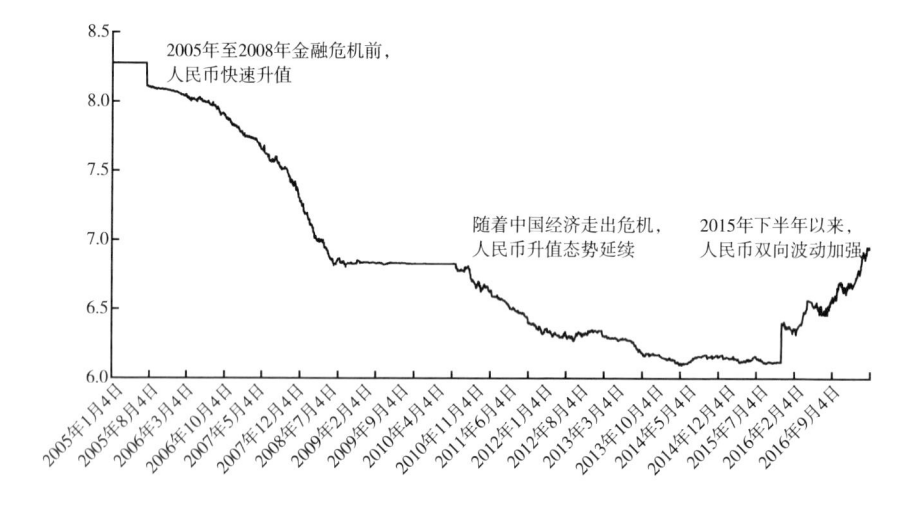

图 5-10 2005～2016 年人民币对美元汇率变化情况

资料来源：东方财富 Choice 数据。

---

① 中国外汇交易中心宣布自 2016 年 8 月 15 日起，对在境外与客户开展客远期售汇业务的境外金融机构收取外汇风险准备金，准备金率为 20%，准备金利率为零，防范资本的大额流出和跨境套利行为。

随着中国资本项目的放开，跨境资本流动的阶段性特征已发生改变，由原来的净流入转变为流入、流出更为频繁。外汇储备双向波动特征更是证明了这一阶段性特征。从2014年下半年开始，中国外汇储备一改过去延续多年的单边上行态势，呈现双边波动、总体下行的态势，外汇储备从2014年6月39932亿美元的高点滑落至2016年12月的30105亿美元（见图5-11）。

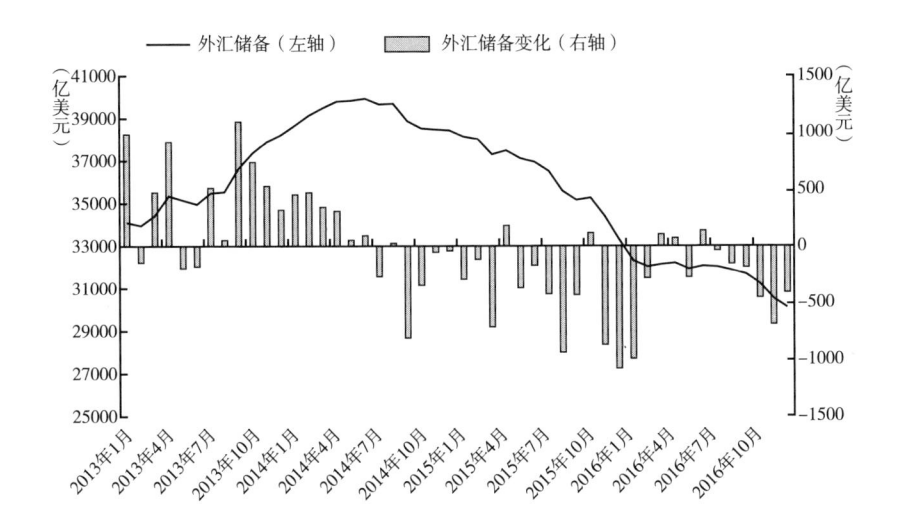

图5-11 2013~2016年外汇储备变化情况

资料来源：国家统计局网站，http://www.stats.gov.cn/tjsj/。

二 经济运行中存在的问题和风险

2013~2016年，在经济增长由"高速"转向"中高速"的过程中，部分体制性、结构性和周期性因素相互影响、相互交织，金融危机后大规模的经济刺激政策的负面效果有所显现，宏观风险加剧，经济发展面临不少挑战。

（一）支撑中国经济发展的传统动能衰减，经济增速放缓

改革开放30年来，得益于要素红利、市场化改革红利、全球化红利的巨大贡献，中国经济长时间保持了高速发展。但是，进入新常态以来，支撑中国过去30多年高增长的几大动力"源泉"均出现不同程度的衰减。一方面，随着刘易斯拐点的到来和人口老龄化的加剧，人口年龄结构变动导致的劳动力供给的变化、政策和人口结构导致的储蓄率变化，以及劳动力再配置格局导致的全要素生产率变化都对中国经济的发展产生影响，人口红利对中国经济的支撑作用已经逐步弱化。另一方面，2008年金融危机后，以往经济全球化中的过度消费、过度借贷、过度福利、过度出口的失衡关系正在被打破，发达国家主导的全球总需求不断萎缩，出口难以维持其作为中国经济增长的核心动力和主要"源泉"的地位，并将步入增长递减区域；同时在全球经济增长低迷的背景下贸易保护主义思潮抬头，全球化红利对中国经济增长的带动作用也出现衰减态势。此外，改革开放30年来，中国成功实现了从高度集中的计划经济体制到充满活力的社会主义市场经济体制的伟大历史转折，而这成为推动中国经济实现快速发展的制度性因素。但是，从未来优势潜力看，中国经济体制转轨的完成和市场经济体制的基本确立标志着中国市场化改革对于中国资源配置效率提高的作用已达到顶点，未来进一步市场化所带来的制度红利对于未来中国经济增长的拉动作用已经步入递减区域。在传统动能衰减的同时，新动能虽然表现出较为蓬勃的发展势头，但经济发展中对传统发展的路径依赖依然存在，同时现有制度环境难以完全适应新旧动能转换的要求，人才、技术、资金等方面的高端要素支撑仍有不足，在短期内新动能仍然难以取代传统动能成为经济增长的主导力量。综合来看，在

传统红利逐渐消失、新动能发展仍面临多重阻碍的背景下，2013～2016年经济增速持续底部运行，经济增速从高速增长回落至中高速增长。

（二）资金"脱实向虚"加剧，金融系统性风险加大

2014～2016年，在经济下行压力加大的背景下，央行执行稳健但实际偏宽松的货币政策，M2保持较高的增长速度。但在实体经济投资回报率偏低背景下，巨量的货币投放并未能完全流向实体经济，反而在股市、债市和房地产市场伺机流动，从而引发了2015年股市的大涨大落、2016年一线城市房地产价格的大幅暴涨。在资产价格大幅上涨的同时，2015～2016年货币市场利率下行及债券出现牛市，为金融机构内部加杠杆提供了相对便利的外部环境，同业存单、同业理财等同业负债业务增长迅速，金融机构资产负债表迅速扩张。截至2016年12月31日，同业存单余额已达6.27万亿元。而在2015年1月1日，同业存单余额仅为3.01万亿元。同业理财规模同样急速膨胀，根据2017年5月19日银行业理财登记托管中心发布的《中国银行业理财市场年度报告（2016年）》中的数据，截至2016年底，银行同业类产品存续余额为5.99万亿元，占全部理财产品存续余额的20.61%。同业负债的过快发展，尤其是在资产荒背景下，金融机构通过层层加杠杆和期限错配获取超额利差，导致资金在金融体系内部滞留时间延长，甚至自我循环，进一步背离了金融业服务实体经济的初衷，加大了金融风险。

（三）随着债务风险的累积，债务的结构性风险逐渐显现出来

2008年金融危机后，在经济刺激政策的带动下，中国经济进入了"债务—投资"驱动的经济增长模式。具体来看，2008年后，中

稳增长与防风险：中国经济双底线政策的形成与转换

国经历了三轮加杠杆过程：2008~2009年，金融危机后杠杆率在"四万亿元"刺激政策下快速攀升，包含融资平台等国有企业在内的企业部门债务规模快速扩张；2012~2014年，融资平台债务进入第二轮扩张，地方政府隐性债务持续膨胀；2015~2016年，房地产价格大幅上涨，居民部门快速加杠杆。在2013年之前，由于债务基数较低，债务风险虽然有所上扬，但总体依然处于可承受范围内。但经历了2012~2014年、2015~2016年连续两轮加杠杆之后，中国的债务风险逐步凸显出来。截至2016年底，中国的总杠杆率已经达到265%，较2008年增幅超过120个百分点。[①] 与世界主要国家相比，虽然低于日本、法国、加拿大，但已超过美国、韩国，也高于同等发展水平国家。其中，非金融企业部门债务增长尤其突出，2016年底非金融企业部门杠杆率高达180.3%，较2008年底攀升超过86.4个百分点，远高于91.4%的世界平均水平、98.5%的新兴市场国家平均水平和87.29%的发达国家平均水平，从历史比较来看，也已经远高过墨西哥比索危机前、泰国金融危机前和美国金融危机前和西班牙金融与经济危机前的非金融企业部门杠杆率。此外，政府部门、居民部门杠杆率同样增长较快，截至2016年底，分别达到36.9%、50.6%，比2008年底分别提升超过9.8、32.7个百分点。尤为值得一提的是，在政府部门杠杆率的统计口径中，并未将融资平台债务等地方政府的或有债务纳入，而是将融资平台债务纳入非金融企业债务进行统计，因此导致非金融企业部门杠杆率增长明显，但融资平台背靠地方政府信用，融资平台债务在事实上成为地方政府的隐性债务，地方政府隐性债务风险突出。

---

① 2015年之前的中国杠杆率数据来源于BIS，2015年（含）之后的中国杠杆率数据来源于中诚信国际的测算。

（四）房地产供求基本面逆转，但结构性泡沫持续存且有所加剧

从2013年开始，随着人口结构的变化，房地产供求基本面发生一定逆转，房地产市场总体上从"供不应求"进入"供大于求"的发展阶段，但房地产供需结构性矛盾依然存在，一线城市高房价与三、四线城市高库存并存。受供需逆转的基本面影响，党的十八届三中全会提出"建立城乡统一的建设用地市场"，增强了市场对于农地入市、土地制度改革的预期，在多重复杂的经济和政治因素作用下，从2013年第四季度开始，在2012年下半年之后发生的、由宽松货币政策引发的房价上涨暂告一段落，一、二、三线城市房价涨幅均出现回落，2014年第三季度，房价更是出现下降态势（见图5-12）。在房地产销售量价齐跌情况下，房地产投资持续下滑。2014年，中国经济再度面临下行压力，在稳增长诉求凸显和二、三线城市房地产库存高企的情况下，房地产调控政策逐步转向以"去库存"为主基调；2014年"9·30"新政和"11·21"降息以后，房地产市场开始触底回升，尤其是2015年"3·30"新政、持续降息降准之后，一、二线城市房价启动暴涨模式，居民杠杆买房的热情高涨，全年新增居民中长期贷款5.68万亿元，居民中长期贷款占新增人民币贷款比例全年维持高位，7月占比更是超过100%，为2007年有数据以来最高值；一线城市房地产泡沫化程度加剧，房价收入比从2015年的19倍上升至23倍。出于对房价大起大落的担忧，2016年10月房地产调控政策发生转向，"十一黄金周"前后20多个城市接连出台房地产调控政策，11月多个城市再次跟进。与此同时，银监会、证监会、保监会、国家发改委等部门陆续发文，房地产融资政策多方面收紧。在严厉监管背景下，房地产价格涨幅逐步回落。但前几轮房地产价格大幅上涨

稳增长与防风险：中国经济双底线政策的形成与转换

导致部分一、二线城市房价收入比持续处于高位，如深圳、上海、北京、三亚等热点城市房价收入比已经超过20倍，房地产泡沫化问题依旧突出（见图5-13）。

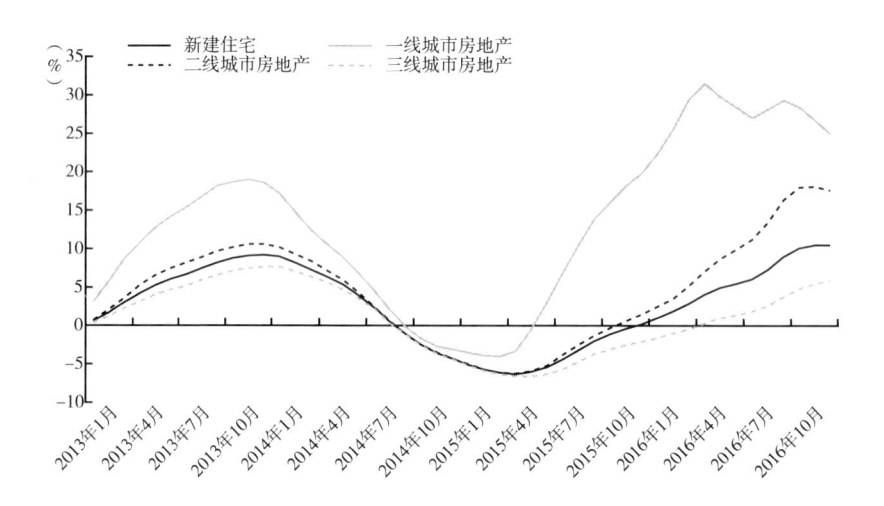

图5-12 2013~2016年房地产价格增长变化情况

资料来源：国家统计局网站，http://www.stats.gov.cn/tjsj/。

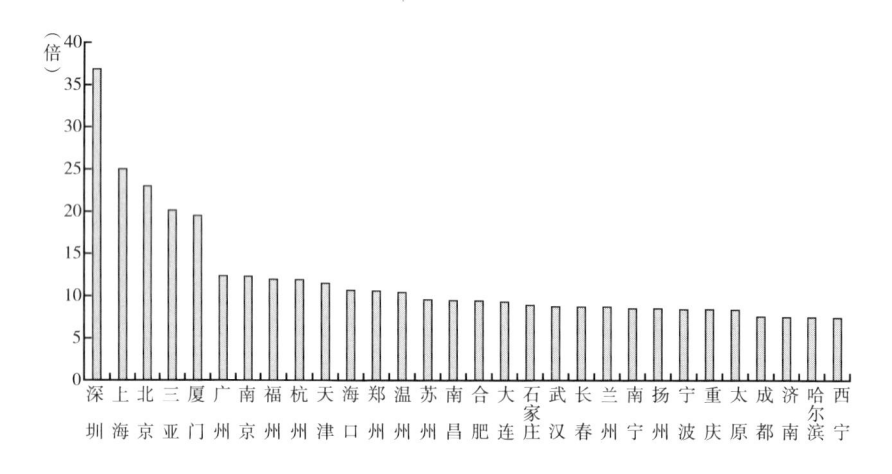

图5-13 2016年部分城市房价收入比情况

资料来源：国家统计局网站，http://www.stats.gov.cn/tjsj/。

（五）资本市场波动加剧，股票市场大起大落，债券市场信用违约常态化

股市迎来2008年国际金融危机后的新一轮牛市，继而出现大幅下跌，股市大幅动荡导致资本市场改革放缓。从2014年下半年开始，在货币宽松、市场对供给侧改革预期良好等因素共同影响下，中国股市出现上涨势头，最终上证A股指数站稳3000点。2015年上半年，A股市场迎来了2008年以来最大上涨幅度的一波牛市，在经历1月、2月的横盘震荡后，A股大盘于3月成功突破2009年牛市顶部3478点，之后大盘上行一路畅通，在6月初成功站上5000点。然而在经济下行压力依然存在、供给侧结构性改革效果难以短期显现的背景下，股市快速上涨缺乏基本面支撑，同时监管力度把握失当，6月下旬股市发生剧烈下滑，半个月内大盘由5100点暴跌20%以上至3800点，千股涨停转向千股跌停。尽管7月初政府采取了一系列措施，但仍难以阻挡股市下行势头。2016年，熔断机制的实施反而加剧了市场波动，该机制不得不出台4天就被暂停。此后，上证A股指数始终在3000点左右徘徊，甚至一度落入3000点关口以下。股票市场的这种异常波动，充分反映了当时的中国股票市场仍然是一个非成熟、不完善、理性不足的市场，市场波动后监管陆续加强，导致股权改革受挫，股票发行注册制被推迟，2016年股市IPO只有982.21亿元，服务实体经济功能也受到影响。（见图5-14）

经济下行背景下，信用风险加速暴露，债券市场违约常态化。进入新常态以来，在中国经济增长面临下行压力、产能结构调整、需求疲弱以及劳动力等生产要素成本不断上升的背景下，实体经济生产经营状况持续低迷，盈利不佳，加上债务高企、资金紧张，企业资金链断裂风险上升。部分企业的债务风险已经爆发出来，债券市场整体信

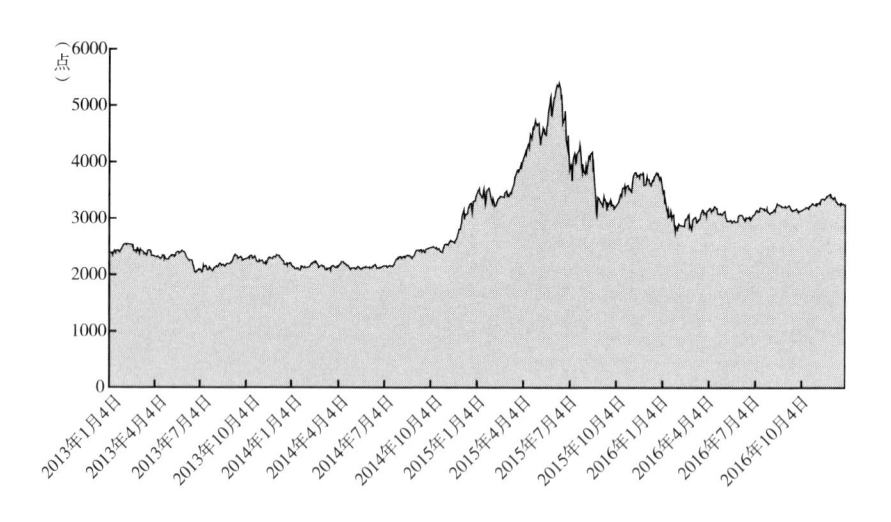

图 5-14　2013~2016 年股票市场波动情况

资料来源：国家统计局网站，http://www.stats.gov.cn/tjsj/。

用风险明显上升。从"超日债"违约到天威债违约，再到 2016 年"东特钢"债券不能到期兑付，均说明企业信用风险不断加剧。从沿海经济发达地区向中西部地区，从小微企业向大中型企业、国企，从传统过剩行业向其上下游行业，信用风险呈现逐渐蔓延的态势。

三　宏观调控逐渐转向供给侧结构性改革

自 2013 年中国经济步入新常态以来，经济下行的压力持续存在。同时，一些结构性的问题也不断凸显。以需求管理为主的经济政策边际效应递减，而解决中国结构性问题必须依靠改革来释放新一轮制度红利，通过供给侧结构性改革来推进。党的十八届三中全会以后提出要不断推进更深层次的改革，自上而下的改革路线图应运而生。此后围绕缩小收入差距和理顺要素价格"两大核心"改革，在国有企业改革、土地制度改革、财税金融体制改革、政府职能转变、资本市场

第五章 转向供给侧结构调整的宏观调控（2013～2016年）

改革等重点领域都有所推进。2013～2016年政府宏观调控内容总结见表5-1。

表5-1 2013～2016年政府宏观调控主要内容总结

年份	来源	宏观调控总结
2013	《2014年政府工作报告》	坚持稳中求进工作总基调，统筹稳增长、调结构、促改革，坚持宏观政策要稳、微观政策要活、社会政策要托底，创新宏观调控思路和方式
2014	《2015年政府工作报告》	在区间调控基础上实施定向调控，保持经济稳定增长。稳定宏观经济政策，没有采取短期强刺激措施，而是继续创新宏观调控思路和方式，实行定向调控，激活力、补短板、强实体
2015	《2016年政府工作报告》	着力稳增长调结构防风险，创新宏观调控方式。在区间调控基础上，实施定向调控和相机调控。围绕激发市场活力，加大改革开放力度
2016	《2017年政府工作报告》	坚持不搞"大水漫灌"式强刺激，而是依靠改革创新来稳增长、调结构、防风险，在区间调控基础上，加强定向调控、相机调控；着力抓好"三去一降一补"；大力深化改革开放

资料来源：中国政府网，http：//www.gov.cn。

（一）积极的财政政策注重调整结构，财税体制改革不断推进

2013～2016年，中国继续实施积极的财政政策，政策重心在稳增长、调结构中平衡，总体的财政赤字率保持在2%～3%。财政支出更侧重结构调整，主要体现在，一方面公共服务支出增加，政府主导型投资减少[1]；另一方面，民生、结构调整与创新、基础设施薄

---

[1] 党的十八届三中全会的决定中明确提出加强中央的财权和事权，这就意味着削弱地方政府的财权和事权，政府主导资源配置的模式将逐步扭转，回归公共服务的本职职能。这意味着2014年公共服务支出会增加，政府主导性的投资会减少，财政投入重点是社会保障民生工程（保障房、医疗卫生）和产业支持如环保和科技创新支持基金。

115

弱环节等领域成为调整完善支出结构的重点。优先考虑医疗卫生、社会保障和就业、保障性安居工程等保障和改善民生方面的支出；重点支持全局性、基础性、战略性的重大项目。从实际执行来看，2013年、2014年积极的财政政策略偏稳健，主要表现在财政支出同比增速放缓和预期财政赤字率维持在相对较低水平（2013年预期赤字率为2%，2014年为2.1%），与此同时，优化财政支出结构，严控"三公"经费等一般性支出，推行结构性减税以促进经济结构调整。2014年，随着地方政府债务风险尤其是隐性债务风险的显露，中央政府对地方政府举债的监管力度加大，在上海、浙江、广东、深圳、江苏、山东、北京、江西、宁夏、青岛等地顺利开展了地方政府债券自发自还试点。2014年，《国务院关于加强地方政府性债务管理的意见》出台，提出"疏堵结合……坚决制止地方政府违法违规责任""分清责任……政府与社会资本合作的，按约定规则依法承担相关责任""规范管理……实现'借、用、还'相统一""防范风险""稳步推进……在规范管理的同时，要妥善处理存量债务，确保在建项目有序推进"。为了推动投融资机制创新，2014年9月23日，《关于推广运用政府和社会资本合作模式有关问题的通知》出台，清晰划分了政府与企业职能，地方政府不能再以企业名义负债。这就是俗称的"堵后门、开前门"。"堵后门"就是剥离政府投融资平台为政府融资的职能，"开前门"就是地方政府自行发债或政府和社会资本合作发债。2015~2016年，在经济下行压力加大的情况下，财政政策积极力度加大，2015年预期财政赤字率提升至2.3%，2016年进一步提升至3%。与此同时，政府投资规模对基建的支持力度加大，2015年安排中央预算内投资4776亿元，比上年增加200亿元，2016年中央预算内投资进一步增加到5000亿元。与此同时，减税降费进一步推进，

第五章 转向供给侧结构调整的宏观调控（2013～2016年）

2016年，"营改增"全面实施，取消违规设立的政府性基金，将18项行政事业性收费的免征范围扩大到所有企业和个人，全年共减轻企业和个人负担5000多亿元。2005～2016年财政支出与收入增长变化情况见图5-15，2014年至2016年8月主要财政政策见表5-2。

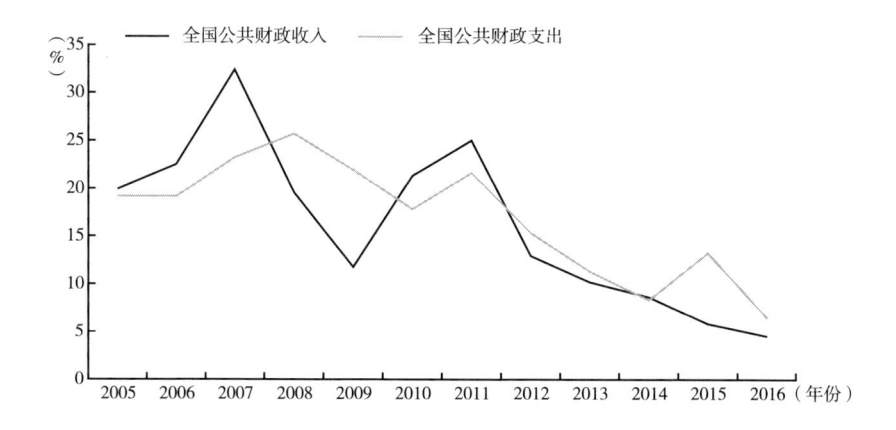

图5-15 2005～2016年财政支出与收入增长变化情况

资料来源：国家统计局网站，http://www.stats.gov.cn/tjsj/。

表5-2 2014年至2016年8月主要财政政策

时间	文件	主要内容
2014年6月	《深化财税体制改革总体方案》	深化财税体制改革的目标是建立统一完整、法治规范、公开透明、运行高效，有利于优化资源配置、维护市场统一、促进社会公平、实现国家长治久安的可持续的现代财政制度
2014年9月	《国务院关于加强地方政府性债务管理的意见》	加快建立规范的地方政府举债融资机制；对地方政府债务实行规模控制和预算管理；控制和化解地方政府性债务风险；等等
2014年9月	《财政部关于推广运用政府和社会资本合作模式有关问题的通知》	充分认识推广运用政府和社会资本合作模式的重要意义；积极稳妥做好项目示范工作；切实有效履行财政管理职能；加强组织和能力建设

117

续表

时间	文件	主要内容
2015年2月	《国务院关于改革和完善中央对地方转移支付制度的意见》	优化转移支付结构;完善一般性转移支付制度;从严控制专项转移支付;规范专项转移支付分配和使用;逐步取消竞争性领域专项转移支付;强化转移支付预算管理;调整优化中央基建投资专项;完善省以下转移支付制度;加快转移支付立法和制度建设;加强组织领导
2016年3月	《营业税改征增值税试点实施办法》	自2016年5月1日起,在全国范围内全面推开营改增试点,建筑业、房地产业、金融业、生活服务业等全部营业税的纳税人,纳入试点范围,由缴纳营业税改为增值税
2016年8月	《国务院关于推进中央与地方财政事权和支出责任划分改革的指导意见》	推进中央与地方财政事权划分;保障地方履行财政事权;减少并规范中央与地方共同财政事权;建立财政事权划分动态调整机制

资料来源:笔者根据中国政府网、中国财政部网站、国家税务总局网站等公布的相关资料整理得到。

(二) 稳健的货币政策"寓改革于调控",调控方式从数量型向价格型转变

根据党的十八大、十八届三中全会和中央经济工作会议的精神,2013~2016年,中国连续执行"稳健的货币政策"。在执行稳健的货币政策的同时,中国还在利率市场化改革、汇率改革等领域迈出了关键的步伐。2014年货币政策的最大特点是启用了结构性货币政策,中国人民银行于2014年4月和6月两次调整了金融机构存款准备金率,以对"三农"、小微企业贷款投放比例较高的商业银行给予鼓励,并创新使用新工具,对中长期利率进行引导。2015年,中国人民银行继续实施稳健的货币政策,连续五次普降金融机构存款准备金率,连续五次下调金融机构人民币存贷款基准利率,并以逆回购为主搭配短期流动性调节工具开展公开市场操作,加强

预调微调。2013年以来，中国人民银行加快推进利率市场化改革，全面放开贷款利率管制；坚持以市场供求为基础，参考一篮子货币进行调节，增强人民币的汇率弹性。2014年，利率市场化改革有了新的举措，人民币存款利率浮动区间上限由基准利率的1.1倍扩大至1.2倍；大幅减少了外汇干预，自第二季度以来已经基本上退出了常态化的市场干预；大力推动上海自贸区金融改革先行先试；正式启动沪港股票市场交易互联互通等。2015年，中国人民银行逐步取消了存款利率浮动区间，稳步推进利率市场化改革。2015年3月和5月，将存款利率浮动区间上限依次扩大到1.3倍和1.5倍，并在全国范围内放开小额外币存款利率上限；8月，放开金融机构一年期以上（不含一年期）定期存款利率浮动上限；10月，对商业银行和农村合作金融机构等不再设置存款利率上限。上述改革措施标志着存贷款利率管制基本取消，利率市场化迈出了非常关键的一步。金融机构存款利率管制的放开对中国货币政策的改革提出了新的要求，货币政策面临从数量型为主的工具向价格型为主的工具的转变。2013~2016年货币政策见表5-3。

表5-3 2013~2016年货币政策

时间	政策或文件	主要内容
2013年	运用差别准备金动态调整机制加强宏观审慎管理	鼓励和引导金融机构增加对小微企业、"三农"及中西部欠发达地区的信贷投入
2013年7月	《中国人民银行关于简化跨境人民币业务流程和完善有关政策的通知》	简化跨境人民币业务流程和完善有关政策等
2014年	调整金融机构存款准备金率	中国人民银行于2014年4月和6月两次调整了金融机构存款准备金率
2015年	调整存款准备金率	四次普遍降准和五次定向降准（四次普遍降准均配合定向降准）

续表

时间	政策或文件	主要内容
2015年	下调金融机构人民币存贷款基准利率	五次下调金融机构人民币存贷款基准利率：金融机构一年期贷款基准利率累计下调1.25个百分点至4.35%；一年期存款基准利率累计下调0.25个百分点至1.5%
2015年9月	改革存款准备金考核制度	以平均法考核存款准备金
2016年	运用信贷政策支持再贷款、再贴现和抵押补充贷款等工具	引导金融机构加大对小微企业、"三农"和棚改等国民经济重点领域和薄弱环节的支持力度
2016年3月	下调金融机构人民币存款准备金率	普遍下调金融机构人民币存款准备金率0.5个百分点

资料来源：笔者根据中国人民银行网站（http://www.pbc.gov.cn/）相关资料整理得到。

（三）重大改革持续推进，统筹考虑和综合运用国际、国内两个市场

党的十八大之后，中国频频出台国家级的规划以适应新常态的经济特征。以三大国家级规划和供给侧改革最为突出。2015年出台了三大国家级规划，包括"一带一路"倡议、京津冀协同发展规划纲要、长江经济带发展规划纲要，发起成立了亚洲基础设施投资银行，制定了《国务院关于加快实施自由贸易区战略的若干意见》，这些举措凸显了"坚持统筹考虑和综合运用国际国内两个市场"的宗旨。《推动共建丝绸之路经济带和21世纪海上丝绸之路的愿景与行动》于2015年3月正式发布。加快"一带一路"建设，有利于促进沿线各国经济繁荣与区域经济合作，加强不同文明交流互鉴，促进世界和平发展，是一项造福世界各国人民的伟大事业。2015年底，中央经济工作会议提出"注重供给侧结构性改革"，宗旨是要求从提高供给质量出发，用改革的办法推进结构改革，矫正要素配置扭曲，扩大有

效供给，提高供给结构对需求变化的适应性和灵活性，提高全要素生产率。上述措施是深化改革、协调区域发展，以及中国与国际经济更紧密结合的需求之下的产物。2013~2016年重大改革政策见表5-4。

表5-4　2013~2016年重大改革政策

政策类型	时间	会议或政策名称	主要内容
产业政策	2013年4月	国务院常务会议	选择有条件的地方率先开展现代农业综合配套改革试验
	2013年	《战略性新兴产业重点产品和服务指导目录》	涉及战略新兴产业7个行业、24个重点发展方向下的125个子方向，共3100余项细分的产品和服务
	2015年	《2015年国家深化农村改革、发展现代农业、促进农民增收政策措施》	种粮直补、农资综合补贴、良种补贴等50项政策
	2015年	《中国制造2025》	提高国家制造业创新能力；推进信息化与工业化深度融合；强化工业基础；加强质量品牌建设；全面推行绿色制造等
	2016年	《"十三五"国家科技创新规划》	主要明确"十三五"时期科技创新的总体思路、发展目标、主要任务和重大举措
产业政策	2016年	《产业技术创新能力发展规划（2016—2020年）》	完善产业创新体系；强化企业技术创新主体地位；加大共性关键技术开发力度；提升企业知识产权运用能力；完善综合标准化体系；培育区域创新能力
价格政策	2015年	《中共中央国务院关于推进价格机制改革的若干意见》	到2017年，竞争性领域和环节价格基本放开，政府定价范围主要限定在重要公用事业、公益性服务、网络型自然垄断环节
	2015年	《中央定价目录》	定价种类由13种（类）减少到7种（类），约减少46%；具体定价项目由100项左右减少到20项，约减少80%
	2016年	《国家发展改革委办公厅关于完善两部制电价用户基本电价执行方式的通知》	放宽基本电价计费方式变更周期限制；放宽减容（暂停）期限限制

续表

政策类型	时间	会议或政策名称	主要内容
区域政策	2015年3月	《京津冀协同发展规划纲要》	推动京津冀协同发展是一个重大国家战略，核心是有序疏解北京非首都功能；要在京津冀交通一体化、生态环境保护、产业升级等重点领域率先取得突破
区域政策	2016年3月	《长江经济带发展规划纲要》	从规划背景、总体要求、大力保护长江生态环境、加快构建综合立体交通走廊、创新驱动产业转型升级、积极推进新型城镇化、努力构建全方位开放新格局、创新区域协调发展体制机制、保障措施等方面描绘了长江经济带发展的宏伟蓝图
	2016年4月	《中共中央 国务院关于全面振兴东北地区等老工业基地的若干意见》	到2020年，东北地区在重要领域和关键环节改革上取得重大成果，转变经济发展方式和结构性改革取得重大进展，经济保持中高速增长，与全国同步实现全面建成小康社会目标
对外开放政策	2015年3月	《推动共建丝绸之路经济带和21世纪海上丝绸之路的愿景与行动》	让古丝绸之路焕发新的生机活力，以新的形式使亚欧非各国联系更加紧密
	2015年12月	《国务院关于加快实施自由贸易区战略的若干意见》	进一步优化自由贸易区建设布局；加快建设高水平自贸区；健全保障体系等
	2016年10月	《外商投资企业设立及变更备案管理暂行办法》	为进一步扩大对外开放，推进外商投资管理体制改革，完善法制化、国际化、便利化的营商环境，根据相关法律、行政法规及国务院决定制定本办法
	2016年12月	—	深港通正式启动
	2016年	—	党中央、国务院决定，在辽宁省、浙江省、河南省、湖北省、重庆市、四川省、陕西省新设立7个自贸试验区

资料来源：笔者根据中国政府网（http：//www.gov.cn/）相关资料整理得到。

第五章　转向供给侧结构调整的宏观调控（2013~2016年）

四　对本阶段宏观调控政策的评价

经历了前三十年的高速增长，中国经济自2013年起逐步进入经济中高速增长、结构调整的新常态。这既有世界经济周期调整的原因，也有中国经济自身结构性的原因，其中最为突出的就是传统产能的供给过剩与新兴消费需求无法有效满足并存。由于需求和供给之间这种矛盾的存在，传统的需求侧改革发挥的效用有所减弱，在前期高速增长的基础上，投资尤其是基建投资再上台阶的难度提高，房地产市场在周期调整下对经济增长的支撑力度有所减弱，在居民消费总体呈现放缓态势的背景下消费对经济增长的拉动作用减弱，在全球经济复苏乏力背景下外需对经济出口的贡献率持续维持低位。与此同时，传统的货币投放对经济增长的带动作用持续减弱，大量的货币投放不仅没能有效带动实体经济增长，反而催生了股市、债市、房地产市场等的资产泡沫，加大了经济风险，并对实体经济产生挤出效应。

面对经济新常态时期新的经济形势，2013年以来，中国宏观经济调控逐步从需求侧管理为主转向供给侧改革，积极的财政政策加强对结构的调整，财税体制改革不断推进，货币政策调控逐步从数量型向价格型转变。在产业政策方面，更是陆续出台了京津冀协同发展规划纲要、长江经济带发展规划纲要，出台了《国务院关于加快实施自由贸易区战略的若干意见》等一系列文件，推动新形势下的产业结构调整和升级。为释放制度红利提高全要素生产力，一系列体制机制改革持续推进，推动国有企业混合所有制改革；针对中国人口红利逐渐消失的现状调整计划生育政策，实施"全面二孩"；多地逐步试行新医改，意图通过改革满足人民群众的有效医疗需求；政府简政放权，推动"双创"激发社会资本活力……2013～2016年的一系列改革取得了一定成效，多项体制机制改革也取得了初步成果。但供给侧改革点多面广，从改革酝酿、出台到产生实质性效用的时间较长，短期内甚至有可能加大经济下行压力，但从长期来看，这有利于中国经济长远健康发展。

第六章 金融危机以来宏观调控总结：双底线思维的形成

一 宏观调控目标：基本以稳增长为核心

（一）从"保增长"到"稳增长"，经济增长始终是核心目标

中国的宏观调控实践不断深入，调控体系越来越完善，调控方式也越来越成熟，逐步呈现与经济发展阶段相适应的特色特点。综观近十几年的宏观调控，一方面呈现出调控目标相机抉择的特征，另一方面呈现出调控手段结构化精细化的特征。从"四万亿元"强刺激到定向调控，从微刺激再到供给侧改革，从供给侧结构性改革到风险防控，每个阶段的调控都是从当时的具体情境出发试图解决增长中所遇到的困难和问题。从过度强调有效需求不足和危机管理向强调潜在供给能力下降和结构性改革，宏观调控也逐渐与深化改革开放、经济结构调整等长期目标相互结合。无论宏观调控的短期目标如何变化，经济增长始终都是政策着力的主导方向（见表6-1）。

从2008年下半年开始，中国的GDP逐季下跌，分季度看，第一季度到第四季度分别增长10.6%、10.1%、9%和6.8%；对外贸易增速下滑，净出口对经济增长的贡献率大幅下降，中国进出口总值为

表6-1 2008~2018年宏观经济政策的调控目标

阶段	时间	宏观经济政策调控目标
爆发危机,"四万亿元"强刺激,经济强反弹	2008年下半年	防止经济增速快速下滑
	2009年	扩内需、保增长、调结构、转方式
	2010年	调结构、保增长、防通胀
	2011年	稳物价、保增长、调结构
经济持续探底,前期政策问题显现,进入新常态	2012年	稳增长、调结构、管理通胀预期
	2013年	稳增长、转方式、调结构
	2014年	稳增长、调结构、促改革
经济持续探底,前期政策问题显现,进入新常态	2015年	稳增长、调结构、促转型
	2016年	稳增长、调结构、惠民生、防风险
	2017年	稳增长、促改革、调结构、惠民生、防风险
	2018年	稳增长、促改革、调结构、惠民生、防风险

资料来源：笔者整理自《政府工作报告》及中央经济工作会议报告。

2.6万亿美元，增长17.8%，增速比上年下降5.7个百分点。在外部环境恶化、国内结构性政策调整以及经济内在周期的三重压力下，中国"出口—投资"导向型增长模式的内在矛盾全面激化，总供给与总需求关系出现逆转。由于经济形势的重大变化，中国宏观经济政策取向出现重大逆转，宏观调控的主要目标从2007年的"双防"调整为"保持经济平稳较快发展，控制物价过快上涨"。由于稳增长的压力凸显，中国开始实施积极的财政政策和适度宽松的货币政策。2008年11月，国务院出台了"四万亿元"投资计划，并自2009年1月开始，国务院陆续出台重要的产业调整振兴规划，涉及行业包括纺织业、钢铁业、汽车业、船舶业、装备制造业、电子信息产业、轻工业、石化产业、物流业、有色金属业。这些计划和规划是为了全力保经济增长的目标而设立的。积极的宏观调控措施促使经济形势在2009年出现好转，但随后通胀压力、资产泡沫开始显现，货币政策开始调整，2011年中国人民银行明确将货币政策取向由"适度宽松的货币政策"调整到"稳健的货币政策"。

2013年以来，中国经济增长步伐不断放缓，2015年，中国GDP增速持续下滑至6.9%，较2014年回落0.4个百分点，相比前20年是最低的一年。中国经济发展进入了经济增长平台下移、结构调整、发展转型的新常态。一方面，经济下行的压力不减，结构性问题依然突出；另一方面，制约经济发展的结构性问题必须依靠结构调整、进行道路转型来不断化解，因此，从宏观调控的角度来看，稳增长与调结构、促转型是这一时期经济政策的重心，具体选择应依据经济增长是否达到区间下限。一方面，经济增长要守住下限，达到就业稳定的增速；另一方面，如果经济运行在可接受的区间，宏观经济政策就可以保持稳定，工作重点就应放在调结构、促改革上来，一旦滑出这一区间，应坚决进行相应的调整，防止危及改革发展稳定大局。同时，针对近年来金融体系内部通过层层加杠杆和期限错配获取超额利差，金融系统性风险增加和企业部门债务水平过高等情况，2016年宏观调控政策将"防风险"作为目标之一，针对金融风险的防控措施不断出台，宏观调控的重心逐步由稳增长向防风险转变。

（二）在防风险的同时对稳增长予以高度关注，防止经济失速加剧风险

2016年7月和10月的中央政治局会议都明确提出要"抑制资产泡沫"，银监会等相关部门随即采取了加强宏观审慎管理等有针对性的措施。进入2018年，金融去杠杆的效果进一步体现，加上监管部门频发委托贷款新规、资管新规等一系列监管规定，银行表外融资表内化。银行表外融资开始大幅萎缩，金融机构对实体经济的资金投放受到制约。截至2018年11月，以委托贷款、信托贷款及未贴现银承汇票余额为代表的表外融资同比下降9.1%，拉动社会融资规模增速

由上年同期的12.5%下降至9.9%，创历史新低。此时M2增速与社会融资规模增速之差缩小到了1.9个百分点，二者重新趋于一致。

在去杠杆的同时，经济下行的压力进一步显现，尤其是以社会融资规模为代表的金融数据始终低于预期，银行体系流动性充裕，而实体企业仍然融资困难。受到地方政府去杠杆、房地产调控以及资管新规的影响，金融市场中的流动性难以顺畅传导到实体经济中去，进而带来了实体经济融资难与金融市场流动性泛滥并存的局面。在去杠杆的过程中，稳增长的目标并非被完全放弃，去杠杆政策本身也在逐步松动。2018年4月，中央财经委员会提出结构性去杠杆的概念，以替代全面的去杠杆政策。2018年7月，国务院常务会议提出，将发挥财政金融政策作用，支持扩大内需，促进实体经济发展。同时，会议也强调，坚持不搞"大水漫灌"式强刺激，根据形势变化相机预调微调、定向调控。其后，中共中央政治局召开会议，要求坚持实施积极的财政政策和稳健的货币政策，财政政策要在扩大内需和结构调整上发挥更大作用，把好货币供给总闸门，保持流动性合理充裕，做好"稳就业、稳金融、稳外贸、稳外资、稳投资、稳预期"工作，加大对基础设施领域补短板的力度，把防范化解金融风险和服务实体经济更好地结合起来，坚定做好去杠杆工作，把握好力度和节奏；推进改革开放，落实扩大开放、大幅放宽市场准入。从逻辑上讲，只有稳住经济的名义增长率，债务占GDP比重中的分母才能做大，才能让债务率下降。试图通过去杠杆政策来压缩债务率的分子，只会让GDP这个分母增长得更慢，反而让债务率上升。缓释债务风险、降低杠杆率可以从扩大分母即持续稳定的经济增长的一端来操作，虽然比降低分子要困难得多，但中国经济的历程及发展模式决定了，稳增长和防风险的两条底线必须同时坚持，偏废其中一条会使两个目标同时无法达到。

二 配合总量性政策，增强结构性调控力量

无论是在金融危机期间，还是迈入新常态的发展阶段，抑或是在防范化解重大风险的过程中，重视结构性调控都是中国宏观调控的重要特点。综观金融危机以来尤其是新常态以来的宏观经济政策，结构性调控的力量在不断增强。宏观政策在保持"取向不变"的前提下，运用总量性政策的效果明显减弱，而更加偏重选择结构性和功能性政策①；在经济发展呈现周期性、结构性与趋势性下行的经济新常态下，结构性的问题是中国经济发展中最为突出的问题，包括经济增长动力结构、产业结构、分配结构等；而发展转型与促进结构调整是不可回避的重要目标，结构性政策更能应对中国经济新常态，同时能更有效地促进结构调整，加快转型。中国宏观经济调控在用需求管理政策对冲产出缺口扩大的同时，更重要的是采用结构性政策②来缓解潜在产出水平下滑的冲击，如为了减轻宏观税负、激发企业活力，积极进行结构性减税政策，从扩大"营改增"试点到全面实施"营改增"；与此同时，针对中小企业经营困难问题，适时推出差别化信贷政策和税费减免政策等，多手段促进中小企业发展；严格控制对"两高一剩"行业的贷款，支持对整合过剩产能的企业定向开展并购

---

① 袁海霞：《2013年国家宏观政策特点及2014年政策取向判断》，《当代经济管理》2014年第3期。
② 具体来讲，如为了减轻宏观税负，激发企业活力，积极进行结构性减税政策，从扩大"营改增"试点到全面实施"营改增"；与此同时，针对中小企业经营困难问题，适时推出差别化信贷政策和税费减免政策等，多手段促进中小企业发展；严格控制对"两高一剩"行业的贷款，支持对整合过剩产能的企业定向开展并购贷款，促进产能过剩矛盾化解。发挥差别准备金动态调整机制逆周期调节作用，通过调低宏观热度等参数促进贷款平稳增长，不断优化信贷结构，引导金融机构继续加大对铁路等重点项目、保障性安居工程和"三农"、小微企业等薄弱领域的信贷支持力度等。

贷款，促进产能过剩矛盾化解。发挥差别准备金动态调整机制逆周期调节作用，通过调低宏观热度等参数促进贷款平稳增长；不断优化信贷结构，引导金融机构继续加大对铁路等重点项目、保障性安居工程和"三农"、小微企业等薄弱领域的信贷支持力度等。

去杠杆的过程中政府也在一直寻找结构性改善的途径。2017年全国金融工作会议上，习近平强调要推动经济去杠杆，处理好稳增长、调结构、控总量的关系；要把国有企业降杠杆作为重中之重，抓好处置僵尸企业工作。2018年中央财经委员会首次提出要以结构性去杠杆为基本思路，分部门、分债务类型提出不同要求，强调去杠杆的重点为地方政府和国企部门。结构性去杠杆的目标之一就是在去杠杆的同时减少民营企业的融资约束，为此，2018年实施了三次定向降准，针对民营经济等具体调控领域发力，避免"大水漫灌"。伴随着货币政策框架转型与利率市场化进程的推进，央行并未调整基准利率，而是通过短期结构性工具MLF、TMLF等定向降息。在财政政策方面，为了平衡稳增长与防风险之间的关系，不再通过房地产及大规模基建投资拉动经济，而是在短板领域进行深化投资。上述举措都反映了双底线理论在实际宏观调控中的运用。

三 完善"三位一体"调控模式，短期调控与长期改革相结合

宏观经济政策被理解为更多地关注短期波动，而西方以财政政策和货币政策为主的稳定和政策，也是以"熨平短期波动"为主要任务。从中国的宏观调控来讲，中国以中长期战略规划与财政货币政策组合，实现了宏观调控的短期与中长期目标相衔接。这种规划、财政政策、货币政策构成"三位一体"的中国特色的调控模式，强调以

国家发展战略和规划为导向、以财政政策和货币政策为手段,并加强财政政策、货币政策与产业、价格等政策手段协调配合,提高相机抉择水平,增强宏观调控的前瞻性、针对性、协同性。

(一) 宏观政策愈加重视长期改革目标的实现

近十年以来尤其是党的十八大以后,短期调控与长期改革相结合,寓改革于宏观调控之中的特点越来越明显,政策连续性不断提高。一方面,政策的出台,不仅注重巩固前期政策的效果,也紧密结合形势的变化,比如,地方性政府债务问题,2008年以来快速扩大的地方政府债务规模及其不透明和复杂是中国经济运行中的重要风险。从《2014年地方政府债券自发自还试点办法》、《关于加强地方政府性债务管理的意见》、新修订的《预算法》到《地方政府一般债券发行管理暂行办法》,从"代发代还"到"自发自还"再到地方债务置换以及限额管理,从《地方政府专项债发行管理办法》再到专项债的品种丰富和规模扩大,这些政策不仅是通过改革使中国地方政府发债方式和管理逐步规范和市场化,部分债务风险通过债务延期得以缓解,同时也体现了政府债务发行和管理规范机制的探索形成。另一方面,宏观政策更注重长期与短期目标相衔接,短期政策调控效果与长期结构改革推进相衔接。例如,在价格领域,进一步推进资源性产品价格改革,成品油价格形成机制更加市场化和透明;在金融领域,继2012年调整贷款利率区间后,全面放开金融机构贷款利率上限,积极推进利率市场化,并在2018年探索利率并轨问题,意在打破利率市场化的最后一公里路障;在对外开放方面,以自贸区为突破点进一步推动外向型经济升级,并在2018年推动金融业全面开放;等等。与此同时,政策实施更加重视不同政策的协调性,通过财政政策、货币政策、产业政策、贸易政策等组合拳的方式来共同发力,如在支持实体经济发展尤其是小微企业发展方面，通过加大结构性减税力度、差别化信贷政策以及扩大资产证券化试点、盘活存量等，加强信贷政策、税收政策与产业政策的协调配合。最后，政策的连续性也通过规划文本内容进一步体现，从党的十八届三中全会的《中共中央关于全面深化改革若干重大问题的决定》到党的十八届四中全会的《中共中央关于全面推进依法治国若干重大问题的决定》，再到"十三五"规划，都体现了全面改革推进的连续性、一致性。在加快转变政府职能方面，推动政府职能从研发管理向创新服务转变，创新公共服务提供方式，能由政府购买服务提供的，政府不再直接承办，能由政府和社会资本合作提供的，广泛吸引社会资本参与；另外深化行政管理体制改革，持续推进简政放权、放管结合、优化服务等；与此同时，发挥财政资金撬动功能，创新融资方式，带动更多社会资本参与投资。在坚持和完善市场经济制度方面，除了坚持公有制为主体、多种所有制经济共同发展外，还提出鼓励民营企业依法进入更多领域，引入非国有资本参与国有企业改革，更好激发非公有制经济活力和创造力。民营企业是市场经济中最有活力的经济主体，对于就业等多方面具有重要带动作用，鼓励民营企业发展，对于激发市场经济活力具有重要作用。与此同时，优化企业发展环境，加快形成统一开放、竞争有序的市场体系，建立公平竞争保障机制等。在加快完善现代市场体系方面，一方面，减少政府对价格形成的干预，全面开放竞争性领域商品和服务价格，放开电力、石油、天然气、交通运输、电信等领域竞争性环节价格；另一方面，依法推进土地经营权有序流转，深化农村土地制度改革，完善农村集体产权权能等。在构建开放型经济体系方面，一方面，推进双向开放，促进国内国际要素有序流动、资源高效配置、市场深度融合；另一方面，加快服务业对外开放力度，扩大银行、保险、证券、养老等市场准入。近几年服务业的快速发展带动中国经济发展进入以服务经济为主的结构发展演变,服务业的对外开放有利于进一步提升产业发展质量,增加第三产业发展体量。与此同时,积极推进"一带一路"倡议实施,加强宏观经济政策国际协调,促进全球经济平衡、金融安全、经济稳定增长等。

(二) 宏观经济政策定位稳健,具体政策灵活

表6-2列出了自2006年以来每年的宏观经济政策定位与具体政策实施。不难看出,财政政策和货币政策以稳健为主要取向。但由于外部冲击以及潜在经济增长率的下降,积极的财政政策也持续了较长时间。由于货币政策与通胀水平相关,适度宽松的货币政策持续的时间并不长,从2011年开始,货币政策重回稳健的定位。而在具体措施上则是灵活多变的,比如"定向降准"及"结构性减税"等举措,反映了政策工具注重区分不同的作用群体,慎重选择政策调控的具体对象。

表6-2 2006~2018年宏观经济政策定位与举措

年份	宏观经济政策调控目标	宏观经济政策定位	措施
2006	促增长、调结构、转方式,五个统筹	稳健财政政策+稳健货币政策	财政政策从积极转向稳健,货币政策方面两次上调存贷款基准利率、三次上调金融机构存款准备金率,同时把好"土地、信贷"两个闸门等
2007	防止经济增长由偏快转向过热、防止价格由结构性上涨演变为全面上涨	稳健财政政策+稳健货币政策	上调金融机构存款准备金率和存贷款基准利率
2008	控总量、稳物价、调结构、促平衡	稳健财政政策+从紧货币政策	上调金融机构存款准备金率
2008	防止经济增速快速下滑	积极财政政策+适度宽松货币政策	结构性减税,下调金融机构存贷款基准利率和存款准备金率等

续表

年份	宏观经济政策调控目标	宏观经济政策定位	措施
2009	扩内需、保增长、调结构、转方式	积极财政政策+适度宽松货币政策	发行地方政府债券、进行增值税改革、出台产业振兴规划等
2010	调结构、保增长、防通胀	积极财政政策+适度宽松货币政策	代发地方政府债券、上调金融机构存款准备金率和存贷款基准利率等
2011	稳物价、保增长、调结构	积极财政政策+稳健货币政策	结构性减税,上半年上调金融机构存款准备金率和存贷款基准利率,下半年下调金融机构存款准备金率和存贷款基准利率
2012	稳增长、调结构、管理通胀预期	积极财政政策+稳健货币政策	扩大"营改增"试点,下调金融机构存款准备金率和存贷款基准利率
2013	稳增长、转方式、调结构	积极财政政策+稳健货币政策	结构性减税,公开市场操作、差别准备金动态调整等
2014	稳增长、调结构、促改革	积极财政政策+稳健货币政策	在区间调控基础上实施定向调控,建立现代财税制度、健全政府性债务管理制度、调整金融机构存款准备金率等
2015	稳增长、调结构、促转型	积极财政政策+稳健货币政策	调整金融机构存贷款基准利率、改革存款准备金考核制度
2016	稳增长、调结构、惠民生、防风险	积极财政政策+稳健货币政策,推进供给侧结构性改革	下调金融机构存款准备金率、实行全面增值税改革等,下半年以公开市场操作为主
2017	稳增长、促改革、调结构、惠民生、防风险	积极财政政策更加有效+稳健的货币政策,继续推进供给侧结构性改革	下调金融机构存款准备金率、全面实施增值税改革等,下半年以公开市场操作为主
2018	稳增长、促改革、调结构、惠民生、防风险	积极财政取向不变,聚力增效稳健货币政策	发布《关于规范金融机构资产管理业务的指导意见》,全面实施增值税减税、定向降准,年中提出"六稳"目标

资料来源:笔者整理自历年《政府工作报告》、中央经济工作会议及国务院常务会议报告。

四 创新宏观调控理念，调控方式转向常态化

政府文件中首次出现宏观调控的概念是在1988年党的十三届三中全会报告中，当时的宏观调控主要是服务于经济从计划到市场的转轨，即"治理经济环境、整顿经济秩序，必须同加强和改善新旧体制转换时期的宏观调控结合起来"。随着市场经济改革的不断深化，中国的宏观调控体系也逐渐完善。在1993年党的十四届三中全会审议通过的《中共中央关于建立社会主义市场经济体制若干问题的决定》中，宏观调控是"计划、金融、财政之间相互配合和制约的机制"；2007年党的十七大报告中将宏观调控作为一种"更好发挥市场在资源配置中的基础性作用"的制度安排；2017年党的十九大报告中进一步提出宏观调控是"财政、货币、产业、区域等经济政策"相协调的机制；2019年党的十九届四中全会通过了《中共中央关于坚持和完善中国特色社会主义制度、推进国家治理体系和治理能力现代化若干重大问题的决定》，其中对中国宏观调控框架有了新的表述，明确了宏观调控要"以财政政策和货币政策为主要手段"，并实现了宏观调控政策的机制化，体现了决策层理念的创新。而形成宏观调控的决策和实施的机制化，是以不变应万变，缺乏机制化，一旦出现形势变化，容易出现政策频频出台、各部门同时出招等非常态化政府干预，这往往会带来一定的问题。目前的微刺激政策存在两个缺陷，一方面是碎片化，即措施应急、零碎不系统，缺乏措施之间的衔接；另一方面，措施对经济运行的影响效力短暂，短期化特点明显。

2013~2015年，中国宏观经济的微刺激政策形成了一个"经济增速下滑—微刺激—小幅反弹—再下滑"的循环圈。如此循环，宏

观调控就需要守住下限。2013年，中央创新宏观调控目标定位，提出了区间调控的新思路，确定经济运行合理区间的"上限"是通胀率目标，"下限"是增长率目标和失业率目标。只要经济运行在这一区间，就保持宏观经济政策的稳定，把工作重点放在调结构、促改革上来，一旦滑出这一区间，则坚决进行相应的调整，防止危及改革发展稳定大局。区间调控的实施对于市场预期的平稳，对于市场主体信心的稳定都起到了极为重要的作用，因为它明确宣示政府不会容忍经济运行滑出合理区间。2014年，中央又在区间调控的基础上提出了定向调控。通过对不同部门、不同群体有针对性地降税、降费、降准、降息，着力解决小微企业、"三农"和新型行业的经营困难，增强它们的活力。从调控手段来看，与以往相比，除了运用行政性文件公告外，宏观调控更为灵活地运用经济、法律和技术手段，创新宏观调控方式，分类指导，有保有压，有扶有控，根据实际情况灵活、有差别化地制定调控政策，同时宏观调控的市场化特征也越来越明显。货币政策方面，除了灵活使用再贴现、再贷款、常备借贷便利（SLF）、差别存款准备金率等工具稳定流动性外，还通过冻结续做长期票据、常备借贷便利等创新调控组合，处理好短期流动性与长期流动性的关系。

供给管理和需求管理是调控宏观经济的两种基本手段，前者主要解决长期结构性问题，后者侧重熨平短期经济波动。调控宏观经济既需要需求管理，又需要供给管理；既需要总量调控，又需要结构调控；既需要短期调控，又需要中长期改革。自2015年11月以来，习近平主席在中央财经领导小组会议和中央经济工作会议上多次提及推进供给侧结构性改革。"十三五"规划纲要提出，"在适度扩大总需求的同时，着力推进供给侧结构性改革"。强调推进供给侧结构性改革，主要有如下几点考虑。其一，中国经济运行面临的突出矛盾和问题的根源是重大结构性失衡，必须从供给侧、结构性改革上想办法，努力实现供求关系的动态均衡。其二，供给侧结构性改革能够厘清政府与市场的关系，减少政府的不当干预，让市场在资源配置中起决定性作用，从而有效破解产能过剩难题。其三，供给侧结构性改革能够消除教育、医疗等领域的市场进入壁垒，增加高品质民生产品和服务的有效供给。其四，供给侧结构性改革不仅能够使信贷资金等资源更加有效地配置给高效率的企业，而且能够促进产业结构升级，催生新的经济增长点，进而提高潜在经济增长率[①]。从重视短期需求管理向重视长期结构调整的宏观经济政策转变，意味着中国的宏观调控向一般化、常态化逐渐转变，为适应整体的经济转型做好了一定的政策准备。

五 转变调控思维，底线思维形成

2008年的刺激政策带来中国的"出口—投资"增长模式向"债务—投资"模式转变并逐渐成型，在经济保持快速增长的同时带来了债务水平的不断攀升，发生金融系统性风险的压力不断加大。在这样的背景下，2015年10月，党的十八届五中全会提出降低杠杆率的要求，年底的中央经济工作会议将去杠杆作为供给侧结构性改革的目标之一。2016年9月，《国务院关于积极稳妥降低企业杠杆率的意见》正式提出企业去杠杆的任务。由此，2008年以来一直以稳增长为核心的宏观调控有了另一条硬性约束，即在经济结构负债高企的情况下的防风险。

在全面建成小康社会的目标实现后，中国要向"全面建设社会

---

① 《十八大以来宏观调控的六大新思路》，人民网，http://www.gov.cn/shuju/2017-03/01/content_5171929.htm。

主义现代化国家"继续迈进，在人均收入等指标上持续缩小与发达国家的差距，同时考虑到保就业、惠民生等长期目标，未来一段时间，经济增长需要保持在6%以上，因此稳增长仍然是未来较长时期内宏观政策必须高度关注的内容。但同时不得不承认，债务风险已经成为威胁中国宏观经济与金融体系稳定的重要因素，必须予以高度重视。从各国债务周期来看，并非所有的信用扩张都会触发"费雪债务周期"的恶性循环。根据巴曙松等的观点，第二次世界大战以来各国56次信用大规模扩张后的情形，可以按照是否出现信用危机以及是否存在大规模去杠杆分为四个象限。第一象限：出现信用危机并大规模去杠杆，通常由外债风险引发。第二象限：出现信用危机但未全面去杠杆，其中绝大部分是非系统性的信用违约事件，且前期债务过度扩张仅仅集中在经济中的个别部门。第三象限：未出现信用危机并主动去杠杆，主要是通过政府干预平缓去杠杆，前瞻性地遏制危机的出现。第四象限，未出现信用危机，也未去杠杆，通常由于外部繁荣消化了前期的信贷过度扩张。可见，解决高债务问题并不必然带来系统性金融危机以及全面的去杠杆。就中国的情形而言，信贷扩张主要集中在国有经济部门，只要政府信用不崩溃，债务市场就能维持，防范债务危机仍然有一定的政策空间。风险控制并不是简单地去杠杆，而是在稳定杠杆增速的情况下，调整债务结构。

这就是说，在稳增长、防风险双重底线思维下，宏观调控政策需要需求管理和结构性改革协调并进。具体而言，财政政策需要更加积极有效，在进一步扩大财政赤字的基础上，强化结构性调控功能，全面配合更为主动、更为全面的供给侧结构性改革。2016年，笔者曾提出[①]，在

---

① 毛振华等：《稳增长与防风险双底线的中国宏观经济（2016—2017）》，中国社会科学出版社，2016。

第六章　金融危机以来宏观调控总结：双底线思维的形成

地方政府偿债压力上升、土地出让金收入下降等各种压力下，其对大规模企业债务的救助能力有限，因此应考虑由中央财政发挥更大的作用，通过发行国债注资企业部门，在兼顾行业发展可持续性和系统重要性的前提下，让企业部门杠杆转移到政府部门，尤其是中央政府。

在货币政策方面，需要根据更加复杂的国内外形势，配合供给侧结构性改革实质性推进。在以投资驱动经济增长的增长模式仍然能够托底经济增长、市场内生动能仍然不足的情况下，信贷的快速收缩对于稳定增长会产生一定的损害。但是，这并不意味着为了刺激增长、防止信用风险上升需要进一步扩大信贷刺激规模。因为继续进行大规模需求刺激会提高杠杆率，从而导致泡沫的进一步集聚，发生经济危机的风险增加，同时由于经济流动性偏好上升，货币"灌溉"对经济的刺激作用减弱。因此笔者也曾提出[①]，未来一方面需要保持适度稳定的流动性供给，通过适度的流动性供给，防止因经济失速而被动加杠杆，稳定保持现有基建等顺利开展，稳定经济增长；另一方面，在适度稳定供给流动性的同时，需要保证供给渠道的透明性，引导市场主体进行长远规划，防止人为的短期流动性供给冲击。这些建议在随后的实践中也多有体现。2018年，中国人民银行出台了较多的结构性支持措施，包括：四次定向降准，完善普惠金融定向降准优惠政策的考核口径，扩大中期借贷便利（MLF）等工具担保品范围，在宏观审慎评估（MPA）中增设小微企业、民营企业融资专项指标，三次增加再贷款和再贴现额度共4000亿元，下调支小再贷款利率0.5个百分点，扩大支小再贷款对象、支持企业范围等。最近，中国人民银行又创设了定向中期借贷便利（TMLF）工具，根据金融机构

---

① 毛振华等：《稳增长与防风险双底线的中国宏观经济（2016 – 2017）》，中国社会科学出版社，2016。

对小微企业、民营企业支持情况，以优惠利率向它们提供长期稳定资金来源。

回顾 2008～2018 年中国宏观调控的历程，10 年间里以"稳增长、防风险"为双底线的宏观调控模式日渐形成并逐渐清晰，虽然两条底线要比一条底线面临更小的决策空间和更大的政策掣肘，但唯有把握和利用两条底线中间的调控空间，才能满足中国长期经济转型的需要。

第七章　内部风险与大国博弈双重约束下的宏观调控（2016～2019年）

一　2016～2019年的宏观经济表现

2016年下半年至2019年，中国经济经历了"回暖—回落"的转换历程。2016下半年至2017年，在供给侧结构性改革效果显现和全球经济复苏的带动下，中国经济增长稳中向好。但2018年至2019年，随着去杠杆政策所带来的收缩效应的显现和全球经济复苏的放缓，以及中美贸易摩擦带来的外部不确定性的上升，中国经济再度出现回落势头，下行压力持续存在。

（一）经济增长经历了"回暖—回落"的转换历程，下行压力持续存在

2016年下半年至2017年，中国经济出现回暖势头，缓中趋稳。在全球经济复苏、国内供给侧改革持续推进的背景下，GDP增长连续8个季度稳定在6.7%～6.9%的中高速增长区间，多项经济指标向好。2017年全年，实际GDP同比增长6.9%，较2016年提升0.1个百分点，超出此前预期。季度GDP增速"前高后低"，前两个季

度分别同比增长7.0%，后两个季度分别同比增长6.9%、6.8%。名义GDP同比增速虽然自第一季度以来持续小幅回落，但始终维持在11%以上的较高位区间。从需求侧来看，基建投资、房地产投资继续保持高速增长，制造业投资回暖，固定资产投资缓中趋稳；消费平稳增长，没有再延续新常态以来的阶梯式下行态势，消费结构升级持续，在汽车、建筑装潢类消费持续放缓背景下，化妆品类、金银珠宝类、体育娱乐用品类等类别产品零售额同比增速出现明显回暖，女性消费、娱乐类消费显示出较强增长动力；同时，在全球经济复苏、国内经济回暖的带动下，进口和出口双双实现了较大幅度的正增长。从供给角度来看，企业生产积极性提高，工业生产出现回暖走势，规模以上工业增加值和制造业增加值均出现了不同程度的反弹。与此同时，去产能带来的工业品价格回暖也带动工业企业利润尤其是上游工业企业利润明显回升，但由于中下游行业市场化程度较高，行政性的产能去化指令对其产能约束有限，供过于求态势依然存在，上游行业利润增长始终远远快于中下游行业，中下游行业利润向上游转移的态势非常明显。

2018年，在内部去杠杆、外部中美贸易摩擦背景下经济下行压力加大。2018年全年，实际GDP同比增长6.7%，虽然实现了6.5%左右的预期发展目标，但较上年回落0.2个百分点。分季度来看，上半年经济增长较快，前两个季度分别同比增长6.9%，下半年经济增长明显放缓，分别同比增长6.7%、6.5%（见图7-1）。拉动经济增长的"三驾马车"均显示出回落势头，去杠杆背景下基建投资大幅回落，带动投资整体下滑；社会消费品零售总额增速放缓至个位数；出口下行压力有所显现，贸易顺差大幅收窄，外需对经济增长的拉动进一步减弱。与此同时，在内外需均面临压力的情况下，工业生产呈现缓慢回落态势。此外，去产能力度边际减弱导致工业品价格回落,企业利润增长明显放缓,经济增长的微观基础有所恶化。

在内部高杠杆、外部大国博弈与周期性因素的共同影响下,2019年中国经济继续下行。从投资角度来看,各大类投资均存在不同程度的放缓。在稳增长政策支持下,基建投资虽然有所回升,但受制于地方政府收支压力,基建回稳的幅度仍然有限。尤为值得一提的是,专项债虽然被允许用作重大项目资本金,但政策效果显现存在一定时滞,对当年基建和GDP的拉动作用有限。同时,房地产调控"房住不炒"的基调没有改变,房地产销售与融资依然面临压力,房地产投资虽有一定的韧性但下行趋势不改。此外,经济下行背景下制造业投资与民间投资依然较为低迷,内生性投资动能不足。从消费角度来看,在居民部门高杠杆、企业生产积极性不足情况下,终端消费疲软态势持续;此外,在全球经济复苏放缓、中美博弈等不利因素影响下,出口大幅下行出现负增长。2019年GDP同比增长6.1%,较上年回落0.6个百分点。

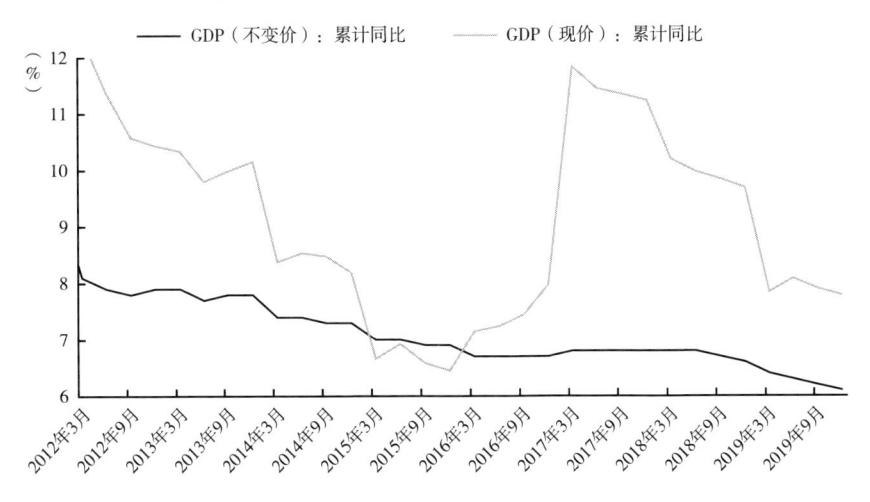

图7-1 2012~2019年GDP增长率变化情况

资料来源:国家统计局网站,http://www.stats.gov.cn/tjsj/。

（二）经济结构不断调整，需求结构、产业结构持续优化

从需求结构看，消费对经济增长的贡献率2016~2019年维持在60%左右。2017年，随着经济复苏加快，外需对经济增长的贡献率由负转正，但2018年随着全球经济复苏的放缓和中美贸易摩擦所带来的负面影响，外需对经济增长的贡献率再度转为负增长，2019年在"衰退式"顺差影响下净出口对经济增长的贡献率再度转正。与此同时，随着投资增长高位趋缓以及投资效率的下降，资本形成总额对经济增长的贡献率维持较低水平，2017年至2019年第三季度对经济增长的贡献率持续维持在35%以下。在外需、资本形成对经济增长的贡献率下降的同时，消费对经济增长的贡献进一步凸显，2018年底达到76.2%的高点，2019年虽有所回落，但依然在55%以上（见图7-2）。

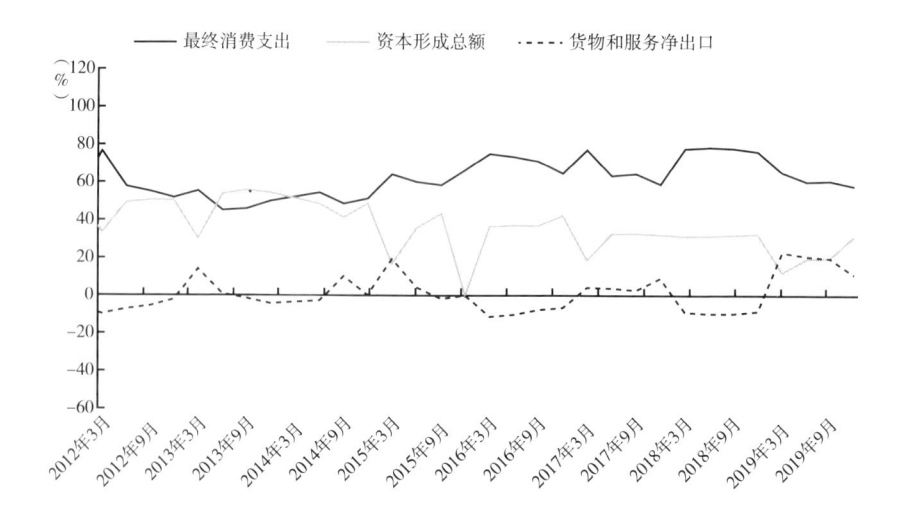

图7-2 2012~2019年三大需求对经济增长贡献率变化情况

资料来源：国家统计局网站，http://www.stats.gov.cn/tjsj/。

从产业结构看，服务业对于经济增长的贡献进一步提高。2016年以来的产业结构调整延续了新常态以来的趋势，第一、二产业在经济总量中的比重持续下滑，第三产业保持较快增长，2016年第三产业所占比重超过50%，截至2019年底都在50%以上，对经济增长的贡献率自2016年以来维持在60%左右（见图7-3）。

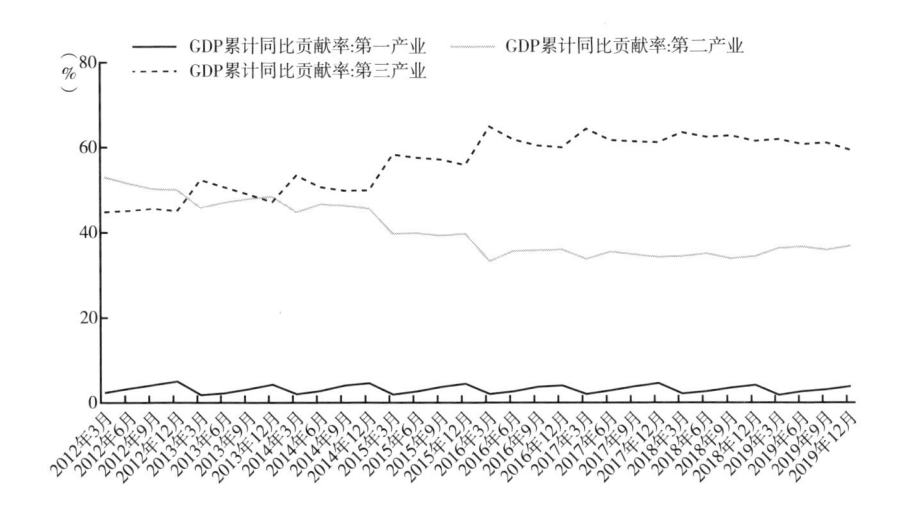

图7-3 2012~2019年三大产业对经济增长贡献率变化情况

资料来源：国家统计局网站，http://www.stats.gov.cn/tjsj/。

二 2016年下半年以来的宏观调控政策

2016年下半年至2019年，中国处于政策的高频调整期。2016年下半年中国宏观调控重心转向防风险，这一基调延续至2017年，货币政策稳健中性、边际收紧，金融监管持续趋严，由此倒逼金融机构去杠杆。2018年，防风险思路进一步清晰，去杠杆从金融领域转向实体经济，但随着经济下行压力的加大和中美贸易摩擦加剧，经济运行"稳中有变"，政策再度"变中求稳"，货币政策从结构性宽松转向全面宽松，金融监管节奏和力度边际调整，对稳增长的关注加大。2019年政策基本延续了2018年以稳增长为主的思路，以"稳"为主。

（一）2016年下半年至2017年，宏观调控重心转向防风险、去杠杆

基于对风险的考虑，从2016年下半年开始，宏观调控重心由稳增长向防风险转变。金融危机之后，影子银行、理财产品等快速发展，金融领域加杠杆、多层嵌套等问题突出，加上金融监管滞后于金融创新的发展，金融风险不断加剧。与此同时，债务结构中企业部门的债务过快加杠杆，也加大了金融体系风险；在宏观经济低迷的大背景下，周期性比较强的行业面临巨大的经营压力，盈利下滑、偿债能力下降、信用质量恶化，转而进一步影响企业再融资，违约风险持续上升。企业经营困难，银行贷款坏账率持续上升，影子银行风险增加，商业银行不良贷款比例有所上升，也加重了银行等金融体系的风险。进入新常态之后，随着宏观经济增速放缓，部分企业的债务风险已经爆发出来，无论是银行贷款、信托贷款还是债券市场，均有违约事件的发生。如果各类风险加速传导，一方面加大了经济下行的压力，另一方面也导致系统性风险发生概率上升。2016年下半年至2017年，中央多次重要会议都对防风险高度重视。2016年7月中共中央政治局会议提出"要有效防范和化解金融风险隐患"，当年12月的中央经济工作会议提出"要把防控金融风险放到更加重要的位置，下决心处置一批风险点，着力防控资产泡沫，提高和改进监管能力，确保不发生系统性金融风险"。2017年，中央重要会议多次强调"防风险"，4月中共中央政治局会议提出"要高度重视防控金融

风险",7月金融工作会议提出"把主动防范化解系统性金融风险放在更加重要的位置",中共中央政治局会议强调"确保不发生系统性风险的底线",并提出成立金融稳定委员会;党的十九大报告强调"健全金融监管体系,守住不发生系统性金融风险的底线";年底中共中央政治局会议和中央经济工作会议明确提出"打好三大攻坚战",并将"防范化解重大风险"作为三大攻坚战之首。

在防风险、去杠杆的基调下,宏观政策全面收紧,货币政策稳健中性、边际收紧,金融监管持续趋严,以推动金融去杠杆,引导资金流向实体经济。一方面,央行进一步完善"货币政策+宏观审慎政策"的双支柱调控框架,降低基础货币投放力度,多次提高MLF、常备借贷便利、公开市场操作(OMO)等政策利率抬高金融机构负债端成本,先后将表外理财、同业存单纳入MPA考核,抑制银行资产规模过快膨胀。另一方面,银监会、证监会、保监会等部门持续出台文件,把金融去杠杆、资金"脱实向虚"作为重点加强监管。银监会的监管以同业、理财、表外三个领域为重点,这三个领域不仅覆盖影子银行、交叉金融、房地产泡沫、地方政府债务等比较突出的风险点,也涉及资金空转,从这三个领域着手加强监管,有利于改善资金"脱实向虚"。其中,银监会于2017年3月底4月初发布的一系列文件,既包括宏观的监管方向(如整治市场乱象、风险防控、弥补监管短板),又有具体的专项治理检查要点,其力度之大、节奏之密一度超出市场预期。证监会延续"依法监管、从严监管、全面监管"思路,从打击重组乱象、完善信息披露、强化中介机构的责任和义务等多个角度打击资本市场乱象,遏制杠杆交易、通道交易、内幕交易。尤为值得一提的是,5月19日证监会在对"新沃基金专户业务风控缺失导致重大风险事件的处理情况"的通报中强调,证券基金经营机构从事资管业务应坚持资管业务本源，谨慎勤勉履行管理人职责，不得从事让渡管理责任的所谓"通道业务"，对通道业务的态度明显收紧。《中国保监会关于保险业支持实体经济发展的指导意见》等一系列文件出台，明确了强监管、治乱象、补短板、防风险、服务实体经济的目标，并通过放开保险资金投资PPP项目等措施，拓宽保险资金服务实体经济渠道，对保险资金服务实体的引导体现出"疏堵结合"的特征。同时，监管协调有所加强，2017年8月，国务院金融稳定发展委员会正式成立，《关于规范金融机构资产管理业务的指导意见》的发布为资管行业提供了"超级监管框架"，金融监管从机构监管向行为监管与机构监管并重转变。2017年出台的主要监管政策汇总见表7-1。

表7-1 2017年出台的主要监管政策汇总

发文日期	文件名称	文件要点
1月24日	《关于进一步加强保险资金股票投资监管有关事项的通知》	保险机构开展一般股票投资，上季末综合偿付能力充足率应当不低于100%；开展重大股票投资和上市公司收购的，上季末综合偿付能力充足率应当不低于150%；保险机构收购上市公司，应当使用自有资金
3月28日	《关于开展银行业"违法、违规、违章"行为专项治理工作的通知》	开展"违反金融法律、违反监管细则、违反内部规章"行为专项治理工作R。
3月28日	《关于开展银行业"监管套利、空转套利、关联套利"专项治理工作的通知》	开展"监管套利、空转套利、关联套利"专项治理工作
4月6日	《关于开展银行业"不当创新、不当交易、不当激励、不当收费"专项治理工作的通知》	开展银行业"不当创新、不当交易、不当激励、不当收费"专项治理工作
4月7日	《关于提升银行业服务实体经济质效的指导意见》	多措并举督促引导银行业积极支持"三去一降一补"五大重点任务，增强服务实体经济的能力和质效

第七章　内部风险与大国博弈双重约束下的宏观调控（2016～2019年）

续表

发文日期	文件名称	文件要点
4月7日	《关于集中开展银行业市场乱象整治工作的通知》	集中整治股权和对外投资、机构及高管、规章制度、业务、产品、人员行为、行业廉洁风险、监管履职、内外勾结违法、涉及非法金融活动等十个方面的乱象
4月10日	《关于银行业风险防控工作的指导意见》	对银行提出全面风控要求，对债券投资、同业、理财、地方债、房地产等问题均有涉及
4月10日	《关于切实弥补监管短板提升监管效能的通知》	提出了法规制度建设的蓝图，要求制定和修订26个管理办法/条例
4月26日	《关于印发商业银行押品管理指引的通知》	商业银行应接受真实存在的押品，且押品权属关系清晰，同时押品具有良好的变现能力；应建立押品管理信息系统力
4月28日	《关于强化保险监管 打击违法违规行为整治市场乱象的通知》	整治虚假出资、公司治理乱象、资金运用乱象、产品不当创新、销售误导、理赔难、违规套取费用、数据造假等八方面乱象
5月5日	《关于弥补监管短板构建严密有效保险监管体系的通知》	提出"严格保险资金运用监管""夯实保险产品管理制度"，修订保险中介市场监管规定
5月9日	《关于开展保险资金运用风险排查专项整治工作的通知》	重点排查合规风险、监管套利、利益输送、资产质量、资产负债错配等内容
5月27日	《关于上市公司股东、董监高减持股份的若干规定》	明确"大股东和董监高减持,90天内集中竞价减持不超1%；大宗交易减持不超2%；离职半年内不准减持，每年不超过25%；减持前后需公告"
6月23日	《关于进一步加强保险公司关联交易管理有关事项的通知》	进一步加强保险公司关联交易监管,防范不正当利益输送风险
7月1日	《证券期货投资者适当性管理办法》	我国证券期货市场首部投资者保护专项规章，是资本市场重要的基础性制度
9月4日	《关于防范代币发行融资风险的公告》	任何组织和个人不得非法从事代币发行融资活动
9月22日	修订《公开发行证券的公司信息披露内容与格式准则第26号——上市公司重大资产重组(2014年修订)》	限制、打击"忽悠式"、"跟风式"重组，明确"穿透"披露标准，提高交易透明度

资料来源：笔者根据中国人民银行网站、中国证监会网站等公布的相关资料整理得到。

在货币政策收紧、金融监管趋严的同时，对房地产的调控明显收紧。2014~2016年，在稳健但实际偏宽松的货币政策下，居民加杠杆买房导致房地产价格出现新一轮快速上涨。为了遏制房地产市场量价的快速上扬，避免房地产进一步泡沫化带来的风险，2016年"十一"前后，包括北京、深圳等一线城市和部分热点二、三线城市在内共计22个城市密集出台房地产调控政策，对房地产的调控趋严；2017年3月和9月，一些房价上涨较快的城市或区域房地产调控政策进一步加码。与前几轮房地产调控政策相比，本轮房地产调控进一步突出了"因城施策"、因区域施策的特点，调控政策范围进一步扩大，力度进一步加大，调控措施更为全面，调控区域和对象更为精准，"限购、限价、限贷、限卖"组合出击，一、二、三、四线城市齐齐限购。在房地产调控趋严的同时，房企融资和个人住房贷款条件均收紧，2016年11月，银监会、证监会、保监会等部门出台措施要求严格执行限贷政策，收紧企业发债，规范银行理财、保险资金介入房地产市场，之后，2017年3月底4月初，银监会出台的一系列监管文件进一步强化对房地产融资的监管，房地产企业融资政策持续收紧。

（二）2018~2019年，宏观政策对稳增长的关注增加

2018年，中国经济"稳中有变"，外部不确定性上升，经济下行压力加大，宏观政策"变中求稳"，对稳增长的关注加大。2018年前几个月，历次重要会议都对防风险、降杠杆予以重点强调：4月2日，中央深改委首次会议提出了"结构性"降杠杆思路，要求地方政府和企业特别是国有企业要尽快把杠杆降下来，努力实现宏观杠杆率稳定和逐步下降；5月11日，中央深改委第二次会议指出，应加强国企资产负债约束，推动国企降杠杆。但是，2018年中

第七章 内部风险与大国博弈双重约束下的宏观调控（2016~2019年）

国经济运行的内外环境都较2017年发生了明显变化。2018年3月，美国单方面挑起了针对中国的贸易摩擦，中国经济运行的外部环境有所恶化，不确定性上升。与此同时，中国经济运行中仍面临多重下行压力：一方面，"结构性去杠杆"背景下基建投资回落至个位数，投资持续回落；另一方面，居民部门高杠杆背景下消费增长仍然较为低迷，消费升级与降级并存。此外，虽然出口在"抢出口"效应的支撑下保持了较快增长，但在中美贸易摩擦一波三折背景下市场对出口能否继续改善存悲观预期。与此同时，随着去杠杆政策的落地，2018年社会融资出现明显收缩，企业融资难尤其是民企融资难的情况加剧，信用风险事件增多。在经济下行压力有所加大，中国经济增长面临的环境尤其是外部不确定性有所上升的背景下，如果继续实行严厉的紧缩政策，经济若出现大幅下行，存在杠杆率被动攀升的风险。为了避免经济出现超预期的下行，同时也避免杠杆率的被动攀升，更好地巩固去杠杆的成果，宏观政策对稳增长的关注逐渐增大。2018年7月中共中央政治局会议对上半年经济运行虽然依然沿用了"稳中向好"的定性，但更值得关注的是，与以往对经济运行的表述不同，此次中共中央政治局会议强调了经济运行"稳中有变"，明确提出"当前经济运行稳中有变，面临一些新问题新挑战，外部环境发生明显变化"。在中国经济运行"稳中有变"的认识下，此次中共中央政治局会议提出了"六个稳"方向，即"稳就业、稳金融、稳外贸、稳外资、稳投资、稳预期"，宏观政策思路出现边际调整，稳增长的力度加大。值得一提的是，宏观经济政策的边际调整的核心在于"稳"经济、"稳"风险，也就是说，宏观政策的调整属于"变"中求稳，意图通过宏观政策的预调、微调化解中国经济运行所面临的风险和挑战，并不是政策大幅转向或者"放水"。2018年历次重要会议主要内容见表7-2。

表7-2 2018年历次重要会议主要内容

时间	会议名称	主要内容
4月2日	中央财经委员会第一次会议	研究打好三大攻坚战的思路和举措,首次提出"结构性去杠杆"思路,明确要求地方政府和企业特别是国有企业要尽快把杠杆降下来
4月23日	中共中央政治局会议	经济运行延续稳中向好。首先要打好"三大攻坚战",坚持积极的财政政策取向不变,保持货币政策稳健中性;要深化供给侧结构性改革;要推动信贷、股市、债市、汇市、楼市健康发展
5月11日	中央全面深化改革委员会第二次会议	加强国企资产负债约束,推动国企降杠杆
7月23日	国务院常务会议	保持宏观政策稳定,坚持不搞"大水漫灌"式强刺激;财政金融政策要协同发力,积极财政政策要更加积极,稳健的货币政策要松紧适度,保持流动性合理充裕,疏通货币信贷政策传导机制;引导金融机构按照市场化原则保障融资平台公司合理融资需求
7月30日	中共中央政治局会议	保持经济平稳健康发展,坚持实施积极的财政政策和稳健的货币政策。要把好货币供给总闸门,保持流动性合理充裕。要做好稳就业、稳金融、稳外贸、稳外资、稳投资、稳预期工作,加大基础设施领域补短板的力度。坚定做好去杠杆工作,把握好力度和节奏
10月31日	中共中央政治局会议	经济运行稳中有变,经济下行压力有所加大,部分企业经营困难较多,长期积累的风险隐患有所暴露。做好稳就业、稳金融、稳外贸、稳外资、稳投资、稳预期工作,有效应对外部经济环境变化,确保经济平稳运行
12月13日	中共中央政治局会议	部署2019年经济工作:继续打好三大攻坚战;推动制造业高质量发展;扎实推进乡村振兴战略,扎实推进乡村振兴战略;促进区域协调发展,发挥好各地区比较优势;加快经济体制改革,推动全方位对外开放
12月19-21日	中央经济工作会议	经济运行稳中有变、变中有忧,外部环境复杂严峻,经济面临下行压力。继续打好三大攻坚战;继续实施积极的财政政策和稳健的货币政策,实施更大规模的减税降费;深化国资国企、财税金融、土地、市场准入、社会管理等领域改革

资料来源:笔者根据新华网等公开的相关资料整理得到。

宏观政策逐渐从"严监管、稳货币、结构性紧信用"转向"稳监管、宽货币、结构性宽信用"。2018年上半年,宏观政策基本呈现"严监管、

第七章 内部风险与大国博弈双重约束下的宏观调控（2016～2019年）

稳货币、结构性紧信用"特征。随着金融去杠杆取得一定成效，2018年初，央行货币政策已经有所微调，在公开市场操作回笼货币的同时，央行通过多种方式向市场提供流动性，释放了"稳货币"信号：1月初，推出"临时准备金动用安排（CRA）"应对春节流动性需求；1月25日，普惠金融定向降准实施，释放流动性资金约3000亿元；4月17日，央行再次降准，下调部分金融机构存款准备金率以置换中期借贷便利，释放增量资金约4000亿元。下半年，随着宏观政策对稳增长的关注加大，货币政策进一步调整，出现边际宽松迹象，货币政策基调从"保持流动性合理稳定"调整为"保持流动性合理充裕"，分别于7月、10月两次降准，并分两次累计共增加3000亿元支小、支农再贴现额度。此外，央行还推出了信用缓释工具等创新政策工具纾解民企"融资难"问题。2018年货币政策调整汇总见表7-3。

表7-3 2018年货币政策调整汇总

时间	调整内容
2018年1月	普惠制降准生效,符合条件的银行准备金率下调0.5个百分点,上调MLF利率5个基点,达到3.25%,推出临时流动性便利
2018年3月	公开市场操作利率上调5个基点至2.55%
2018年4月	对部分金融机构降低存款准备金率1个百分点
2018年6月	适度扩大MLF担保品范围;国务院常务会议提出,运用定向降准等货币政策工具,增强小微信贷供给能力;将单户授信500万元及以下小微企业贷款纳入MLF合格抵押品范围等;《关于进一步深化小微企业金融服务的意见》指出,增加支小支农再贷款和再贴现额度1500亿元,下调支小再贷款利率0.5个百分点
2018年7月	央行下调人民币存款准备金0.5个百分点,定向降准支持债转股及小微企业贷款
2018年10月	降准1个百分点;再增加再贷款和再贴现额度1500亿元
2018年11月	央行货币政策报告提出,加强货币工具创新为经营正常但暂遇困难的微观主体纾困

资料来源：笔者根据中国人民银行网站公布的相关资料整理得到。

稳增长与防风险：中国经济双底线政策的形成与转换

广义财政对稳增长的支持力度加大，减税降费政策持续落地。2018 年，随着经济下行压力的加大和宏观调控政策的转向，财政对稳增长的支持力度加大。虽然预算内公共财政支出受制于收入的约束，增速基本保持平稳，但将专项债等包括在内的广义财政对稳增长的支持明显加大。2018 年，虽然赤字率目标按 2.6% 安排，较上年预算低 0.4 个百分点，但新增专项债额度从上年的 8000 亿元上调至 13500 亿元。2018 年下半年，在"六稳"基调下，财政部于 8 月 14 日发布《关于做好地方政府专项债券发行工作的意见》，明确要求加快地方政府专项债券发行和使用进度，以更好地发挥专项债对地方基建投资的支撑作用。2018 年底，全国人大常委会授权国务院提前下达 1.39 万亿元地方债额度。此外，减税降费政策持续落地，新个税法于年初落地，当年 10 月起个税起征点提高，并实行专项扣除。据财政部数据，2018 年全年减税降费规模约为 1.3 万亿元。

金融监管节奏和力度边际调整，以减弱对市场的冲击。面对去杠杆对实体经济融资的冲击，2018 年，金融监管延续 2017 年第四季度以来的边际调整的态势。2018 年 4 月正式落地的《关于规范金融机构资产管理业务的指导意见》及其后续发布的细则在一定程度上表明监管政策向着更加务实的方向调整，《关于规范金融机构资产管理业务的指导意见》规定："过渡期内，具有证券投资基金托管业务资质的商业银行可以托管本行理财产品，但应当为每只产品单独开立托管账户，确保资产隔离。过渡期后，具有证券投资基金托管业务资质的商业银行应当设立具有独立法人地位的子公司开展资产管理业务，该商业银行可以托管子公司发行的资产管理产品，但应当实现实质性的独立托管。独立托管有名无实的，由金融监督管理部门进行纠正和处罚。"与此同时，在经济下行压力加大的情况下，对融资平台等地

第七章 内部风险与大国博弈双重约束下的宏观调控（2016～2019年）

方政府隐性举债主体的监管政策也出现边际调整：7月23日，国务院常务会提出"引导金融机构按照市场化原则保障融资平台公司合理融资需求"；10月31日，《国务院办公厅关于保持基础设施领域补短板力度的指导意见》出台，提出重点任务，涉及脱贫攻坚，铁路，公路、水运，机场，水利，能源，农业农村，生态环保，社会民生九大领域，要求采取配套政策措施：加强重大项目储备；加快推进项目前期工作和开工建设；保障在建项目顺利实施，避免形成"半拉子"工程；加强地方政府专项债券资金和项目管理。此外，《发行监管问答——关于引导规范上市公司融资行为的监管要求（修订版）》指出，"上市公司申请增发、配股、非公开发行股票的，本次发行董事会决议日距离前次募集资金到位日原则上不得少于18个月"。

2019年的宏观政策虽有微调，但延续了2018年侧重于稳增长的基调。2019年《政府工作报告》明确提出，"要平衡好稳增长与防风险的关系"，"决不能让经济运行滑出合理区间"，"也不能只顾眼前，采取损害长期发展的短期强刺激政策，产生新的风险隐患"。可以说，2019年以来宏观政策的调整，也基本延续了以稳增长、防风险为双底线但侧重于稳增长的思路。财政政策继续加力提效，提出高达2万亿元的减税降费计划，以激活微观主体活力，新增专项债额度进一步提高至2.15万亿元。货币政策保持稳健，全年分别于1月、9月宣布实施了两次全面降准，分别下调金融机构存款准备金率1个百分点和0.5个百分点，5月再度实施了定向降准，持续加大对民企、中小企业融资的支持力度。同时，2019年8月，《中国人民银行关于改革完善贷款市场报价利率（LPR）形成机制有关事宜的公告》发布，提出深化利率市场化改革，提高利率传导效率，推动降低实体经济融资成本。从监管政策来看，出于稳增长的需要，对融资平台的监管政策继续调整。2019年《政府工作报告》提出，"鼓励采取市场化方式,妥善解决融资平台到期债务问题,不能搞'半拉子'工程",沪深交易所3月窗口指导放松了城投公司发行公司债的申报条件,5月允许专项债作为符合条件的重大项目的资本金,等等。此外,还有一系列稳增长政策持续出台,国务院常务会议部署推进城镇老旧小区改造,国家发改委发文鼓励扩大内需,等等。

三 本阶段政策调整对经济的影响

(一) 2016年去杠杆政策的影响

去杠杆政策带动杠杆率增长边际放缓,宏观风险有所释放。2016年下半年至2017年,在一系列强监管措施的影响下,金融系统性风险得到一定的释放。自2016年10月起银行总资产、总负债规模月同比增速由升转降,此前受益于同业负债扩张的股份银行、中小型银行增速下滑更为明显,股份银行增速近10年来首次回落至大银行增速之下,商业银行资产负债表激进扩张势头得到一定缓解。表外理财方面,在监管趋严的背景下,表外理财增速从2016年近50%的增速滑落到个位数水平(截至2017年6月底),杠杆率增长放缓。根据中诚信国际的测算,截至2017年底,非金融部门总杠杆率为268.4%,仅较上年提高不到4个百分点,而2016年较上年提高近30个百分点。其中,非金融企业部门杠杆去化成效显著,截至2017年底,杠杆率为176.1%,较2016年回落4.2个百分点。

去杠杆节奏过快、力度过大,"监管踩踏"导致金融市场波动幅度加大。这在2017年体现得尤为明显。2017年上半年,在金融去杠杆基调下,银监会、保监会、证监会接连发文,尤其是银监会在3月底4月初连发七文,监管力度短时间持续加大,对金融市场造成了一定的扰动。货币市场资金利率持续上行，一年期上海银行间同业拆放利率（SHIBOR）从2017年初的2.2%左右的波动攀升至6月中下旬的4.44%左右，半年内上行超过220个基点，上行幅度高达100%，此后连续三个月保持在4.4%左右高位震荡，当年11月中旬突破4.5%，超过2015年4月央行降准降息前的水平。此外，由于流动性紧张，债券市场收益率出现倒挂，2017年5月中下旬国债收益率一度呈现M形走势。利率快速上行，市场紧张情绪加重，股票及债券市场成交量大幅回落，金融市场活跃度下降，债券市场活跃度低于上年同期。2017年现券成交额为99.2万亿元，较上年回落26万亿元，回落幅度达20.8%。债券到期收益率波动走高，十年期国债到期收益率从年初的3.1%攀升至年末的3.9%左右，十年期国开债到期收益率在2018年初一度突破5%。

信用明显收缩，企业尤其是民营企业信用风险加速暴露。虽然2017年由于宏观经济回暖的带动，即便在监管持续趋严的背景下，企业信用风险仍出现改善势头，债券违约较2016年有所回落，但2018年随着资管新规的落地，对表外融资的监管加强，社会融资尤其是表外融资规模出现明显收缩，全年新增社会融资规模19.26万亿元，较上年减少3.14万亿元，其中表外融资大幅收缩：委托贷款减少1.61万亿元，同比减少2.38万亿元；信托贷款减少6901亿元，同比减少2.95万亿元；未贴现的银行承兑汇票减少6343亿元，同比减少1.17万亿元。融资压力加大，再加上信用债到期压力，2018年信用风险明显抬升。2018年债券市场违约风险暴露速度明显加快，尤其在下半年违约事件发生更为密集。据中诚信国际统计，2018年共有123只债券发生违约，涉及发行人共51家，违约金额合计974.87亿元，是2014~2017年合计违约规模的1.4倍。此外，2018年发生债券违约的主体中，有42家为新增违约主体，新增违约主体数量较往年增多，其中有4家主体发生技术性违约。尤为值得一提的是，在信用收缩的过程中，相较于国有企业，民营企业受到的冲击往往更大。在2018年新增的42家违约主体中，民营企业有36家，在新增违约主体总数中占比超过80%（见图7-4）。2018年新增违约的民营企业中，有15家为上市公司，这一数量同比明显增多，上市公司信用风险有所凸显。虽然企业信用风险的爆发是由于自身经营及公司治理等多方面的因素，但社会融资收缩导致企业流动性压力凸显，也是导致信用风险集中爆发的重要原因。

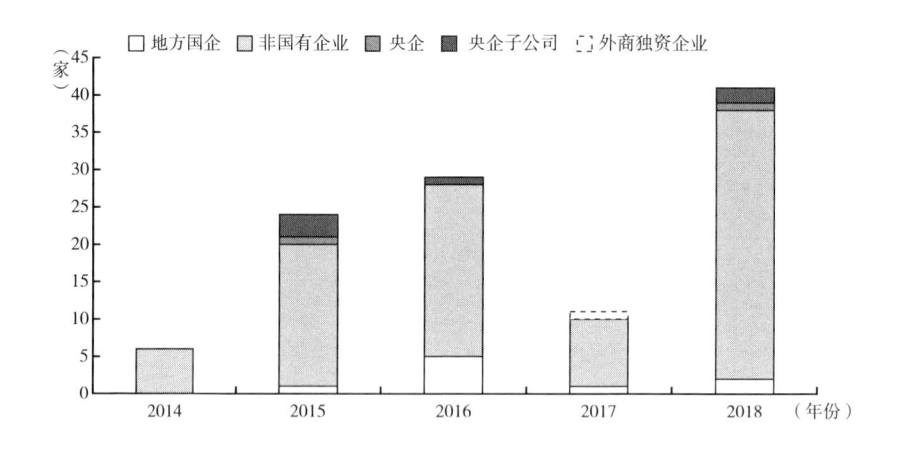

图7-4 2014~2018年不同性质债券违约主体分布情况

资料来源：中诚信国际债券违约数据库。

去杠杆、严监管在一定程度上增加了经济下行压力。为了达到MPA考核标准以及资管新规等的监管要求，商业银行压缩广义信贷以及规范同业业务的行为，影响实体经济可借贷资金，抬升资金成本，对实体经济的生产经营带来了一定负面影响。更为重要的是，在防风险、严监管基调下，对经济增长发挥"托底"作用的基建投资面临较大的压力，针对地方融资平台和地方政府债务的政策规定，短

第七章 内部风险与大国博弈双重约束下的宏观调控（2016~2019年）

期内使仍承担基建任务的融资平台融资渠道有所收紧，进而会对基础设施资金来源形成约束。2018年，基建投资（不含电力）仅同比增长3.8%，较上年大幅回落15.2个百分点，再难恢复前几年15%以上的高速增长，成为固定资产投资增速的主要拖累，而投资增速的回落也加大了经济下行压力（见图7-5）。

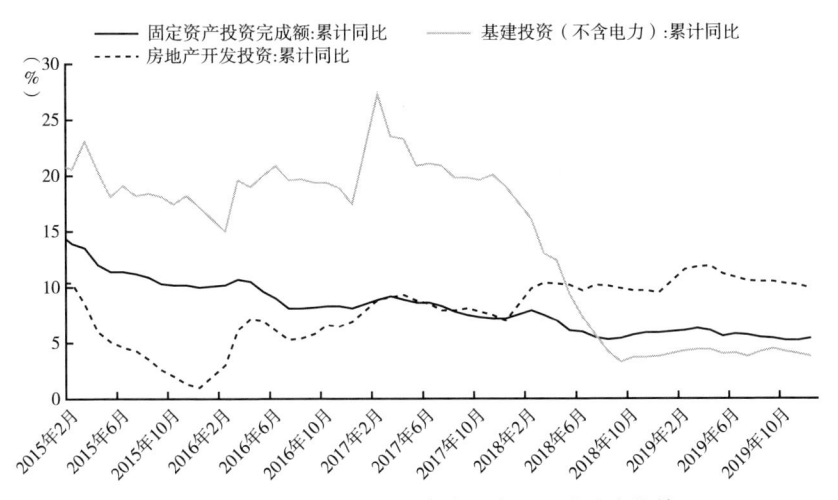

图7-5 2015~2019年固定资产投资同比增速变化情况

资料来源：国家统计局网站，http://www.stats.gov.cn/tjsj/。

（二）2018年政策再调整的影响

宏观经济短期回稳，市场信心有所回升。2019年第一季度，在稳增长政策发力和一系列改革措施的提振下，中国经济成功抵御了多重下行风险的冲击，经济呈现缓中回稳的特征，GDP同比增长6.4%，与上年第四季度持平，超出市场预期。随着宽信用效果的显现，社会融资较上年同期明显增加，利率水平维持低位运行，企业融资成本回落。与此同时，在政策效果显现的背景下，市场信心也有所回升，上证A股指数在2019年第一季度曾出现短时上涨，企业家信心指数也在当季出现较大幅度的回升（见图7-6）。

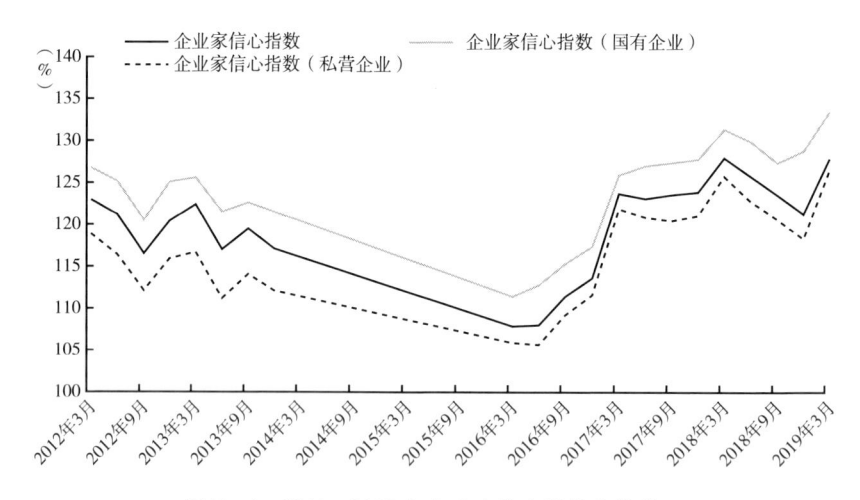

图 7-6 2012~2019 年企业家信心指数变化情况

资料来源：东方财富 Choice 数据。

基建和房地产投资保持高速增长，经济增长依然没有摆脱依靠基建和房地产的"老路"。长期以来，尤其是金融危机以来，以基建和房地产投资带动经济增长的发展模式，在一定程度上带动了中国经济的平稳增长。但是，随着风险的累积，依托基建和房地产的经济增长模式面临的约束越来越大：一方面，长期以来以基建拉动经济增长的模式，导致以融资平台为主要载体的地方政府隐性债务持续快速攀升，成为中国经济运行中不容忽视的"灰犀牛"之一，如果不能妥善处置，有可能会导致系统性金融风险；另一方面，房地产行业的快速发展尤其是房地产价格的暴涨，导致居民部门杠杆率持续攀升，扩大内需受到的制约增加，同时房地产价格的暴涨也导致资金"脱实向虚"加剧，对实体制造业产业带来了一定的负面挤出效应。自2016年下半年宏观调控重心转向防风险以来，有关部门对地方政府债务的监管趋严，对房地产的调控收紧并着手加大中长期调控机制的建设力度，虽然短期内给中国经济增长带来了阵痛，但从长远来看，有利于中国经济的结构调整，避免中国经济继续沿着依托房地产和基建拉动经济的"老路"前进。2018年宏观政策再度调整，对稳增长的关注力度加大，但稳增长依旧没有摆脱依赖基建和房地产的窠臼，制造业投资与民间投资较上年同期仍然较为低迷，制造业企业自主投资的积极性仍然不足（见图7-7）。

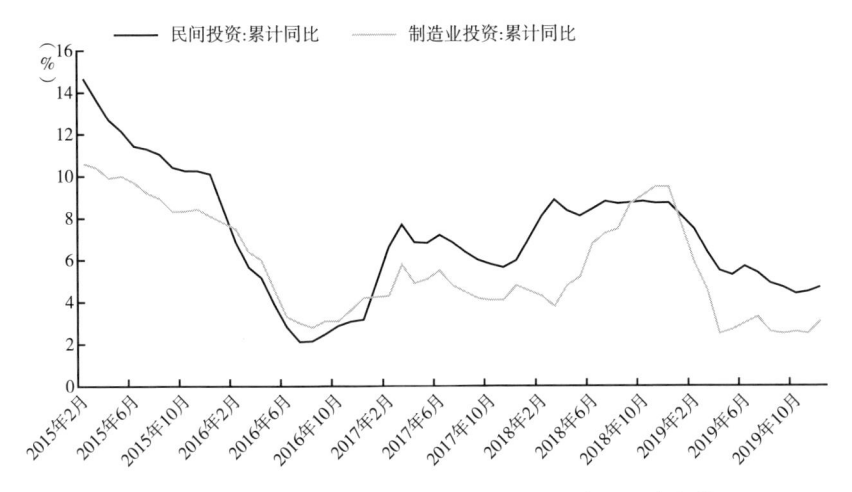

图7-7　2015~2019年制造业投资与民间投资增长变化情况

资料来源：国家统计局网站，http：//www.stats.gov.cn/tjsj/。

政策偏向稳增长导致债务风险上扬，宏观杠杆率再度攀升。稳增长与防风险是对立统一的关系。一方面，经济保持相对平稳增长，可以为风险的化解赢得时间与空间，也可以避免经济增长大幅放缓导致的风险尤其是债务风险的加速暴露，而防风险政策的推出虽然可能在短期内给中国经济增长带来压力，但从长期来看，宏观风险的化解减少了系统性金融风险冲击导致的经济增长失速甚至陷入衰退的可能性，有利于中国经济可持续增长。另一方面，稳增长与防风险又不可避免地有矛盾的一面，二者存在此消彼长的关系，2016年下半年以来宏观调控虽然力求稳增长、防风险的平衡，但这种"既要……又要……"的选择也提高了政策调整的难度。自2018年宏观调控加大对稳增长的关注力度以来，随着政策效果的显现，2019年第一季度经济缓中回稳，GDP增长6.4%，好于预期。但宏观基本面的回暖在一定程度上以债务的攀升为代价。根据中诚信国际的测算，在2018年宏观杠杆率由2017年的270%回落至269%后，2019年再度攀升至274%。其中，非金融企业部门杠杆率由降转升，是带动总杠杆率增长加快最为重要的因素。此外，居民部门、政府部门的杠杆率也保持继续攀升势头。

四 对本阶段政策调整的评价

当前，世界面临"百年未有之大变局"，国际环境发生深刻变化，中国经济运行的外部环境趋于复杂化，对中国经济的扰动因素增加。与此同时，国内改革进入攻坚期，结构调整、风险防范带来的阵痛持续释放，长期积累的结构性矛盾和新变化带来的周期性问题相互交织。中国经济稳中有变、变中有忧：一方面，需求动力有所减弱，经济面临下行压力；另一方面，中国财政金融风险隐患犹存，财政收入由增转降，非法金融活动风险仍在，信用违约事件增多，股票质押风险上升，由于金融市场是一个完整的体系，牵一发而动全身，因此，要避免监管政策诱发风险事件，即所谓"处置风险的风险"。虽然经济仍处于6%以上的中高速增长区间，但如果经济下行过快、风险释放过于集中，则有可能引发失业率攀升、风险连环爆发等风险，进而危及中国经济转型升级的过程，因此，针对经济运行中的新情况、新问题及时进行调整有其必要性。2016年下半年至2017年，经济的企稳向好为防风险、去杠杆提供了难得的时间窗口，在此时机，通过政策的收缩推动金融机构杠杆的去化对于缓释宏观风险起到了积极作用，但在去杠杆的过程中，去杠杆节

第七章　内部风险与大国博弈双重约束下的宏观调控（2016~2019年）

奏过快也带来了一些负面问题，"监管踩踏"导致金融市场波动幅度加大，去杠杆政策所带来的收缩效应导致经济增长承压。尤其是2018年，随着中美贸易摩擦的出现外部环境趋于复杂化，市场信心也受到了一定影响。在此背景下，及时对政策进行调整，对于减少去杠杆带来的负面作用，保持经济相对平稳增长，稳定市场信心有一定积极影响。

政策的高频调整不利于市场形成稳定预期。自20世纪二三十年代瑞典经济学家缪尔达尔首次考察了预期在价格形成和市场波动中的作用，将预期纳入影响价格的一系列因素以来，预期在宏观经济学理论中始终占有重要作用。北欧学派的事前事后分析、凯恩斯学派的比较静态分析、货币主义附加预期的菲利普斯曲线均体现了预期的重要性。自20世纪70年代以来，新古典宏观经济学以"理性预期"假设代替传统的"适应性预期"假定，带来了经济学理论革命性的发展，从而将预期管理推到了宏观调控理论与实践的中心位置。从中国的宏观调控实践来看，改革开放以来，中国市场化程度大幅提高，但预期尤其是市场对政策的预期仍然对宏观经济运行有着重要影响。尤其是进入新常态以来，中国经济增长预期出现转折性变化，对居民、企业和政府行为造成深刻影响。但2016年以来政策的频繁调整，导致市场主体尤其是企业对政策的预期出现一定程度的混乱，一方面加剧了市场的波动，另一方面也不利于企业生产积极性的提高。具体来看，货币政策更多地依赖政策利率的调整和公开市场操作来实现，对市场流动性的影响偏于短期，不利于金融机构形成较长时期的较为稳定的政策预期，从而导致金融市场容易出现较大幅度的波动；此外，在政策频繁调整背景下，非金融企业尤其是民营企业对政策的理解和把握容易出现偏差，这会使其对长远发展的信心不足，容易导致其投资动力缺乏。

稳增长与防风险：中国经济双底线政策的形成与转换

短期调控仍然需要兼顾中长期目标，稳增长不应以放弃结构调整和防风险为代价。传统的宏观调控理论认为宏观调控以"熨平短期经济波动"为主要任务。但中国与西方国家国情有所不同：其一，西方国家面临的主要是总量问题，一般可以通过短期的需求管理加以解决，而中国的经济运行中需求结构性不足与供给结构性过剩问题同时存在，单纯依靠需求总量管理难以有效解决经济运行中存在的结构性问题；其二，西方传统市场经济国家政策传导渠道较为通畅，财政、货币政策等政策能较好地影响微观经济主体行为，而中国的经济结构仍存在一定程度的扭曲，这也部分影响了财政、货币政策作用的效果。在此背景下，中国的宏观调控政策需要从中国的实际出发，短期政策调整也必须考虑长期因素的影响，需要在判断当时所处的经济增长阶段和发展周期的前提下来选择合适的短期政策。也就是说，宏观调控不仅要考虑短期变量，还需要对长期变量予以充分考虑，制定短期宏观调控政策仍需兼顾中长期目标的实现。中长期目标一方面要注重经济结构的调整，另一方面也需要注重风险的化解与防范。宏观政策调整仍需把握好稳增长与防风险的平衡，避免经济增长再度进入"债务—投资"驱动的"老路"，进一步提高未来经济结构调整与风险化解的难度。宏观政策要把握好稳增长与防风险的平衡，一方面要在保持货币政策稳健的同时注重结构性微调，继续有针对性地加大对民营企业的支持力度，缓释民营企业流动性风险，尤其是在金融市场信心较为脆弱的背景下，需要关注逐步打破刚兑过程中所可能引发的结构性流动性风险并及时采用结构化政策加以应对，避免"处置风险的风险"发生；另一方面，财政政策可以继续在降成本和补短板方面发力，着力于扩大有效投资，尤其是要通过有效投资带动企业投资与居民部门的消费，通过政策性投资的杠杆作用撬动更多投资与消费。但最为关键的是，在经济下行背景下需要为民营企业发展营造良好的环境。一方面，重视中小企业融资难问题，进一步加大对企业融资支持力度，保证企业再融资渠道通畅，防范企业资金链条断裂引发的信用风险；另一方面，在融资"输血"同时，进一步完善减轻税费负担等支持中小微企业发展的政策措施，财政和税收政策要做好"减法"，从根本上改善民营企业的经营状况，降低企业成本，提升其自身"造血"功能。此外，进一步加强知识产权保护，加强对企业家人身权和财产权的保护，提振企业家信心。

第八章 中国宏观调控背景发生重大变化

一 外部形势"稳中有变",不确定性增加

(一)全球经济虽有复苏但可持续性不足,全球贸易低迷态势难改

自 2008 年经济危机以来,全球经济虽有复苏,但是增长依旧疲软,继 2017 年和 2018 年初的强劲增长之后,全球经济活动在 2018 年下半年开始显著放缓,在中美摩擦加剧、地缘政治紧张局势持续的背景下,全球经济依旧疲弱。1999~2020 年全球 GDP 增速见图 8-1。

近年来,全球经济增长乏力的重要表现是最终需求不足和通胀低迷。一方面,尽管部分国家总体 GDP 的持续快速增长令人惊讶,但是固定资产投资的数据体现出全球最终需求低迷的趋势,在政策不确定性加剧的背景下,企业和家庭继续抑制长期支出。另一方面,核心通胀与最终需求增长的低迷保持一致,发达经济体核心通胀已降至目标以下(如美国)或持续远低于目标(如欧元区国家和日本)。尽管油价大幅上涨(部分国家进口关税上调),但成本压力减弱,反映了尽管劳动力需求收缩,但很多经济体的工资增速仍然乏力。因此,多

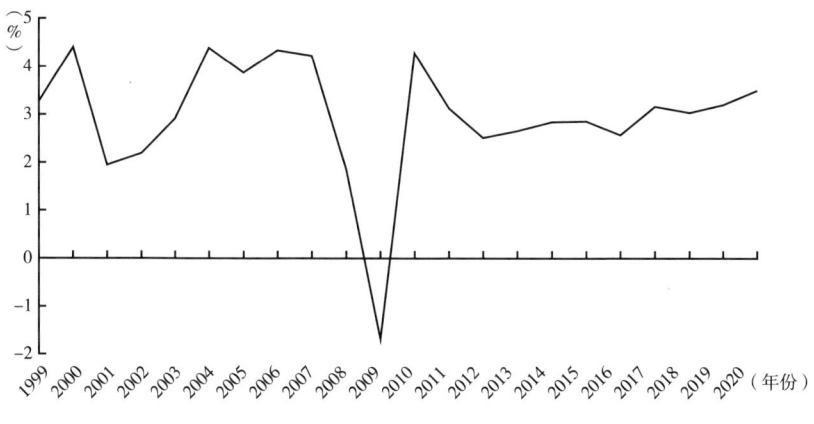

图 8-1　1999~2020 年全球 GDP 增速

注：2019 年、2020 年为预测数据。
资料来源：1999~2018 年数据来自世界银行，2019 年和 2020 年预测数据来自国际货币基金组织于 2019 年 7 月发布的《世界经济展望》。

数发达经济体和新兴市场经济体的总体通胀保持低迷。

自 2008 年以来，全球贸易低迷，这种放缓对出口国的经济增长有重大影响。1960~2017 年全球商品贸易额占全球 GDP 的比例变化情况如图 8-2 所示，金融危机之前，世界贸易增长迅速，但此后出现了逆转，表明全球价值链活动在后金融危机时期一直在下降。金融危机后，全

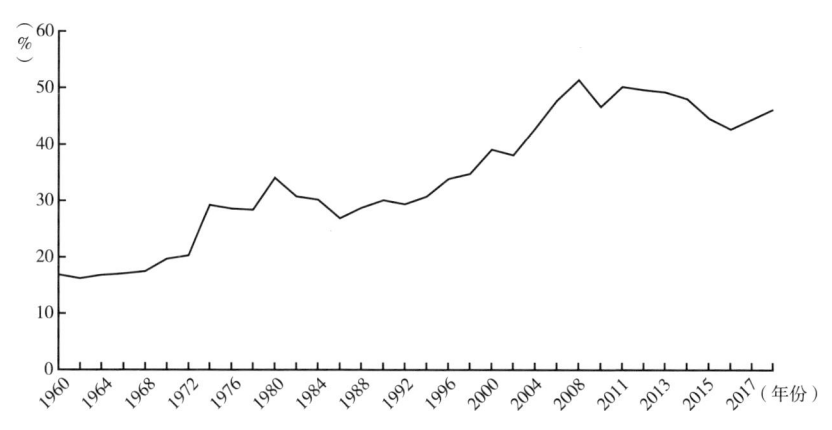

图 8-2　1960~2017 年全球商品贸易额占全球 GDP 的比例变化情况

资料来源：世界银行数据库，https://data.worldbank.org.cn。

球贸易立即反弹，但一直没有恢复到危机前的水平。事实上，自 2011 年以来，贸易占 GDP 的比重一直呈下降趋势，2017 年只是出现了短暂的回升。

（二）全球财政及金融风险处于高位，全球金融市场波动给中国经济带来冲击

当前，贸易紧张局势进一步升级、地缘政治风险上升或主要经济体政策不确定性引发的风险情绪突然转变，都可能引发全球金融环境的急剧收紧。主要风险包括以下几个方面。

对新兴市场韧性和政策可信度的担忧日益加剧。面对外部不利因素，对新兴市场抗跌能力和政策可信度担忧的日益加剧，可能导致资本进一步外流，并可能导致全球避险情绪上升，这可能对更广泛的风险资产市场造成冲击。在这种情况下，外债多、融资或展期需求高、政策空间有限、储备缓冲薄弱的国家将特别容易受到冲击。

政治和政策不确定性上升。政治和政策不确定性的上升可能对金融市场信心产生负面影响，例如，一些债台高筑的欧元区国家财政政策的不确定性可能损害投资者对其金融市场的信心。

全球进入新一轮宽松周期可能带来债务的再度膨胀。全球金融风险的一个典型表现就是全球资产价格泡沫。由于目前各国都面临增长乏力情形，货币政策已重新转向宽松，印度、新西兰、澳大利亚等国已先后启动降息，欧、美、日都对宽松持开放态度。一旦主要经济体相继进入宽松通道，各国货币可能出现竞争性贬值，并有可能引发全球资产泡沫继续膨胀。目前大部分国家基准利率仍处于历史低位，一些国家甚至处于负利率区间，宽松货币政策收效有限，如果再加上创纪录的债务水平，可能会使央行丧失对市场的控制能力，进而引发新的全球危机。距离 2008 年的全球金融危机已经过去 11 年，从经济周期的角度，必须对潜在的风险隐患保持密切关注。

（三）在"大国博弈"背景下，美国等发达国家对中国的遏制增加，成为中国经济运行的最大外部风险

2018年3月美国挑起了中美贸易摩擦，此后，由于中美立场的分歧，双方进行了多次谈判和磋商。虽然中美双方的贸易摩擦呈现一波三折的势头，其中也不乏短期的调整与缓和，但需要认识到，美国挑起的贸易摩擦并不是简单的贸易冲突。事实上，美国贸易逆差的根源是其经济结构与美元地位，美国不从中国进口商品，也要从其他国家进口商品，对中国发起贸易摩擦无益于解决其贸易逆差问题，可见美国发起贸易摩擦是"醉翁之意不在酒"，核心目的在于遏制中国。特朗普上台以来，提出中国是美国的"首要战略竞争者"，表明中美关系中合作因素退居次要位置，矛盾、竞争的因素前所未有。与此同时，遏制中国已经成为美国精英的共识。在此前历次中美摩擦中，美国不同党派、不同阶层、不同利益群体对于遏制中国均有不同的声音。贸易摩擦爆发说明，经贸关系这一"压舱石"也已被撼动。当前面临世界百年未有之大变局，全球力量此消彼长，贸易保护主义思潮升温，外部环境也日趋复杂化，以美国为首的西方国家对中国的遏制和防备，将是未来一段时间内中国经济运行必须面对的问题。

二 经济结构持续优化，但结构性问题依然难解

（一）消费升级与供给不匹配，高杠杆率进一步抑制消费

居民消费升级与供给不匹配问题依然存在，持续升级的居民消费需求难以得到充分满足。党的十九大报告指出，"我国社会主要矛盾已经转化为人民日益增长的美好生活需要和不平衡不充分的发展之间

的矛盾",这一科学论断蕴含着丰富的内涵。中国已经成为制造大国、正在迈向制造强国,现阶段人民群众面对不平衡不充分的问题。不平衡主要是城乡收入不平衡、地区之间不平衡。社会主要矛盾的变化,要求我们逐步缩小居民收入差距、实现公共服务均等化,特别是地区间要协调共同发展。此外,从"物质文化需要"到"美好生活需要"的变化,反映的是社会的进步和发展阶段的提高,如图8-3所示,自20世纪90年代来,中国居民人均可支配收入迅速提高,消费需求也随着升级。人民美好生活需要的范围日益广泛,不仅对物质文化生活提出了更高要求,而且在民主、法治、公平、正义、安全、环境等方面的要求日益增长。一个典型的例子就是高净值人群对健康医疗产业的需求与供给不匹配。高净值人群是高收入人群的重要组成部分,随着中国收入水平的不断提高,中国高净值人群数量越来越多。在2018年已经达到229万人,过去10年的年均复合增长率达到22.3%,这意味着中国高收入人群的规模也在逐年扩大。高收入人群对现有公立医疗服务满意度偏低,期望得到更好的私人医疗服务并愿

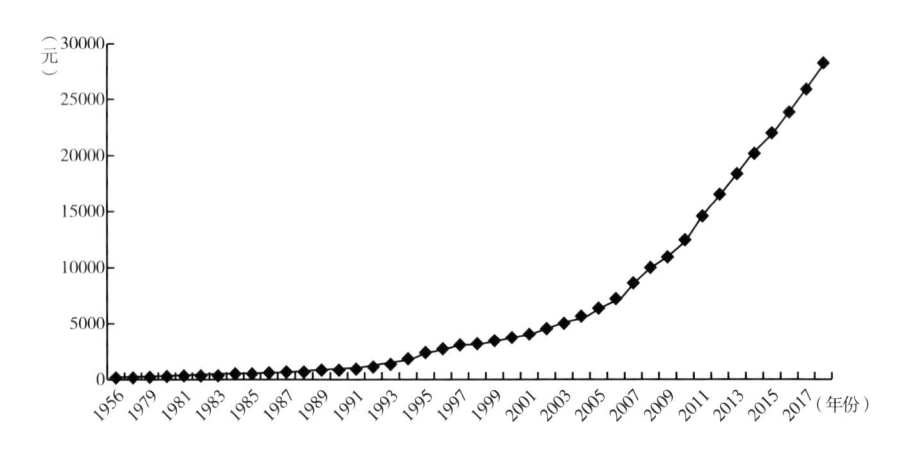

图 8-3 1956~2017 年中国居民人均可支配收入变化情况

资料来源:国家统计局、CEIC 中国经济数据库。

意为此付出更高的费用。而且，除了基本的疾病治疗外，他们还希望能够得到健康管理、疾病预防、疾病筛查等个性化附加服务，这些是公立医疗无法满足的。目前，人们收入水平提高，特别是高收入人群规模的扩大，对医疗的需求提高，但是现在中国医疗市场的发展无法满足高收入人群的需求，这为高端医疗的发展创造了市场条件。

居民收入增长放缓、居民部门高杠杆率对消费的制约持续存在。根据国家统计局数据，近年来，中国居民人均可支配收入稳步增长，如表8-1所示，居民人均可支配收入2018年达到28228.05元，与2013年相比增加了将近10000元。然而，我们可以发现居民人均可支配收入（无论是总体水平还是城镇与农村水平）的增速逐渐下降，这将直接降低居民部门的消费能力。另一个制约消费的因素是居民部门的高杠杆率。居民的债务主要是指房贷、车贷、信用卡透支等消费贷款以及不在官方统计范围里的各种个人贷款，居民部门的杠杆率主要指居民部门债务和GDP之比。如果按照居民债务和GDP之比计算，则中国居民部门杠杆率还低于发达经济体的水平。截至2019年底，中国居民部门杠杆率已经超过60%，在主要经济体中属于中等水平，但几乎是新兴经济体中最高的。居民部门债务过快增长，短期内虽然对需求起到一定的带动作用，但杠杆并没有提升经济增长的长期动力，相反还会对居民消费产生一定的制约作用。

表8-1 2013~2018年居民人均可支配收入一览

单位：元

年份	居民	城镇居民	农村居民
2018	28228.05	39250.84	14617.03
2017	25973.79	36396.19	13432.43
2016	23820.98	33616.25	12363.41

续表

年份	居民	城镇居民	农村居民
2015	21966.19	31194.83	11421.71
2014	20167.12	28843.85	10488.88
2013	18310.75	26467	9429.56

注：从2013年起，国家统计局开展了城乡一体化住户收支与生活状况调查，2013年及以后的数据来源于此项调查，与2013年前的分城镇和农村住户调查的调查范围、调查方法、指标口径有所不同。

资料来源：国家统计局网站，http://www.stats.gov.cn/tjsj/。

（二）供给侧改革效果显著，产业结构持续优化

自供给侧结构性改革以来，"三降一去一补"政策效果显著，产业结构得到了持续优化，具体表现在第三产业稳步扩张、传统行业产能利用率提升和新动能及新业态快速发展。

第三产业稳步扩张，加快经济发展形势转变。如图8-4所示，自1998年以来，第三产业稳步扩张，2018年，我国第一、二、三产业产值占GDP的比重分别为7.2%、40.7%和52.2%。第三产业产值超过GDP的一半，意味着中国已经进入了以第三产业为主的发展时代。此外，在全国就业人员中，第三产业就业人员占比在2011年首次超过第一产业，跃居第一，此后这一比例逐年提高，第三产业已成为吸纳就业的"绝对主力"。一方面，加快发展第三产业是中国经济发展战略的重要组成部分。随着中国的经济规模不断扩大，资源环境压力日益增加，中国亟须转变经济发展方式，企业也需通过提升竞争力实现转型，这些都需要第三产业的支撑。另一方面，第三产业成为第一大产业，意味着中国经济工作的着力点更多地向第三产业转移，应该通过构建良好的制度环境、实施有效的政策措施，进一步促进第三产业持续健康发展。

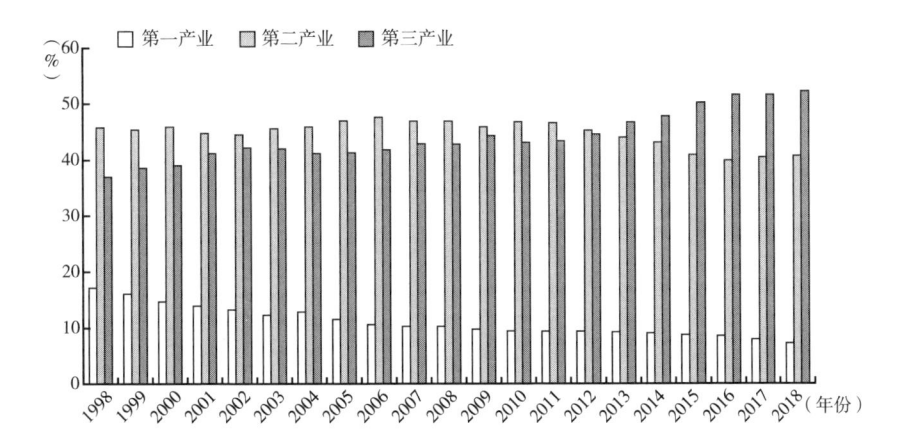

图 8-4 1998~2018 年中国的三大产业占 GDP 比重变化情况

资料来源：国家统计局网站，http://www.stats.gov.cn/tjsj/。

过剩产能去化，传统行业产能利用率提升。供给侧改革重心从"三去"转到"一降一补"，从做减法到做加法。中央经济工作会议指出：必须坚持以供给侧结构性改革为主线不动摇，更多采取改革的办法，更多运用市场化、法治化手段，在"巩固、增强、提升、畅通"八个字上下功夫。要巩固"三去一降一补"成果，推动更多产能过剩行业加快出清，降低全社会各类营商成本，加大基础设施等领域补短板力度。2015 年底，供给侧结构性改革提出以来，我国取得了突出成绩。2016 年，钢铁、煤炭、水泥、电解铝、成品油加工以及尿素的产能利用率分别为 65.4%、67%、75.2%、83.1%、69.1% 和 44.8%，很明显这些行业大部分仍处于"产能过剩"的阶段，但是产能利用率在触底、部分行业出现回升。

新旧动能加速交替，新业态、新产业快速发展。与以往的经济周期相比，2016~2017 年经济复苏一个重要的特色是新动能快速发展，在经济增长企稳的同时，新旧动能转换持续加快。国家统计局披露的动态数据，将新产业、新业态、新产品、新技术、新的服务模式都归结为新动能。从三大产业结构来看，2015年第三产业对GDP的贡献率首次突破50%，并超过第二产业对GDP的贡献率（如表8-2所示）。从需求结构看，2012年以来消费对经济增长的贡献率维持在60%以上，持续高于资本形成对经济增长的贡献率。从新兴产业发展来看，近年来战略性新兴产业、高技术产业的增速持续高于规模以上工业增加值增速，工业机器人、新能源汽车、太阳能发电等新兴工业产品持续保持高速增长，居于列入统计的主要产品增速前列，新产品、新动能持续表现出强劲的增长势头。以网购、移动支付为代表的新业态快速增长。随着"互联网+"更多被提及，垂直电商和企业自建电商平台将成为推动行业转型发展的重要新动能。不过，总的来说，中国仍处于结构调整和动能转换的关键时期，以新经济为代表的新生动力虽然持续较快增长，但短期内还难以对冲传统产业的衰减。综合来看，在环保限产、产能去化背景下，传统产业调整带来的阵痛仍将延续，工业增长仍面临下行压力，这都将对经济增长产生影响。

表8-2 2004~2017年三次产业对中国GDP的贡献率

单位：%

年份	第一产业	第二产业	第三产业
2004	3.1	57.9	40.9
2005	7.4	51.7	44.4
2006	5.3	50.3	46.1
2007	4.4	49.5	47.4
2008	2.7	49.9	46.3
2009	5.3	48.4	44.0
2010	4.1	51.9	39.2
2011	3.6	57.2	43.8
2012	4.2	52.0	44.9
2013	5.2	49.9	47.2
2014	4.3	48.5	47.5

续表

年份	第一产业	第二产业	第三产业
2015	4.7	47.8	52.9
2016	4.6	42.4	57.5
2017	4.3	38.2	58.8

资料来源：国家统计局网站，http://www.stats.gov.cn/tjsj/。

三 高杠杆对宏观政策腾挪空间的约束持续存在

2016年以来，在一系列防风险、去杠杆政策的带动下，宏观杠杆率增长边际放缓，债务风险有所缓解，但高杠杆对宏观政策腾挪空间的约束持续存在。在中央抑制房价增长的基调下，房地产价格大幅上涨势头明显减弱，但2008年以来的过快增长，使得房价结构性泡沫风险仍然存在；与此同时，长期依靠基建投资促进发展的增长方式也面临瓶颈，亟待寻求新的增长方式。

（一）房地产价格大幅上涨势头得到遏制，但结构性泡沫风险仍存

2016年10月以来，在"房住不炒"基调下，各地不断"压实"房地产调控的主体责任，限购、限售、限贷等政策"组合拳"频出，房地产大幅上涨势头得到有效遏制。从百城住宅价格指数来看，自2016年10月之后随着调控政策的趋严，一、二、三线城市房地产价格增长速度明显放缓，总体呈现低位平缓运行态势，房地产价格暴涨势头得到了有效遏制（见图8-5）。

房地产市场结构性泡沫风险依然存在。从2018年国内主要20个城市房价收入比来看，内地20个主要城市房价收入比都大于10倍，按照国际惯例，目前比较通行的说法认为，房价收入比在3~6

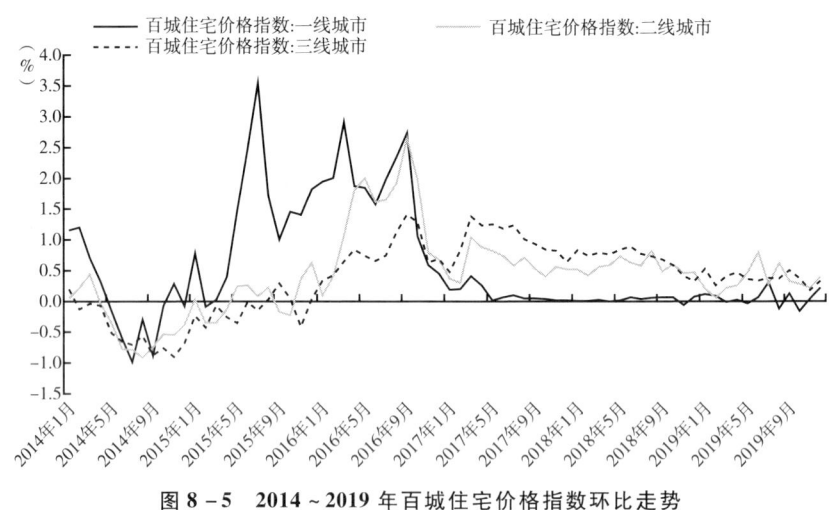

图 8-5 2014~2019 年百城住宅价格指数环比走势

资料来源：国家统计局网站，http://www.stats.gov.cn/tjsj/。

倍为合理区间。但从国内主要 20 个城市 2018 年房价收入比来看，大部分城市房价收入比处于高位。

继续依托房地产带动经济增长将增加中国经济的风险。在中国城市化进程中，房地产部门不断发展壮大，2000 年以来房地产开发投资占全社会固定资产投资的比重一直在 15% 以上。从对经济增长的贡献率来看，2000~2013 年房地产开发投资对经济增长的贡献率尽管存在波动，但多年来基本维持在 10% 以上，这可能掩盖了房地产对经济增长的真实贡献，特别是没有考虑房地产对其他行业的负向影响，从而导致高估房地产对经济增长的贡献率。2019 年 6 月 24 日，中国社会科学院财经战略研究院与经济日报社共同发布的《中国城市竞争力报告 No.17：住房，关系国与家》明确指出，2018 年中国房地产对经济增长净贡献出现了由正转负的拐点。

近些年来，中国出现了住房价格上涨和居民消费水平下降并存的局面，高房价对居民消费的挤出效应持续显现。较高的房价收入比使得居民部门杠杆率快速上升，还贷能力不足使得信贷约束缓解效应下降。首付比要求使得高房价对消费的挤出效应占据了主导地位。2019年第一季度,深圳、三亚、上海、北京的租金收入比分别为54.72%、50.66%、46.98%、45.72%,租金相对于收入而言非常过高。高额的租金支出势必挤出其他消费支出。2017年末,中国住户部门偿债比例为9.4%,这一比例甚至高于通过借贷支撑消费的美国。但美国房价收入比较低,房贷对消费的挤出效应相对较小。而且,由于中国收入分配不平等程度较高,消费倾向较高的中低收入家庭承担的还贷压力更大,还贷支出对消费的挤出效应较其他国家更大。

高房价对企业投资的拉动效应大于挤出效应。房地产是企业融资的重要抵押物,房价上涨有利于缓解企业受到的融资约束,使资源流向投资回报率高的企业。但是,高房价带来的高成本叠加人口红利消失,使制造业等产业的企业投资回报率快速下降,投资转向房地产领域,导致高房价对制造业投资的拉动效应小于挤出效应。2018年末,人民币房地产贷款增量占同期各项贷款增量的39.9%。主要金融机构本外币投向中,房地产中长期贷款余额同比增速明显高于服务业与工业。截至2019年第一季度末,A股3600多家上市公司中,共有1726家上市公司持有投资性房地产。自2019年开始,在房地产开发投资维持高位的同时,制造业投资增速不断下行。

财富分配不平等加剧了中国经济的波动。由于高房价加剧了财富分配不平等,中国只能走出口和投资驱动的经济发展模式,而不是消费与投资均衡的经济发展模式。综合来看,中国经济正在由投资驱动转向消费驱动和创新驱动。但高房价抑制了消费增长和创新创业,不利于中国人口生育率上升和中国经济的转型升级。

(二) 继续依托基建投资稳增长面临地方政府债务的约束

金融危机以来,地方政府通过融资平台等载体举债,带动基建投

稳增长与防风险：中国经济双底线政策的形成与转换

资保持高速增长（见图8-6），成为稳增长的重要力量。基建投资是政府稳增长的重要抓手之一。由于基建投资的大部分资金来源于广义财政，当经济面临下行压力时，政府就会增加财政支出，通过增加基建投资来稳定经济增长。2008年全球金融危机后，为应对金融危机带来的负面影响，国家出台"四万亿元"刺激政策，其中地方政府配套资金为2.82万亿元。2009年3月，《人民银行 银监会关于进一步加强信贷结构调整促进国民经济平稳较快发展的指导意见》出台，提出"支持有条件的地方政府组建投融资平台，发行企业债、中期票据等融资工具，拓宽中央政府投资项目的配套资金融资渠道"。在"四万亿元"配套资金需求、国家政策支持、地方政府收支存在缺口等多因素推动下，地方融资平台呈现爆发式增长。地方融资平台数量与债务规模均呈现翻倍式增长。2008年上半年，全国融资平台约为3000家，贷款余额约为1.7万亿元。2010年末，融资平台数量已升至6576家。审计署统计结果显示，融资平台债务中政府负有偿还责任的债务已达到4.08万亿元。截至2013年6月底，全国融

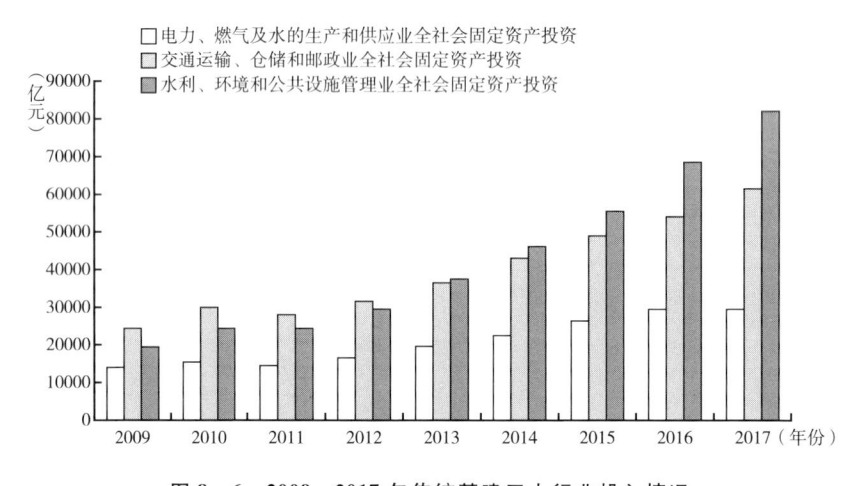

图8-6 2009~2017年传统基建三大行业投入情况

资料来源：国家统计局网站，http://www.stats.gov.cn/tjsj/。

资平台债务余额达到6.97万亿元，较2010年底增长40.22%。同期，随着直接融资渠道的快速发展，融资平台公开市场债券融资规模快速攀升，2012～2016年城投债净融资额年均达到1.18万亿元。

"四万亿元"刺激政策虽然在助力积极财政政策、稳定基建投资与促进就业方面发挥了重要作用，但是也带来了企业投资效率降低、地方政府债务规模增加等负面影响。特别是，土地开发收益的下降，使吸收了大量贷款的地方融资平台积累了极高的信贷风险。因此，随着经济高质量增长要求的提出和地方政府收支压力的增加，地方融资平台信贷风险开始引发关注，国家出台《财政部关于坚决制止地方政府违法违规举债遏制隐性债务增量情况的报告》《关于进一步增强企业债券服务实体经济能力严格防范地方债务风险的通知》等一系列政策对地方融资平台融资进行规范。对地方政府通过融资平台隐性举债监管的收紧增加了对地方政府资金来源的约束，这将在一定程度上增加基建的压力。

总而言之，地方政府通过融资平台等载体举债，带动基建投资保持高速增长，为经济的稳定发展提供了充足的动能，随着中国经济迈向高质量发展阶段，通过举债、大搞基建带动经济增长的方式逐渐束缚了经济的高质量发展。尤其是在地方政府隐性债务风险凸显背景下，政策对地方政府债务监管趋严，对基建投资资金来源约束加大，依托基建稳增长的思路面临较大约束。

四 人口红利继续弱化，环境约束进一步加大

（一）人口红利逐渐消失，劳动力市场迎来刘易斯拐点

改革开放40年以来，人口红利成为中国经济增长奇迹的主要贡献因素之一。人口红利的贡献主要表现在三个方面：人力资本质量的改善、资本积累率的提升和生产率的进步。从劳动力角度看，1980～

2010年的劳动年龄人口每年以1.8%的速度增长,而相对的依赖性人口每年以0.2%的速度减少,在此情况下,供给丰富的劳动力市场使企业的用工成本低廉,同时竞争激烈的劳动市场和持续增长的劳动人口又使整个劳动力市场的人力资本质量得到进一步的提高。从资本角度看,劳动年龄人口多、人口抚养比低的人口结构有利于储蓄,因此改革开放初期具有比较高的居民储蓄率。劳动力供给充足,也会延缓资本报酬递减现象的发生,因此,在这个时期储蓄率高,资本积累率高,回报率也高,资本成为经济增长的一个重要的贡献。从生产率角度看,改革开放政策引致了大范围的资源重新配置,劳动力从生产率低的产业(或区域)流向生产率更高的产业(或区域)。随着持续的低生育率,中国劳动年龄人口规模在2013年达到峰值后开始下降,老年人口比重持续上升,总抚养比逐步升高。社会老龄化加速,结婚率和出生率下滑,加剧了市场对于中国"人口红利消失"的担忧。虽然人口红利仍然存在,但是中国的人口红利渐失的趋势日益明显,劳动力市场迎来刘易斯拐点。

老龄化趋势日益突出。如图8-7所示,截至2018年底,中国60岁及以上老龄人口达到2.49亿人,占总人口的比重为17.9%,其中65岁及以上老龄人口为1.66亿人,占总人口的比重为11.9%,这表明中国已经进入了老龄化社会。中国老龄人口的增速已经远超人口增速。此外,老龄人口所占比重连年增长,2018年,中国65岁以上人口增速为5.7%,较2016年增长了约827万人。与此同时,近几年,中国结婚登记人数持续下降,虽然总体数量仍然不少,但更值得关注的是结婚率和离婚率走势的背离,这意味着单身的人数增加。除了结婚率下滑以外,如图8-8所示,中国出生率已经在低位徘徊十几年,随着适龄人口的减少和生活成本的提高,全面放开生育限制也难以从根本上改变出生率低迷的问题。这将导致多方面的问题。首先,日益突出的老龄化给社会增加了养老负担。独生子女政策使老年人口抚养比不断上升,"四二一"形式的家庭结构使独生子女对赡养老人力不从心。老年人口占劳动力人口的比例不断提高,一方面使单位劳动人口赡养老人的压力不断加大,另一方面对社会养老金的支付也造成巨大压力。其次,出生率低迷将导致未来劳动年龄人口占比下降,人口

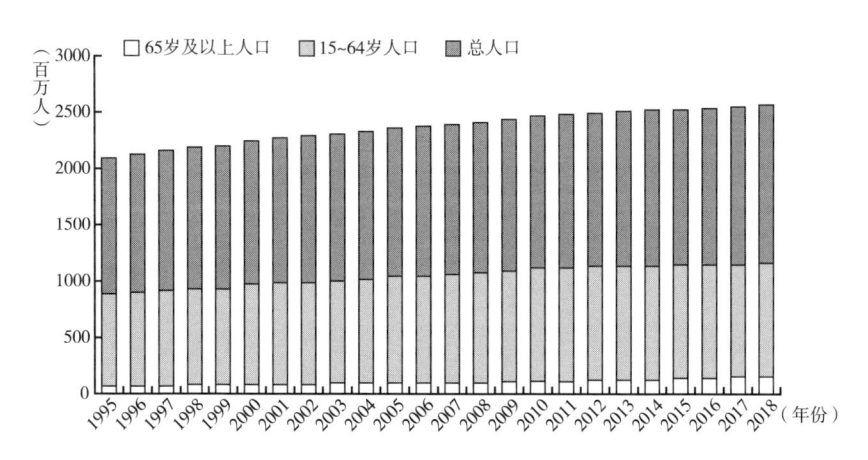

图8-7 1995~2018年中国人口数量变化情况

资料来源:国家统计局、CEIC中国经济数据库。

图8-8 1957~2017年中国人口变动情况

资料来源:国家统计局、CEIC中国经济数据库。

抚养比上升,这意味着人口红利逐步消失、社会老龄化程度加重。最后,人口年龄结构的变化将影响消费结构,而消费结构又决定了经济发展结构,人口红利的消失会导致经济增长速度放缓,养老负担加重。

劳动力质量提高,"人口红利"向"人才红利"逐步过渡。人口红利的减少意味着一国经济发展必须从依靠廉价劳动力转型成依靠科技研发,发展高端制造业是未来转型必经之路。随着劳动力供给总量持续萎缩,劳动力成本将日益上升,部分制造业已经开始并将继续向东南亚、印度等地迁移,这反映出人口红利逐渐消失对中国固有经济发展方式提出了严峻的挑战。但是值得高度关注的是,中国的教育和培训体系每年为社会培养输送的高素质劳动者数以千万计,特别是20多年前开始的高等教育大规模扩招,使高等教育毛入学率大幅度提高,劳动者的平均受教育年限大幅度增加,并带动了初等教育、中等教育和职业教育的大发展。此外,近几年的高校毕业生和归国留学生数量不断创历史新高,未来若干年高端人才的供给规模将延续下去。从根本和长远来说,每年数以百万计的高校毕业生将是未来创新的重要源泉,是推动经济转型升级和高质量发展的重要力量。据统计,中国现有1.7亿名受过高等教育和拥有技能的人才,有世界上规模最大的科技人才队伍。"人口红利"转向"人才红利"将是未来一段时间中国经济持续发展的重要动能。

(二) 中国经济迈向高质量发展,资源、环境约束压力进一步增加

党的十九大报告明确指出,"中国特色社会主义进入新时代,我国社会主要矛盾已经转化为人民日益增长的美好生活需要和不平衡不充分的发展之间的矛盾"。中国经济发展转向高质量发展阶段,中国经济的发展必须是科学发展,必须坚定不移贯彻创新、协调、绿色、

开放、共享的发展理念。

改革开放以来，中国用几十年的时间快速完成了其他国家几百年才完成的发展任务，成为世界第二大经济体，创造了惊人的奇迹。但与此同时，长期粗放式、压缩式发展也带来了一系列的矛盾和问题，中国经济开始转向高质量发展，对资源可持续利用、保护环境提出更高的要求。同时资源枯竭问题日益显现，尤其是资源枯竭型城市在产业结构、经济发展、环境保护和社会稳定方面都面临较大的转型挑战。经济发展过度依赖粗放式的资源开发和利用，容易带来产业结构单一、经济发展动力不足、政府财力薄弱等问题，进而导致社会矛盾突出、资源破坏严重和生态环境恶化。值得高度关注的是，多数资源枯竭型城市存在对自然资源掠夺式、粗放式开采和利用的情况，造成严重的环境问题，如水土污染、土地沙化、地表塌陷等。在中国经济高质量发展要求下，随着资源枯竭问题带来的负面影响日益凸显，对资源的可持续利用被提上经济发展的重要议程。为促进资源的可持续利用、保护生态环境系统，近年来国家环保政策密集出台，环境措施力度加大。一方面，环保政策密集出台，环保督查实现全面覆盖。以《中共中央 国务院关于加快推进生态文明建设的意见》为开端，环保部、国家发改委、工信部等相关部委已经累计出台数十项环保相关文件，并建立相关的环保督查队伍。另一方面，各地纷纷出台措施加大环保力度。2017年以来，多个省（自治区、市）陆续出台方案，通过清理整顿环保不达标企业、错峰生产、减少能源消耗等方式持续加大环保力度。

五 内外环境变化，宏观调控需要新思路

面对外部不确定性上升、经济运行中的结构性问题不断凸显、高

稳增长与防风险：中国经济双底线政策的形成与转换

杠杆约束和人口红利持续弱化及环保压力不断增加的新形势，中国宏观调控需要稳增长和防风险的新思路。

针对经济运行中的结构性问题，需要注重政策的结构性调整，同时也需要供给侧结构性改革与需求管理并进。经济运行中的结构性问题包括需求结构问题和产业结构问题。从需求结构来说，居民消费升级与供给不匹配问题依然存在，持续升级的居民消费需求难以得到充分满足，居民收入增长放缓，居民部门高杠杆率对消费形成一定的制约。另外，从产业结构来说，虽然供给侧结构性改革效果显著，产业结构持续优化，但是新动能对经济增长的支撑力度不足，经济增长对传统动能的依赖仍然较大。针对需求结构和产业结构凸显的问题，需要注重政策的结构性调整，同时也需要供给侧结构性改革与需求管理并进。

高杠杆约束下，宏观调控要寻求稳增长与防风险的平衡，而非单一稳增长或防风险。2016年以来，在一系列防风险、去杠杆政策的带动下，宏观杠杆率增长边际放缓，债务风险有所缓解，但高杠杆对宏观政策腾挪空间的约束持续存在。一方面，房地产价格大幅上涨势头得到遏制，但结构性泡沫风险仍存在，继续依托房地产投资拉动经济增长将挤出其他实体产业，增加中国经济的风险。另一方面，金融危机以来，地方政府通过融资平台等载体举债，带动基建投资保持高速增长，成为稳增长的重要力量，然而随着地方政府隐性债务风险凸显，中央对地方政府债务监管趋严，对基建投资资金来源的约束加大，这要求宏观调控要做好稳增长与防风险的平衡。

面对人口红利的持续弱化和环保压力的增加，要将短期稳增长、稳就业与长期调结构、调发展方式有机结合。一方面，虽然计划生育政策放开，但老龄化问题将在长时间内困扰中国经济发展，中国的劳动力市场已经在2010年左右迎来刘易斯拐点，结构性就业问题持续存在，中国的人口质量有所提升，但能否转变为"人才红利"仍需观察，现阶段短期内要更加关注稳增长和稳就业。另一方面，中国经济转向高质量发展，环境约束的加强在一定程度上增加了经济增长的压力，现阶段制定长期政策要更加关注调结构和调发展方式。

第九章　宏观调控的重中之重：债务风险和金融稳定

在经济短周期内，增加债务是刺激经济增长的有效方式之一。政府部门的债务扩张有助于扩大基建规模、增强政府购买力；企业和居民部门债务水平的适度提高有助于扩大生产、需求，增加投资和消费，进而促进经济增长。但随着债务规模的持续扩张，金融系统的不稳定性也随之提高。同时由于金融领域与经济运行存在高度的顺周期性，繁荣期相互提升，而萧条期则相互拖累，金融体系的不稳定极易放大实体经济的波动风险。当前，中国经济处于下行周期内，宏观杠杆率水平较高，并面临债务风险局部释放的压力，需警惕债务问题引发经济危机的风险。在此背景下，有效化解债务风险，从本质上维护金融系统稳定、防范系统性风险，已经成为中国宏观调控必须关注的重点。

一　中国债务风险的成因：2008年金融危机后各部门轮番加杠杆

2008年金融危机后的10年间，中国债务总体呈增长势头。分阶段来看，债务的快速增长主要集中在2008～2016年，在此期间，非金融企业部门、政府部门、居民部门轮番加杠杆，持续推高宏观杠杆率。

（一）"债务—投资"驱动经济增长的模式推动企业部门杠杆率攀升

从2008年下半年开始，为了应对全球金融危机带来的冲击，中国启动了"四万亿元"投资计划，并实行宽松的货币政策和积极的财政政策，中国经济由此进入"债务—投资"驱动模式。本轮经济刺激政策带动了基建投资的快速增长。为保证大规模基础设施建设对资金的需求，中国人民银行与银监会支持有条件的地方政府组建投融资平台，背靠地方政府信用的融资平台债务快速增长。截至2009年末，非金融企业部门杠杆率达到116.9%，较2008年末大幅提高23个百分点。

（二）影子银行和融资平台债务膨胀，政府部门债务率增长迅速

随着基建投资规模的上升，银行贷款、债券等传统融资渠道逐渐不能满足融资平台的资金需求。2012年以来，随着利率市场化的持续推进，存款脱媒促使大量资金流向影子银行，如信托、基金子公司、P2P平台等。此外，商业银行为规避监管将表内业务转移到表外，通过表外理财、银信合作等形式为地方融资平台提供资金支持。影子银行的发展进一步推动了融资平台非标准化债务的增长。截至2013年6月底，全国融资平台债务余额达到6.97万亿元，较2010年底增长40.22%；同期，伴随直接融资渠道快速发展，融资平台公开市场债券融资规模快速攀升，2012～2014年，城投债累计净融资额达到3.2万亿元。融资平台背靠地方政府信用，如果将其纳入地方政府隐性债务考量，则以影子银行、融资平

台为特征的加杠杆周期实际上反映的是地方政府债务尤其是隐性债务的快速膨胀。

(三) 房地产市场升温,居民加杠杆买房导致居民部门快速加杠杆

从2015年下半年开始,在全国房地产行业"去库存"的大趋势下,中国的房地产交易市场持续回暖,一、二线城市交易量暴涨,带动房价持续飙升,居民加杠杆买房的热情高涨,居民部门杠杆率快速攀升。2016年底,居民部门杠杆率攀升至50.6%,较2014年底提高10.5个百分点。

从总体上看,在2008~2016年的债务周期上行期,长时间相对宽松的货币环境和影子银行的快速膨胀,导致宏观杠杆率不断攀升,债务风险不断累积,与此同时,大量资金在房市、债市、股市伺机流动,催生了资产泡沫。截至2016年末,中国非金融部门总杠杆率为264.6%,较2008年底的139%增加超过125个百分点。

二 中国宏观债务风险现状:债务结构严重失衡,付息压力较大

中国债务风险明显集中于非金融企业部门,而非金融企业部门的债务又主要聚集在国有企业,存在明显的结构性失衡。同时,由于历史原因,地方政府融资平台为融资主体的隐性债务规模较大,中国广义政府债务率水平较高,地方政府面临一定的债务压力。从居民部门来看,中国居民部门杠杆率的过快增长也值得高度关注。另外,中国债务融资成本偏高,随着债务规模的攀升,利息负担较为严峻。

（一）非金融企业尤其是国有企业债务水平高企

非金融企业部门债务率的高企是中国债务率不断攀升的决定性因素。2008年以来，中国非金融企业部门债务占总债务比重持续提高。截至2018年底，中国非金融企业部门债务总量达到155.3万亿元，占总债务比例高达63%（见图9-1）。在非金融企业部门中，国有企业的债务水平尤其高。据中诚信国际的统计，截至2018年底，仅发行债券的国有企业有息债务占非金融企业部门总债务的比例就高达61.4%；其中，发债口径融资平台有息债务占非金融企业部门总债务的比例已经超过20%，达到21.8%（见图9-2）。

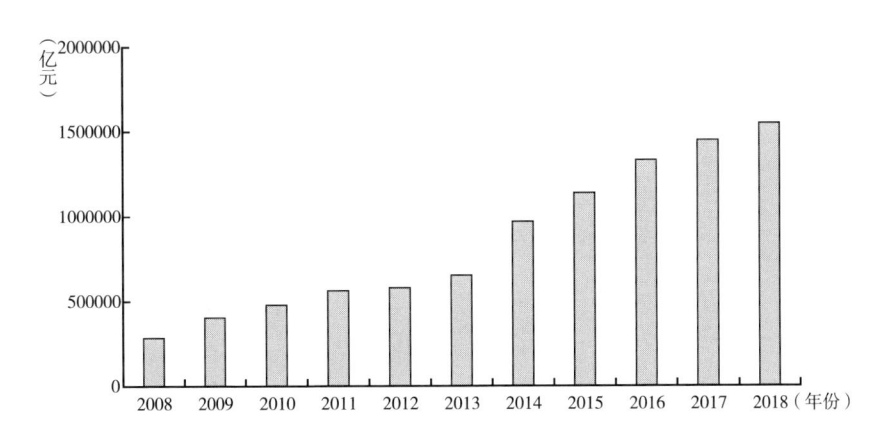

图9-1　2008~2018年非金融企业部门总债务变化情况

资料来源：中诚信国际宏观利率数据库，根据中国人民银行、财政部、各地方政府等网站的相关数据测算。

从全球杠杆率的比较来看，中国非金融企业部门杠杆率已经居于全球前列，并超越部分国家金融危机前的水平。截至2018年末，非金融企业部门杠杆率已经达到169.0%，虽然较2017年底回落7.1个百分点，但已经远高于全球平均水平以及新兴市场国家平均水平，位居世界第一。从历史比较来看，非金融企业部门这一杠杆率水平也已经远

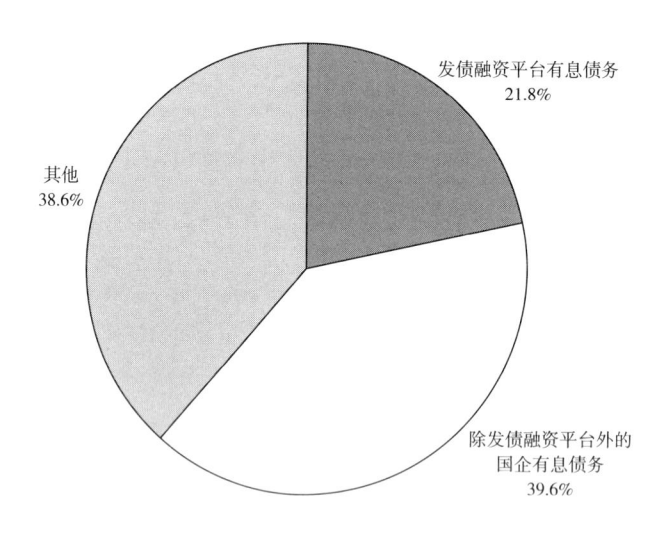

图 9-2 发债国企有息债务占非金融企业部门债务比重

资料来源：中诚信国际宏观利率数据库，根据中国人民银行、财政部、各地方政府等网站的相关数据测算。

高过墨西哥比索危机前、泰国金融危机前、美国金融危机前、西班牙金融与经济危机前的非金融企业部门杠杆率（见图9-3）。虽然各国国情不同，且不少国家的债务危机也并不是由非金融企业部门的债务危机引发的，如2008年金融危机主要是由居民部门债务危机引发、墨西哥比索危机主要源于外债危机等，与非金融企业部门债务相关性相对较小。但非金融企业部门杠杆率水平过高，非金融企业部门债务风险的发酵会使整个金融体系产生连锁反应，有可能引发系统性的金融危机。因此，中国非金融企业部门债务水平依旧值得高度警惕。

（二）广义政府债务率较高，地方政府面临一定的偿债压力

中国地方政府显性债务风险总体可控，隐性债务风险较为突出。根据全国各省财政决算报告及相关测算，2018年，中国地方政府显性债务规模达18.4万亿元，地方政府负债率20.4%，若加上中央政府债务余额14.96万亿元，中国政府债务负债率为37%，低于欧盟60%的

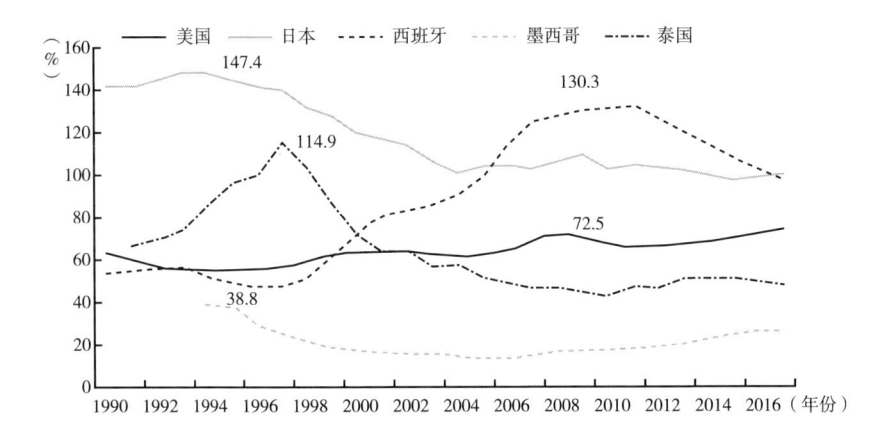

第九章　宏观调控的重中之重：债务风险和金融稳定

图9-3　1990~2016年相关国家发生经济或金融危机时期
非金融企业部门杠杆率变化情况

资料来源：国际清算银行。

警戒线，以直接债务为主的显性债务口径下中国地方政府风险水平相对较低；但以地方政府融资平台为融资主体的隐性债务较为突出，2018年隐性债务为27.5万亿~40.0万亿元，是显性债务的1.49~2.17倍，含隐性债务的负债率跃升至72%~83%，大幅高于发展中国家平均水平。相比显性债务，隐性债务快速增长且偿还具有不确定性，正逐渐成为中国地方政府面临的中长期风险。

（三）居民部门杠杆率持续攀升

出于对房地产泡沫化的担忧，2016年10月及以后多个城市陆续出台了多轮房地产调控政策，打出限购、限贷组合拳，中央高层会议也多次强调"房住不炒"，并着手建立房地产调控长效机制。不过，由于房地产调控政策效果的显现存在一定时滞，居民部门杠杆率仍保持快速攀升态势，2017年底攀升至54.9%，2018年由于GDP增长放缓，居民部门杠杆率再度被动攀升至57.5%。横向比较来看，中国居民部门杠杆率相比于英、美、日等发达国家仍处于较低水平，但与近年来英、美、日等国家和地区居民部门杠杆率缓慢增长甚至回落的态势相比，中国居民部门杠杆率的过快增长值得高度关注（见图9-4）。

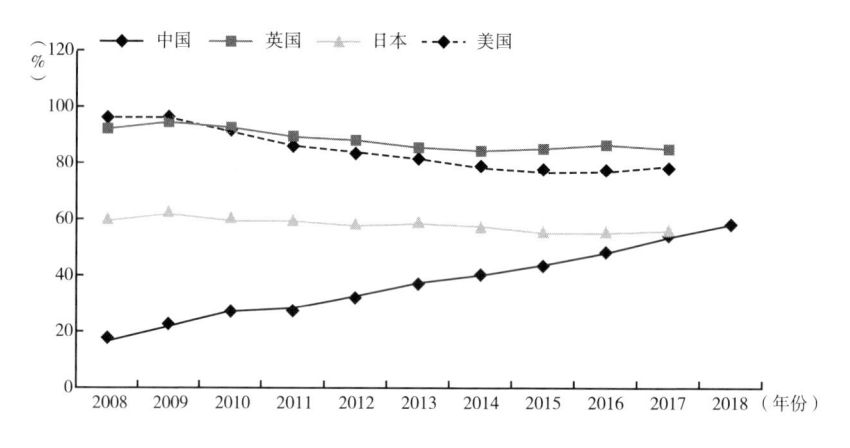

图9-4 2008~2018年各国居民部门杠杆率变化情况

资料来源：中诚信国际宏观利率数据库，根据中国人民银行、财政部、各地方政府等网站的相关数据测算。

（四）融资成本偏高，利息负担加重

金融危机以来，美国、日本、英国、欧盟等主要经济体的货币当局维持宽松的货币政策，持续推行零利率、负利率政策。在全球低利率的环境下，尽管中国利率中枢也整体有所下移，但仍高于美国、日本、德国等主要经济体，中国并不具有发达国家低成本的债务融资优势。以10年期国债到期收益率为例，2018年末，中国的利率水平约为3.22%，较美国和英国分别高约50个基点和188个基点，较日本、德国高出290个基点以上（见图9-5）。相对高的利率水平给中国带来了沉重的付息压力。根据央行公布的2018年12月金融机构加权平均贷款利率，结合同时期发行的债券发行利率水平，可以估算出中国所负担债务的年利息支出约为 12.83 万亿元，约占 2018 年 GDP 的 14%。[①] 在融资成本较高的环境下，中国持续扩张的债务规模又同时面临沉重的付息压力，债务风险进一步提升。

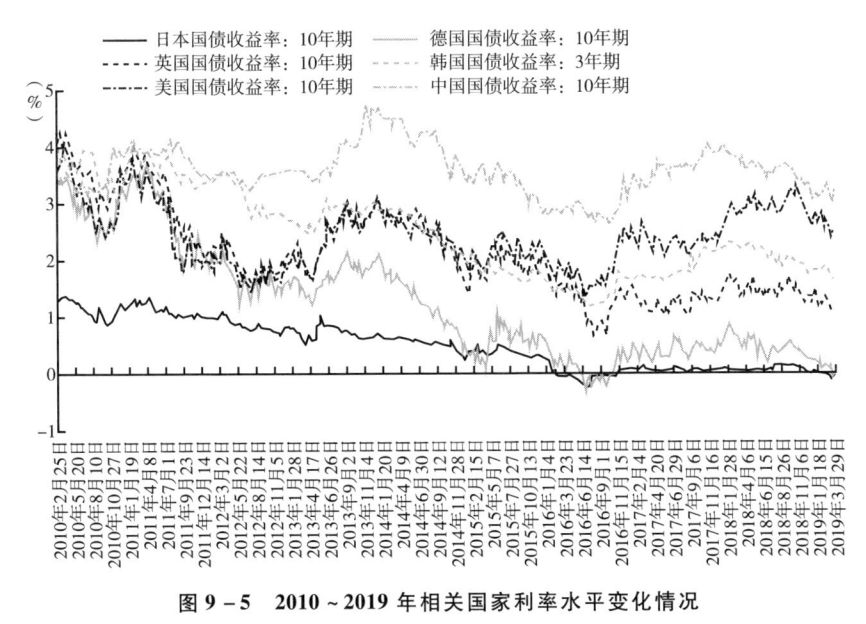

图 9-5　2010～2019 年相关国家利率水平变化情况

资料来源：Wind。

三　中国债务风险存在的隐患及对危机传导路径的逻辑分析

较高的债务水平以及失衡的债务结构导致中国的债务风险不断增

[①] 央行公布的 2018 年 12 月金融机构贷款平均利率水平为 5.63%，同期利率债、信用债的加权平均发行利率约为 3.00% 和 5.00%。假设总债务中仅包括金融机构贷款和债券，截至 2018 年末，利率债（包括国债、地方债）和信用债存量规模分别为 32.97 万亿元和 22.86 万亿元，总债务规模中扣除这两部分后可得到金融机构贷款规模为 190.03 万亿元，将利率债、信用债和金融机构贷款的规模分别乘以相应的利率后加总，可估算出债务的年度利息规模为 12.83 万亿元，约占 2018 年全年 GDP 的 14%。

加。本部分将首先根据美国经济学家明斯基的"金融不稳定性假说"来说明近几年国内债务的快速扩张导致整体经济与金融系统脆弱性不断上升,债务风险隐患逐渐显现;接着回顾近几年市场信用风险的演变,进一步论证国内债务风险的加速释放趋势已经对金融市场产生一定冲击;最后讨论在当前的内外部经济政策环境下,触发债务危机的几条传导路径。

(一)投机性融资及庞氏融资占比较高,债务风险隐患逐渐显现

在宏观经济理论中,美国经济学家海曼·明斯基(Hyman Minsky)提出的"金融不稳定性假说"格外重视债务扩张对金融脆弱性的影响。根据该假说,"经济在稳健与脆弱的融资结构之间来回摆动,发生金融危机的前提则是危机前存在一个脆弱的融资结构"。明斯基将债务融资分为三类:第一类是对冲性融资,即债务人的现金流能覆盖利息和本金,这是最安全的融资行为;第二类是投机性融资,即债务人的现金流只能覆盖利息,这是一种利用短期资金为长期头寸进行融资的行为;第三类为庞氏融资,债务人现金流不能覆盖利息和本金,债务人只能靠融资所形成的资产升值、变现后带来财富的增加来维持自己对资金提供方的承诺,如果资产不能升值,那么只能将债务继续维持下去,这势必呈现很高的财务风险,一旦资金链断裂,不仅债务无法偿还,而且借款所形成的资产的价格也会出现暴跌,从而引发金融动荡和危机。因此,投机性融资与庞氏融资所占比重越大,经济的总安全边界就越小,融资结构的脆弱性就越大。

从中国的情况来看,2008年以来在"信贷—投资"驱动模式下,非金融部门总杠杆率已经从2008年的不到150%,上升为2018年的265.8%。2018年企业还息的规模将高达GDP的14%,在整个社会

融资总额中占比超过60%。由此可见，社会融资规模中有很大一部分是用来还本付息的，而不是进行投资。这可能意味着，从整体上而言，中国国内融资结构中投机性融资者及庞氏融资者的比重已经远远超过了对冲性融资者。中国"债务—投资"增长模式的运行机制也因此有所改变，经济实体逐步步入"借新还旧"—"借新还息"—"资产负债表恶化"的困境中。

分部门来看，具体情况如下。

（1）居民部门整体上属于对冲性融资者。2008～2018年，居民部门人均债务以年均超过23%的速度快速增长，而同期居民人均可支配收入年均增速约为10%，这意味着居民部门收入对其债务的保障程度呈现逐年下降趋势（见图9-6）。不过至2018年，人均可支配收入仍高于人均债务规模，说明居民整体收入可以覆盖已有的债务，属于对冲性融资者。

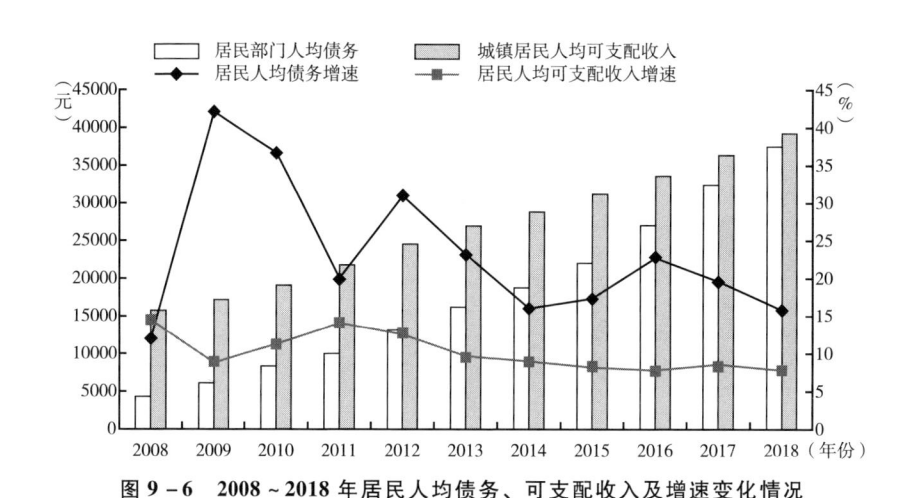

图9-6 2008～2018年居民人均债务、可支配收入及增速变化情况

资料来源：中诚信国际宏观利率数据库、国家统计局。

（2）非金融企业部门以投资性融资者为主，但有相当一部分为庞氏融资者。在发债的境内非金融企业中，2015～2017年末现金到期债务比小于1的企业占发布财报的发债企业的比例逐年上升，2017年末超过40%；现金流量利息保障倍数小于1的发债企业占比2017年末约为46%（见图9-7）。从2018年半年报来看，虽然两类企业占发布财报的发债企业的比例较上年同期有所回落，但主要是发布半年报发债企业总量增加更多导致的，两类企业总数同比仍然呈增加态势。由此可以看出，国内非金融企业中有相当一部分为庞氏融资者，

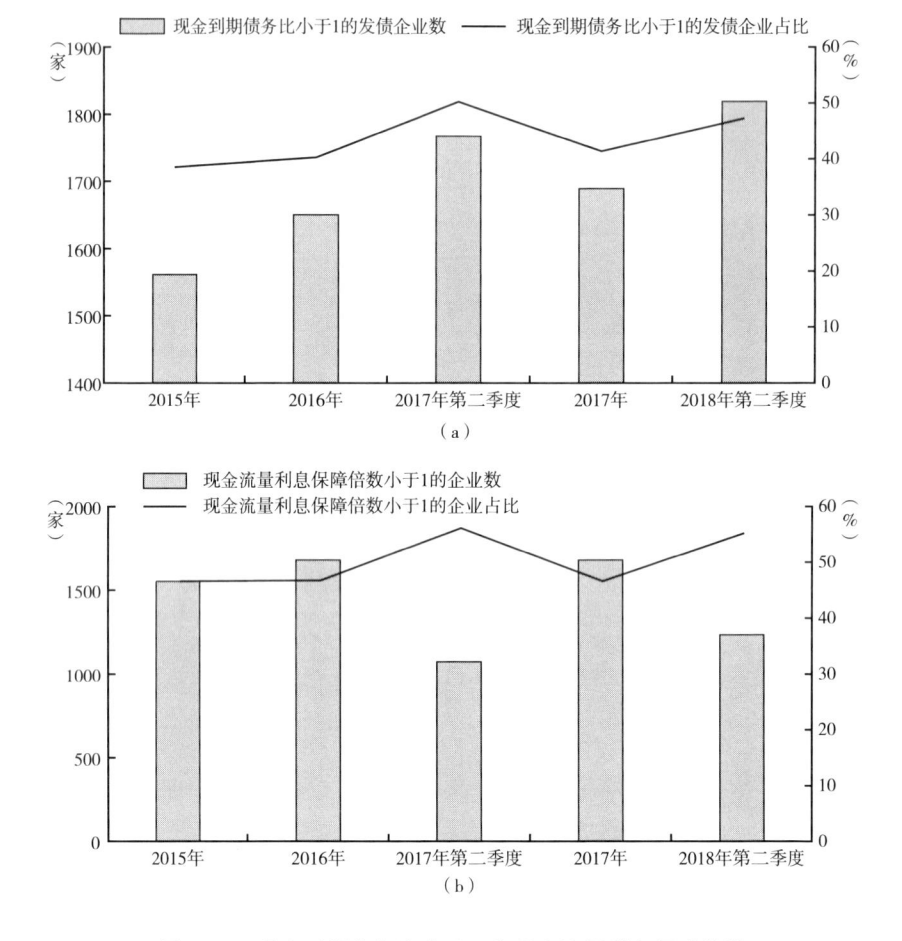

（a）

（b）

图9-7 现金到期债务比小于1和现金流量利息保障倍数小于1的企业数及占比变化情况

资料来源：Wind。

且数量呈增加趋势。当前的宏观经济走弱压力仍存，经济运行中不确定性因素增多，企业利润增长承压，经济运行的微观基础可能弱化，增加了企业的内部现金流压力，尤其是在投机性投资者和庞氏融资者占比较高的情况下，企业信用风险集中爆发有可能加剧风险从非金融企业部门向金融体系传导的可能性，甚至引发系统性金融风险。

（3）从政府部门来看，2017年全国财政收入17.3万亿元，当年政府性债务余额①超过38万亿元，假定短期债务占比超过50%，则政府部门的财政收入就无法覆盖其当期应付债务，此时政府部门也将成为投机性融资者。2015年以来实施了地方政府债务置换，即将地方政府短期且成本较高的债务置换为更长期、更低成本的债务，与此同时，政策层面也鼓励城投企业将其业务向市场化转型，增强自身的创收能力，这在某种程度上将延缓或改善政府部门由对冲性融资方式向投机性、庞氏融资方式转变的趋势。

从上述分析可以看出，在总债务占据较高比例的非金融企业部门是以投机性融资方式为主，其中还有相当比例是庞氏融资方式，这反映出国内金融体系的脆弱性正在逐步上升。

（二）债务风险开始暴露，并对金融市场产生一定的冲击

近年来，随着经济增速放缓，实体经济越来越难以承受体量过大的债务规模。债务风险开始逐步暴露，并在局部市场加速释放。

从债券市场来看，自2014年3月"11超日债"利息违约打破刚性兑付的神话后，公募债违约风险加速暴露。据统计，截至2018年末，公募市场累计有144只债券发生实质违约，违约金额近1300亿元人民币。从趋势来看，公募债券违约规模波动上升，2018年全年违约公募债券达到

---

① 包括地方政府可能承担的或有债务。

稳增长与防风险：中国经济双底线政策的形成与转换

88只，规模近800亿元，超过累计违约金额的一半。私募债市场上，由于信息的非公开性，较难统计完全已发生的违约事件，但从公开渠道披露的违约事件来看，2014~2018年，私募债暴露出来的违约只数由6只上升到37只，违约规模由不到2亿元上升至187.32亿元。截至2018年末，累计已有111只私募债发生违约，违约金额近400亿元（见图9-8）。值得注意的是，私募市场上已经出现了资产证券化产品优先档的违约，尽管违约规模相对较小，对市场的冲击有限，但也在某种程度上说明基础资产信用质量的恶化已经逐步向衍生金融产品传导。

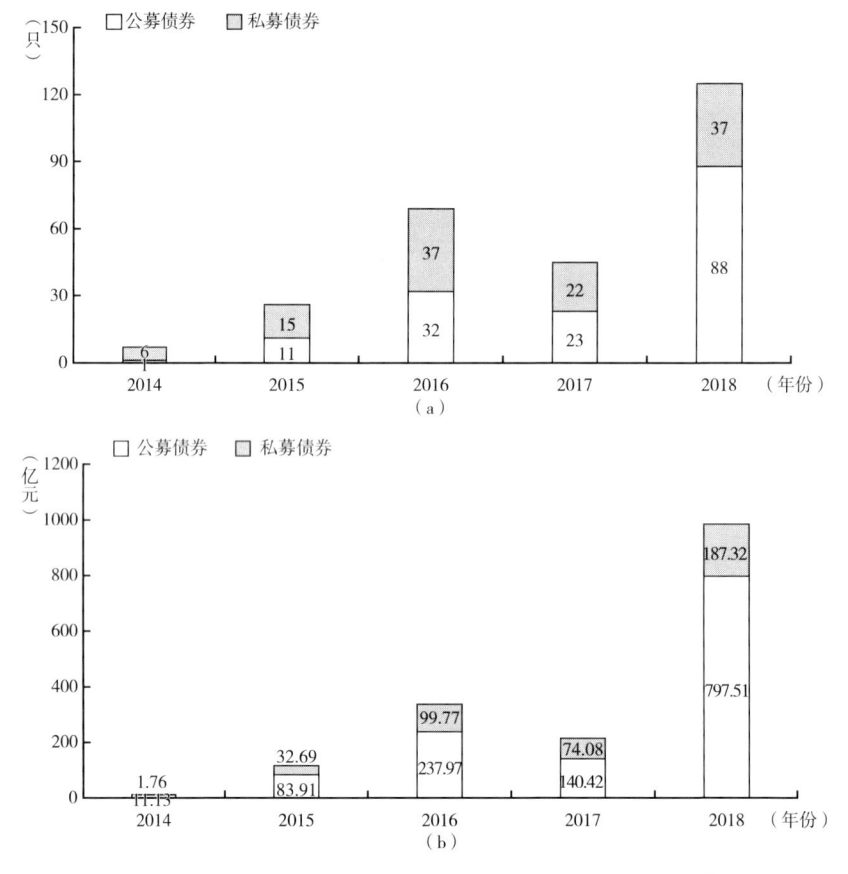

图9-8 2014~2018年债券市场债券违约数量及规模变化情况

资料来源：中诚信国际违约数据库，根据市场公开信息整理。

第九章 宏观调控的重中之重：债务风险和金融稳定

除了违约债券只数及规模呈现加速扩张的趋势外，发生违约的主体范围也越来越广。最初违约的对象主要集中在中小企业和民营企业上，而自2015年4月21日，保定天威集团未能按期兑付"11天威MTN2"利息，成为首家违约的国有企业后，发生违约的国有企业数量开始增加。从2018年开始，受外部融资环境整体收紧、交易所市场面临债券回售及到期高峰的影响，民营企业尤其是上市公司债券违约事件明显增多。截至2018年末，公募市场累计有113家违约主体，民营企业共计93家，其中上市公司22家。从违约主体所处行业来看，2016年及以前，违约主体主要分布于煤炭、钢铁和光伏等产能过剩行业，这一方面与宏观经济下行压力下产能过剩、企业经营压力加大有关，另一方面供给侧结构性改革的发力也使得去产能效果显现，部分处于周期性行业尾部主体的风险加速暴露。从2017年开始，违约主体所处的行业呈现由周期性行业向非周期性行业、由上游行业向中游行业扩展的趋势。除产能过剩行业有主体发生违约外，其他如食品加工、医药、餐饮、房地产、光伏、农业等行业均有主体涉及。可以看出，债券市场已经进入违约多发期。

信贷市场及非标类债务市场由于其非公开的属性，无法准确评估违约的规模。但无论从银监会公布的不良贷款余额及不良贷款率，还是从市场暴露出越来越多的企业贷款逾期或信托兑付危机来看，这两个市场上的债务风险也值得警惕。数据显示，2012年以来，商业银行的不良贷款余额及不良贷款率均呈快速上升趋势，特别是2014年以来，商业银行的不良贷款余额及不良贷款率增长速度明显加快。截至2018年末，商业银行的不良贷款余额增加至2.03万亿元，其中2014年以来增加了1.43万亿元，不良贷款率也由2012年的1.00%上升至2018年的1.83%（见图9-9）。与之相对应，企业贷款逾期问题也逐步暴露。2014 年以来，越来越多的企业因为贷款逾期遭遇级别下调，其中包括一些产能过剩行业的国有企业。

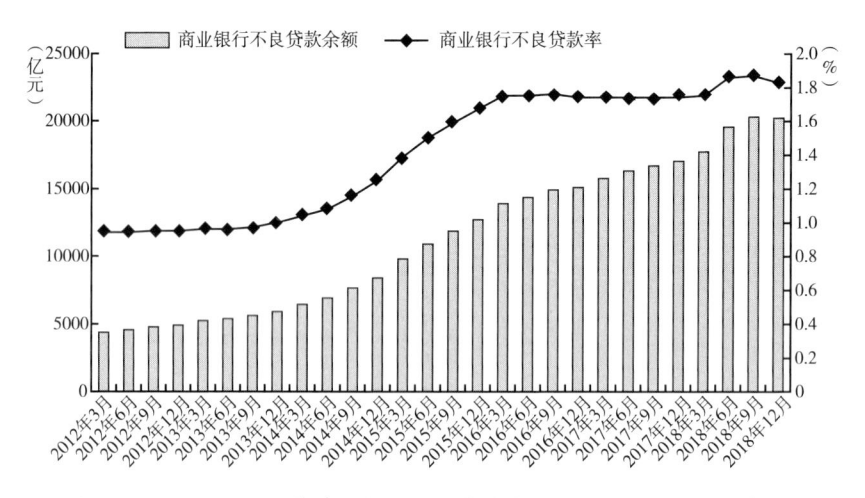

图 9-9 2012~2018 年商业银行不良贷款余额及不良贷款率变化情况

资料来源：中国银行保险监督管理委员会统信部：2012~2018 年《银行业监管统计指标季度情况表》。

而在非标类债务市场上，2013 年就陆续曝出兑付危机，也正是因为对非标债务市场风险的担忧，2018 年监管机构对非标业务的整顿持续深入。由于非标债务资金中有相当一部分是投入了城投企业的基建项目，因而 2018 年城投企业非标债务信用风险呈现加速暴露态势，全年共发生 19 起信用事件。结合近年来面临债券兑付的城投发行人的信用资质及财务表现，以及打破刚兑、规范资金池的监管思路，预计未来城投企业非标信用风险事件仍将有所增加，需警惕城投债因交叉违约条款引发非标债务违约风险向城投债市场的扩散。

债务风险的陆续暴露及释放，对金融市场已经产生了一定的负面冲击。非标债务市场由于受到监管的限制，自 2014 年以来规模不断缩小，在债务融资市场中的占比已经回落，对市场的影响也相对有限。这里主要讨论债券及信贷市场信用风险上升及加速释放带来的市场冲击。在债券市场上，受 2016 年第一季度违约事件频繁发生的影响，债券发行与交易在当年 4 月、5 月受到显著冲击。当时一级市场债券发行量骤减，投资者的谨慎情绪使得很多企业发行债券的认购量不足，被迫取消或推迟发行，二级市场收益率也短暂上行，尤其是中国铁路物资股份有限公司（中铁物资）大规模债券暂停交易大幅推升了风险溢价，低等级间利差也明显走阔。不过，城投公司取消提前兑付、国资委出面解决"中铁物资事件"等，向市场传递了政府在解决央企、国企债务方面的积极态度，为信用债市场带来一定的正面情绪，加上新增违约事件发生的频率也明显降低，一、二级市场又逐步回暖。而债券市场信用风险的累积和陆续释放已经成为各方的共识，违约带来的市场冲击已有所弱化，但不排除未来出现非预期的信用事件，或是资金面出现逆转，债券一、二级市场再次遇冷的可能。

在信贷市场上，"偿债能力恶化—金融机构收紧融资—企业资金链断裂—信用风险进一步深化"的恶性循环已经有所显现。如果有越来越多的企业信用质量恶化，银行在进行放贷时将更为谨慎。尤其是 2018 年民营企业信用风险的加速暴露，使得银行向民营企业融资的意愿有所下降，这反过来会进一步加重企业所面临的债务压力。在债券市场上，近年来不断出现银行抽贷导致企业经营难以为继，从而对债券兑付产生不利影响的现象。部分银行在债务人出现贷款逾期后，向法院申请冻结企业资产，这使得企业经营更为困难或发生资金链断裂。贷款逾期的风险正在向包括债券在内的其他债务传导。

由此可见，债务风险已经开始释放，并对市场产生了一定的负面冲击。不过，无论是债券市场违约带来的冲击，还是信贷市场融资收紧产生的负面效应都是短暂的、非连续性的，尚未对这两个市场的融资功能造成重大损害。然而，由于国内金融体系的脆弱性及敏感性日益抬升，非预期的外部事件冲击很可能引发债务危机乃至经济衰退的发生。

(三) 债务危机可能发生的几个传导路径

按照明斯基的观点，投机性融资和庞氏融资的持续，依赖信贷环境的宽松和资产价格的不断上涨，一旦这一条件不具备，融资链条就会断裂。投机性资产的损失促使放贷者收回其贷款，从而导致资产价值的崩溃，而资产价格"螺旋加速下降"效应会造成瞬间的金融动荡。就中国的情况而言，经济活动中投机性融资者及庞氏融资者占据了一定比例，并且出现了个别企业因为过度负债而发生违约甚至破产的现象，已经埋藏了较大的债务风险隐患。尽管得益于最近几年相对宽松的资金环境以及市场对政府托底宏观经济的信心，大部分企业仍能够维持资金链的循环，系统性风险尚可控制，然而中国面临的内外部宏观形势正在逐步发生变化：从外部环境来看，随着美国推行关税政策，相关经济体也采取了相应的保护措施，全球贸易保护主义升温，尤其是中美贸易冲突一波三折，对中国经济运行带来较大的外部不确定性，加剧了国际资本流动和汇率波动风险。短期来看，在全球经济低迷中，中国不仅面临突破出口收缩的局面，而且随时要应对美联储加息引发的资本流动冲击以及大宗商品价格变动带来的成本冲击；从内部环境来看，过去几年稳增长的一系列政策也同时带来了以房地产为代表的资产泡沫风险和以债券为代表的债务违约风险加速上扬问题。在上述复杂的内外部环境下，未来仍需要警惕以下几大不确定性因素触发债务危机。

1. 金融去杠杆压力下，货币政策宽松力度未达预期

为了降低实体经济融资成本、为稳增长创造必要的资金环境，2014年以来货币政策有所放宽，但由于经济增速的放缓，流动性偏好逐步上升。资金"脱实就虚"加剧，偏好流动性更强的金融领域。这导致金融体系的杠杆率在经济基本面持续偏弱的时候反而出现不断

第九章　宏观调控的重中之重：债务风险和金融稳定

上升的趋势，潜在金融风险日益增加。2015年6~7月的"股灾"正是在股票市场存在高杠杆配资的背景下，监管收紧导致股票资产价格快速下跌造成的。

为了防止在其他金融市场上发生类似"股灾"这样的泡沫危机，2016年以来监管机构逐步推进金融去杠杆，以控制债务水平的过度膨胀，但为避免因去杠杆导致的信用风险过快释放，引发市场信心下滑，2018年第四季度"去杠杆"转向了"稳杠杆"。与此同时，货币政策基调总体上仍大致保证流动性充足，在操作思路上则更加注重"精准滴灌"。由于货币政策操作工具的控制权更多在央行手里面，这要求央行对市场资金需求及对资金成本的承受能力有准确的估测，一旦央行资金投放力度不及市场预期或需求，或者资金成本超过机构所承受的范围，则很可能出现类似2013年"钱荒"那样的恐慌性的"踩踏"事件，并引发市场的连锁反应。

资金面的非预期收紧，一方面，将提高金融机构的资金成本，进而导致实体经济融资成本上升；另一方面，金融机构的资金紧张，可能会导致其在金融市场上抛售金融资产，也会推动市场利率上行，抬升融资成本。对于基本面相对较好，本身能够负担债务还本付息的企业而言，融资成本上升会削弱其融资需求，减少投资，这反过来又会降低企业收入，弱化企业偿债能力，使企业逐步由自行偿还债务向借新还旧转变；而对于本身债务负担就较重的企业，融资成本上升进一步加重了其债务负担，此时反而会有更高的融资需求以维持债务的正常循环。另外，由于资金面的非预期收紧，金融机构的可贷资金减少，信贷资源的稀缺使得金融机构在放贷时更为谨慎，对风险溢价要求更高。如此循环，要么高债务负担的企业因不能及时融资，资金链断裂，发生违约及破产，金融机构风险偏好降低，融资条件进一步收紧，更多企业融资受阻，发生经营困难、债务违

203

约甚至破产清算；要么企业通过提高利率获得融资，继续维持债务循环，但由于成本上升，其越来越难以通过自身收入现金流完成债务的本息偿付，从一开始的借新还旧到借新还息，随着债务雪球的越滚越大，最终借贷双方都意识到债务的不可持续，仍免不了发生债务违约及破产。这种恶性循环不断持续，导致更多健康企业无法维持经营，整个金融体系融资功能失效与实体经济停滞不前，最终形成债务危机乃至经济危机。货币政策非预期收紧引发债务危机的传导路径见图9-10。

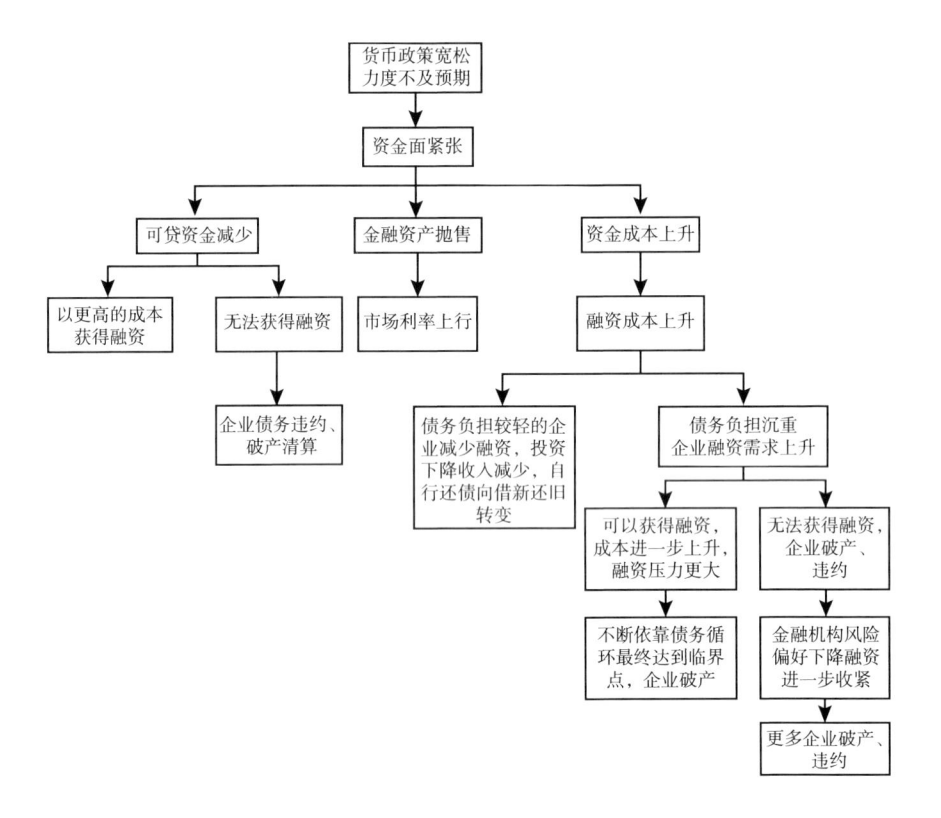

图9-10 货币政策非预期收紧引发债务危机的传导路径

资料来源：由笔者整理得到。

2. 资产泡沫破灭带来抵押品价值下降，叠加资本外流，引发流动性危机

房地产业对中国经济增长的贡献较大，2014年以来，央行多次降准、降息，虽然经济疲弱并没有明显改善，但货币政策对股市、债市、房地产等各类资产价格的影响则更为明显，房地产交易持续活跃，一、二线房地产价格飙升，局部房价引发的资产泡沫不断聚集。过多的信贷投放到房地产市场挤占了对实体经济的投资，资金"脱实就虚"加重。事实上，随着政策从"稳增长"向"防风险"转变，抑制泡沫已经是货币政策的主要任务之一。与此同时，随着美联储加息预期的增强，美元走强，人民币贬值的压力和资本外流风险持续存在，央行有可能被动采取紧缩性的货币政策。

理论上，货币政策的收紧并不一定带来资产价格的下跌，这主要取决于实际需求和需求结构。但是需要警惕新一轮调控政策偏差导致出现极端变化的情况——房地产泡沫破灭。如果房地产泡沫破灭，则房屋价格大幅下降，对于金融机构而言，抵押品价值下降，不良贷款攀升，银行资产质量恶化，同时放贷趋紧，加剧流动性紧张。对居民而言，财富价值大幅缩水，消费支出将有所减少，需求疲弱将拖累宏观经济。资产价值大幅缩水将导致人民币贬值、资本外流风险加重，资金面紧张将进一步加剧，并向实体经济传导，形成人民币贬值—资本外逃—资金收紧—融资困难—企业经营难以为继、违约及破产增多—市场恐慌进一步加剧—人民币进一步贬值、资本外流更为严重的恶性循环。如果央行通过动用外汇储备来遏制人民币的贬值趋势，则持续的干预必然使外汇储备逐步消耗，反而使外债风险敞口加大，更加不利于金融市场安全，同时还会进一步影响市场对中国经济的信心，加剧资本外流，一旦央行外汇储备消耗殆尽，则国内将被迫提高利率，这又会加重企业债务负担，引发

企业的偿债危机。资产泡沫、人民币汇率贬值引发债务危机的传导路径见图9-11。

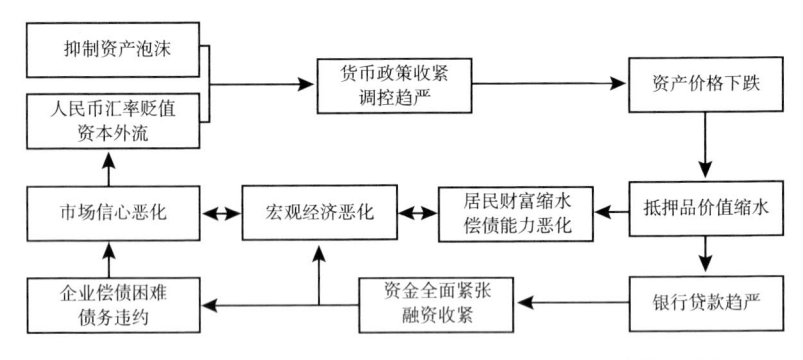

图9-11 资产泡沫、人民币汇率贬值引发债务危机的传导路径
资料来源：由笔者整理得到。

3. 违约事件集中发生，市场集体性恐慌，引发流动性枯竭，资金链断裂

未来一段时间内，企业所面临的债务到期压力较大，信用风险或仍将保持高发势头。从债券市场到期规模和信托产品到期规模来看，近年来非金融企业所面临的债务到期压力明显增大。从债券到期情况来看，2016年以来，中国债券市场已经进入偿债高峰，2019~2022年在不考虑新发债的情况下，到期信用债总规模超过13万亿元，其中2019年、2021年两年到期规模超过4.9万亿元。从信托产品到期规模来看，2018年第三季度统计的未来一年信托产品到期只数和到期规模继续攀升，信托债务到期压力持续。虽然2018年以来尤其是下半年以来政策出现调整，货币政策边际宽松，而且针对民营企业融资难、流动性风险高发的情况出台了一系列改善民营企业融资的政策措施。但是，在非金融企业经营基本面没有明显改善，企业"造血"能力没有明显提升的情况下，仅靠金融机构的"输血"难以保障企业的长远发展；且宏观政策仍需寻求稳增长与防风险的平衡，过度的

第九章 宏观调控的重中之重：债务风险和金融稳定

货币宽松有导致"糟糕的通胀去杠杆"的风险。综合来看，经济下行叠加债务到期高峰，未来一段时间内，信用风险尤其是民营企业的信用风险或仍然保持高发势头，在一定程度上可能导致银行不良率上升、企业资金链收紧和恐慌情绪的蔓延。

另外，虽然近几年来央企、地方国企信用风险及违约事件增多，"刚性兑付"幻觉有所打破，但各个政府在处置不同企业的债务危机上态度迥异：一部分地方政府在信用危机发生之前就积极协调各方，避免最终出现违约；另一部分地方政府虽然未能避免企业违约，但在违约后也能够协助企业延期兑付，导致市场对政府选择性兜底的预期犹在。在宏观经济处于底部的大环境下，出现债务危机的企业将不可避免地继续增加，若要保持"刚性兑付"就需要各方付出更多的成本。一旦政府在国有企业相关债务的处置中与市场预期产生偏差，同样会对市场信心产生极大的损害。

在恐慌情绪的主导下，一方面金融机构会主动收紧融资，企业经营将更加困难，违约风险将进一步蔓延，而这又会增加金融机构的惜贷情绪；另一方面，由于违约风险增加可能引发信用债价格持续下跌，其作为抵押获得融资的能力也将大幅下降。信用债的质押率下调或质押资格丧失，加上机构被迫去杠杆，腾挪资金配置安全资产，都将使市场对资金的需求显著增加。一旦资金投放不及时，市场资金价格极易出现短期的大幅攀升。尤其在面临季节性节点、MPA考核限制金融机构拆借等情况下，一旦金融机构融资出现困难，信用风险将从企业层面扩散至金融机构层面，引发货币市场流动性骤然下降，极端严重时或导致货币市场失灵，对金融系统各个市场的运行产生冲击，甚至可能引发系统性风险。违约风险引发的债务危机的传导路径见图9-12。

上面三个触发因素并不是完全独立的，违约风险集中爆发，会对

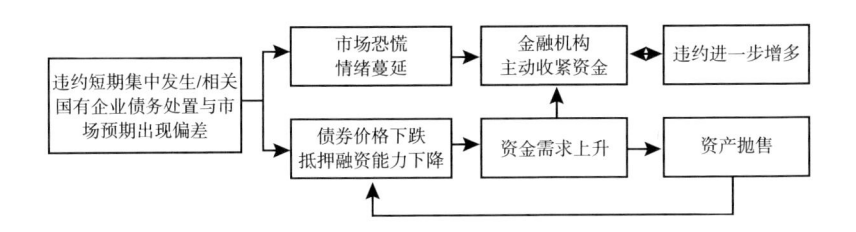

图 9-12 违约风险引发的债务危机的传导路径

资料来源：由笔者整理得到。

市场信心造成较大冲击，导致资本外流加剧，这又会对货币政策放宽形成制约，政策收紧带来资产价格下跌，资产价值大幅缩水，银行等借贷也会加剧流动性紧张，一旦资金投放跟不上市场需求，又会导致实体经济的融资难以得到满足，从而引发更多企业经营困难，违约风险向更大面积蔓延。

如前文所述，中国目前存在发生危机的隐患，虽然以中国当前的经济实力，在一定程度具有承受债务危机的能力，但是，预期和信心的发展在一定程度上不可控，未来若上述任一传导链条的某一环节的现象发生而未加阻止，则杠杆率高企带来的违约风险就可能演变成金融系统性风险的真实发生，因此防范债务、维护金融稳定在宏观调控方面必须予以高度重视。在当前经济下行压力依然不减以及债务风险凸显的背景下，需要重新构建稳增长与防风险双底线下的宏观调控体系。

第十章　稳增长与防风险双底线宏观调控体系的构建

一　新形势下宏观调控要正确认识几大问题

（一）正确认识短期目标与长期目标的关系

从宏观调控和经济发展来看，在金融危机爆发后的一段时间内，尽快稳定经济增长是第一要务。由于专注于实现"稳增长"的目标，对同时作为宏观调控目标的"调结构"的实现是有所放松的，这是因为经济结构多个方面的调整是相对长期的过程，并且采取的调整措施对短期经济增长反而可能有负面影响，但是危机时期不断积累的问题和风险，也增加了后危机时期重启经济转型和调整经济结构任务的困难，给更长期的经济增长带来阻碍。从总需求与经济增长的关系来看，经济增长的短期波动几乎都是由需求侧的变化引起的，因此想在短期稳增长，依旧需要采取扩大总需求、逆周期调节的需求管理措施。但是拉长时间轴再看，中国经济增速的放缓实际上不仅是周期性因素，也是结构性、趋势性力量共同作用的结果，而这些力量的影响不是短期刺激总需求就能够改变的。因此，从本质上讲，必须依靠经济结构的调整、经济增长模式的转变来解决前期积累的结构性矛盾。

二者这样的关系就决定了无论是需求管理的措施，还是结构性调整、改革的措施，都要兼顾对长期和短期经济的影响，更重要的是分清轻重缓急，协调好长期和短期目标之间的矛盾。

中国经济在经历了后金融危机时期几轮短期的经济刺激政策之后，在短期和长期的宏观调控任务以及它们所适用的政策方法之间发生了一定的混淆和错配，出现了强调通过调结构和去杠杆这种长期政策来消除短期经济下行压力的思路，这种调控方式虽然有助于长期的潜在增长，但在客观上容易造成对短期任务急迫性的忽略。从长期来看，供给侧结构性改革无疑有利于推动中国经济发展转型、促进结构调整。正是由于结构性改革主要解决长期问题，而短期经济又面临一定下行压力，才更不能因此而忽视短期问题，更要兼顾总需求管理。

结构性改革和需求管理实际分别解决两个不同层面的问题，前者解决长期潜在经济增速下降，后者主要解决当期经济增长下降、需求不足等。虽然在后金融危机时期由于中国经济结构和增长模式的变化，二者之间出现了一定的矛盾，但并不意味着调控政策只能二者选其一，这是因为长期和短期调控政策都具有一定的多样性，对短期问题的解决可以适当避开长期目标的痛点，而对长期问题的改善也应考虑对短期目标的影响而控制节奏和力度，从而在一定程度上做到对长短期目标的兼顾。

（二）正确认识货币政策的有效性和有限性

使用扩张性的货币政策和财政政策是刺激总需求的主要方式。其中，为应对金融危机冲击以促进经济稳定、恢复较快增长，中国主要采取了扩张性的货币政策，由央行为最主要的政策推动主体，以快速增加的人民币新增贷款等方式不断增加货币投放量，来稳定经济的增长。这样的选择也与全球其他主要经济体央行的选择一致。从新增贷款的规模来看，2018年，人民币新增贷款规模约为2008年的3.2倍，到2018年底，贷款余额约为2008年底的4.5倍，而M2的规模也已经超过180万亿元，十年间带动GDP扩张了2.8倍，表现出宽松的货币环境对各类微观经济主体的激励作用，反映了货币政策对刺激经济增长的有效性。但是从政策效率来看，中国扩大货币投放带动的GDP增长是在逐渐减弱的。无论是新增贷款还是贷款余额的增速，除个别年份外，基本都保持在两位数以上的水平；同时期，GDP增速却从两位数下降到个位数，M2与GDP的比值也从1.5左右攀升至2.0以上，单位信贷投放能够获得的产出越来越少。这一方面反映出部分微观主体使用了信贷投入却没能如期产生足以覆盖成本的收入，另一方面也让后危机时期经济增长深层次的结构性问题初露端倪，总体反映出在结构性问题下扩张性货币政策边际效用递减的局限性。

除了对刺激经济政策的有效性边际下降外，大幅扩张的货币供给还带来了其他问题，在后危机时期的全球范围内主要表现为股票、房地产等资产价格的大幅上涨。在大量的经济学家和制造业的企业家、工人质疑经济回暖程度的同时，金融市场、房地产市场大大受益于货币政策的扩张，从金融危机的阴影里率先走出来，不仅恢复了危机前的水平，还再创新高。这背后是否真有坚实的经济基础支撑，还是为新一轮危机积聚了风险都越发引起人们的关注。

由此可见，货币政策并不是没有副作用的万灵药。在调控中使用货币政策固然在一定程度上能实现总需求的扩张，但如果其他条件不合适，则难以被消化的天量货币投放对于经济而言就像使不上力的拉车的绳子，其本身有可能卷入车轮成为影响车辆前进的不稳定因素。

（三）正确认识培育和建立中国产业优势的中长期性

调结构、促转型是中国相当长一段时间的主要任务和目标之一，但是产业结构的调整以及产业优势的培育建立，都不是一朝一夕可以完成的事情。

回顾近10余年的产业政策，相关政策部门试图从各个产业中挑选出要重点发展的先进技术或产品进行扶持，并淘汰落后的技术或产品。然而，由于政府本身难以收集并处理所有的市场信息并做出动态最优化决策，行政力量干预市场的现象频繁发生，再加上这种干预缺少可行的长期规划，让产业内企业难以维持稳定的政策预期，不得不疲于应对短期政策变化。有的产业在发展过程中出现了一些问题，这是再正常不过的现象，市场的自动纠错功能往往经过一段时间就会发挥作用。但行政力量的干预往往会打乱产业发展的节奏，由其强行阻断企业经营、淘汰企业，或是主动影响产业技术发展的动力和竞争格局的走向，都可能在实际上降低市场对资源的配置效率。原本可能由技术进步、效率提升或资本投入带来的行业集中度上升就跳过了技术积累的部分直接通过行政力量实现了行业垄断或者发展"被停滞"，这并不能保证产业的健康发展。

行政力量这种急于求成的心态，一方面很难迅速改变产业落后、受制于人、抗风险能力差的问题，同时涌入的热钱过于追求短期收益还可能造成产业发展的急功近利和不合理膨胀；另一方面资本的过度集中与产业结构失衡又加剧了其他产业的资源缺失、发展落后。如此反复、恶性的循环，更会刺激经济结构中矛盾的爆发，因此，要正确认识培养和建立中国产业优势的中长期性。只有实现技术创新与产业升级，提高自身能力，才能不再依附于人，把落后的劳动密集型产业向技术革新方向发展，这样在国际竞争中才能有话语权。由于产业升级是个长期的过程，缩短差距也需要时间的投入，需要技术、资本与人才的积累，不能一蹴而就。

（四）正确认识控制风险释放速度的必要性

2008~2012年是应对危机的五年，也是债务风险、资产泡沫风险、金融风险等各类风险不断积累的五年，给中国经济带来了新的困难。在应对危机过程中，货币投放量以及债务规模的快速扩张，增加了金融风险；而大量投机性货币在股市、债市以及房市中伺机流动，催生了股市泡沫、债市泡沫以及房市泡沫；而汇市与股市的连通，更是提高了系统性风险增加的概率。由于2009年释放了大量货币刺激经济，2010年各路资金爆炒农产品，"蒜你狠""豆你玩"随之出现，通胀风险飙升；2015年股市通过加杠杆快速攀升至高位，并在随后抑制股市杠杆的政策出台后"塌方式"下跌形成股灾，同年人民币汇率贬值预期上升，资本流出压力大大上升；2015年底至2017年，为稳定经济再次激活房地产市场，从一线城市到四线城市商品房价格全线暴涨，房地产虹吸效应再次发挥作用，虽然经济增速企稳，但房地产相关行业和金融业之外的大量行业企业面临更严峻的亏损和资金短缺形势；2018年，为了降低系统性债务风险，金融监管主动去杠杆，使得企业债务迎来"违约大年"，企业信用风险多点多元爆发，金融机构和企业都对融资环境持悲观态度，货币政策虽然稳健但资本市场流动性十分脆弱。

可以看出，近几年，中国经济正处于前期积累的各种风险不断释放的过程中，控制好风险释放的速度，避免风险快速集中爆发将经济拖入衰退是宏观调控必须考虑的问题。以2018年主动的金融去杠杆为例，虽然这种调整从长期上看是为了降低系统性风险，但由于金融机构资产的收缩关联着大量包括重资本行业企业在内的资产负债表，短期政策力度过大，可能提前引爆债务风险，甚至直接跌入债务通缩螺旋，使经济一蹶不振。因此，在这个过程，要控制风险释放的速度，实现在经济缓慢探底甚至企稳的过程中缓释风险是非常必要的。"去杠杆"的政策基调后来转变为"稳杠杆"也是对节奏控制必要性有了充分认识后的适当调整。

(五) 正确认识政府与市场的关系

在外部冲击下，稳定经济增长的确需要依赖政府调控，但调控过度又容易滋生更多的问题，如何确保有限政府、促进市场机制有效发挥作用是重要命题。宏观调控实质上是政府对市场的干预，这种干预必须建立在尊重市场规律的基础上，不宜频繁变化。20世纪90年代初以来，中国已经确定了要坚定不移地推进市场化改革，以夯实宏观经济调控的微观基础。

从经济增长驱动力来看，资本因素仍是中国经济增长的最大贡献者，稳增长关键在于资本效率的提升，而目前资本效率偏低，根源是政府主导型的经济发展方式，高效率的民间投资并未充分启动。产业政策通过项目核准审批及目录指导等方式替代市场机制，发挥对资源的配置功能。产业发展方向不断调整、新兴产业陆续出现产能过剩问题及落后产能陷入"越淘汰越过剩"的怪圈均是政府不能完全判断市场发展和变化走向、高效率配置资源，这是疲于解决各种政策配置资源带来问题的突出体现。由于宏观调控与微观干预之间的关系未得到清晰界定，在宏观调控中，滥用行政审批权力的问题始终存在，因此强化了寻租环境并带来了腐败的恶果，进一步损害了经济运行效率。

党的十八大报告指出，经济体制改革的核心问题是处理好政府与市场的关系，必须尊重市场规律，更好地发挥政府的作用。而推进经济体制改革，处理好政府与市场的关系，最重要的是在更大程度上、更大范围内发挥市场在配置资源的基础性作用。推进市场化改革，正是因为市场配置资源的效率更高，而政府则需要为这种有效率的运转提供制度保障。其一就是培育市场对未来的稳定预期。无论是宏观经济政策，还是微观法律法规，都要尽可能帮助微观主体建立起长期稳定经营的预期和信心。这体现在货币政策、财政政策制定和实施过程中与市场的有效沟通，也体现在对企业自主经营的保障，制定的相关法律法规松紧适度，不随意更改，通过执法建立企业可预期的激励和惩戒机制。其二就是对人的保障。提升效率就意味着对低效率占用资源主体的出清，这就意味着失业问题的出现，这时就需要政府做好相关人员的保障和安置工作，这也是政府民生工作的重点任务之一。市场机制在保证运行效率的过程中，无法照顾到的弱势人群，就需要政府建立完善的社会保障制度来妥善安排，从而确保经济社会稳定运转。

（六）正确认识改革的艰巨性与困难

中国的改革已走过40多年历程，已经逐步进入深水区和攻坚期。与以往相比，改革的艰巨性、复杂性和深刻性前所未有。正如习近平总书记所说，中国改革"已进入深水区，可以说，容易的、皆大欢喜的改革已经完成了，好吃的肉都吃掉了，剩下的都是难啃的硬骨头"。全面深化改革无论是在深度上，还是在广度上，都是过去任何时期、任何阶段的改革所无法比拟的。改革的复杂性前所未有。现阶段的改革是全面的改革，不仅要深化经济体制改革，还需要深化政治体制、文化体制、社会体制、生态体制、国防和军队体制改革，以及加强和改善党的领导等。各种改革之间相互交织、相互掣肘，改革的综合性较强、复杂性较高，对改革方案的专业性、系统性要求更高，实施和推进改革的难度较大，改革的艰巨性前所未有。

在多年改革发展中，收入分配、资源配置等各个领域均或多或少形成了某种既得利益群体，而且这些固化的既得利益又往往与政府部门自身的利益相关联，渗透到经济社会生活的多个方面。全面深化改革，包括改革经济社会的方方面面，也包括改革实施改革的政府自身，这个过程难以避免地会影响个别或者部分群体的利益，这些群体也就天然对改革有抗拒。这些抗拒都会成为改革推进过程中需要化解的障碍，考验的是改革者的智慧和决心。

二 构建双底线思维下的宏观调控体系

（一）处理好各调控目标之间的协调

明确"稳增长、防风险、促改革"等的逻辑顺序，协调好短期目标与长期目标，做到防风险与稳增长平衡。

1. 稳增长是防风险、促改革的前提，但仍需避免为"稳增长"而导致的过度政府干预

新常态时期，随着经济增长速度换挡、结构调整、前期刺激政策消化"三期叠加"，经济潜在增长平台下移，在前期高基数的基础上，中国经济难以延续过去10%以上的高速增长已经成为各方共识，宏观调控目标也从前期的"保增长"转变为"稳增长"。但是，容忍经济增速调整并不意味着经济增长速度的大幅下滑，在当前和未来一段时间内，保持总体较为稳定的经济增长速度依旧是中国宏观经济调控的一个重要目标。一方面，稳增长是稳定就业的前提，要使失业率水平处于一个社会能容忍的范围之内；另一方面，稳增长也能在一定程度上延缓系统性风险的爆发。从当前的形势来看，在经济下行压力不减的情况下，债务风险已经成为能否引发金融危机的关键所在。而缓释债务风险，需要一定的经济增长作为依托，因为经济增长能够带来资产价值上升，企业的负债结构在一定程度能够改善，由此债务风险得以缓释。同时，较为稳定的就业水平、金融风险的缓释，在一定程度上为改革的持续推进创造了较为稳定的社会和经济环境，为改革的稳步进行赢得了时间和腾挪空间。但是，需要注意的是，必须避免为了"稳增长"而持续增加政策性因素对经济增长的干预作用，甚至形成路径依赖，减弱创新发展的改革动力，在稳增长的过程中，应注意适时调整政策性因素，在经济增长韧性有所提高时，政策性因素应适时放松甚至退出，提高经济自我修复调整的能力。

2. 化解风险和稳增长，从长期来看仍需依赖改革的持续推进

当前中国以依靠要素投入为核心的增长动力的增长弱化，投资效率持续下滑，以投资拉动经济增长的动能正在减弱，消费虽然持续保持稳健，但依旧受到居民收入增长较为缓慢、居民部门负债水平尤其是房贷水平和消费贷款攀升的持续掣肘，全球经济温和复苏背景下进出口虽然有所恢复但依然受到一定程度的制约；传统支柱产业正在衰退，战略性新兴产业虽然蓬勃发展，但是并未形成足以主导经济发展的力量，旧的经济增长点的作用正在逐步削弱，新的经济增长点如移动支付、共享经济、清洁能源等虽然快速发展，但是尚难以形成引领新一轮经济发展的力量。在此背景下，通过持续的改革不断释放制度红利，打破制约经济发展的制度藩篱，促进全要素生产率提高，是中国经济能够持续健康发展的最大保障，而只有通过不断深入的改革推进经济持续健康发展，才能在改革和发展过程中缓释和消弭风险，避免经济失速这个最大的风险。

从长期目标来看，稳增长、防风险、促改革是有机结合的统一整体，从根本上来看，三者之间并无矛盾。一方面，稳增长为防风险和促改革创造有利条件。只有经济稳定增长，才能为防风险提供有利的时间窗口；同时，改革和技术发展也只有在平稳的宏观经济环境下才能快速推进。另一方面，长期增长的稳定需要各项风险防范措施和改革的持续推进来保证。只有守住系统性风险的底线，才能确保经济平稳增长；同时，改革的推进也带来了新的希望，提振了各方经济主体对长期经济前景的信心。稳增长、防风险与促改革是辩证统一的关系，而不是非此即彼的单一选择。

但是，在宏观调控的过程中，需守住稳增长、防风险的双底线。尤其是2014年以来，在低利率环境下，金融机构表内外资产快速膨胀、负债率不断攀升，资金流向实体经济的链条不断拉长，以及市场上机构终端投资的杠杆交易持续，金融风险不断增加；尤其是影子信贷以资管、理财产品为主快速发展，造成某些领域高杠杆、久期严重错配，加剧了金融系统性风险。与此同时，债务结构中企业部门的债务水平过高、政府部门和居民部门加杠杆过快，也增加了金融体系风险。可以看出，在这样的情况下，经济离能承受的风险底线越来越近，必须采取措施。2016年下半年以来，宏观调控的重心由稳增长向防风险转变，针对金融风险的防控措施不断出台。但如本章第一部分所说，政策的调控节奏需要与经济增长的情况相适应，如果收缩过快，那么也将提高风险提前爆发的可能性，失守稳增长底线，甚至陷入经济衰退。

（二）将供给侧结构性改革作为中长期政策，持续推进金融改革，加快多层次资本市场建设

健全多层次资本市场，多途径增加股权融资，补充企业资本金。以银行为核心的间接融资体系以及股权市场发展相对滞后是中国企业债务高企、杠杆率较高的重要原因之一。

增加股权融资不仅从数字上可以降低债务风险，同时也是鼓励创新、推动经济发展的有利措施。与债权主要寻求稳定的回报不同，股权除了追求价值外，还可以追求企业成长，激励企业进行创新。2015年股票市场的启动本来有助于解决宏观去杠杆的问题，但是由于方法不恰当，反而引发股市杠杆风险。股灾的发生实际反映出国内股票市场存在的问题不只准入门槛高，还有监管机构对市场制度的设计不完善、对衍生工具的风险把握不到位、对各类市场运行机制可能带来的后果没有充分预估，这也导致本应于2016年推出的股票市场注册制改革再次推迟，因此对于公开发行股票市场，需要完善股票市场发行、交易等全方面制度设计，同时稳步推进股票市场的注册制改革。

除了为相对成熟期的企业打造完善的股票市场外，并购基金市场也应逐步建立起来。与此同时，政府也应积极培育天使投资基金或风险投资基金，为初创期的企业创造更为有利的股权融资环境。对此类基金，在政策上应注重建立完善的法律法规，让投资者进得来，留得住，走得了，形成投资者和初创企业共同成长的良性循环。

1. 加快推进国有企业改革，尤其是加快经营类企业改革的推进

非金融企业部门的债务风险主要集中在国有企业，国有企业债务的处置对于整体风险的把控具有至关重要的作用。需要加快推进国有企业改革进程，尤其是加快经营类企业改革的推进。经营类国企包括一些产业类融资平台以及充分竞争领域的国有企业[①]。经营类国企的债务应主要采取市场化方式处置。一方面，鼓励兼并重组，鼓励优质资产兼并劣质资产，通过兼并重组，提高企业整体的资信水平；另一方面，对于充分竞争类的国有企业，鼓励采用市场化方式解决其债务问题。国有企业在过剩产能行业占比较高，从退出机制和国有企业改革来看，应将过剩产能的国有企业的处置与发展混合所有制经济更有机地结合起来，积极引入其他资本实现股权多元化。与此同时，对于自然垄断性质的国企，不断放开其竞争性业务，从而促进公共资源配置市场化。

---

① 根据国资委、财政部、国家发改委于2015年12月出台的《关于国有企业功能界定与分类的指导意见》，将国有企业划分为商业类和公益类两大类。

2. 通过商品价格和要素价格改革，提高全要素生产率

供给侧结构性改革的核心是通过对受管制产品价格和要素市场价格的改革提高全要素生产率。深化管制商品以及要素市场改革，让价格规律发挥作用，有助于引导资本和劳动在不同部门的优化配置，提高全要素生产率。中国的商品价格大部分已经由市场自由调节，但少部分受管制的领域，尤其是油、电、气等能源类商品价格改革仍然未能推进，因此在商品市场改革领域，这些能源商品的价格改革就是供给侧结构性改革的重要任务。

土地改革是要素市场改革的重点和难点，土地在中国的要素市场上拥有特殊的地位。目前，中国的土地尤其是农村土地尚不能自由交易，因此进一步深化土地制度改革，加快流转制度改革，能够将农村土地作为要素尤其是作为可交易资产的价值充分体现。建立城乡统一的土地流转市场，赋予农民集体土地流转权，有利于增加农民财产性收入，进一步打开农村消费市场。与此同时，从货币学派的角度来看，债务风险积累和资产泡沫集聚在一定程度上是超发货币的体现，如果通过土地市场改革扩大可自由上市交易的资产规模，那么从资产负债表来讲，通过城乡统一的土地流转将提升农村土地的资产价值，有利于对冲部分超发货币，缓解其他领域的资产泡沫，宏观意义的杠杆率也将有所下降。

（三）做好需求管理与供给侧结构性改革的协调配合

目前，中国经济处于潜在增长平台下移，结构性、趋势性以及周期性力量共同作用下的下行过程中，对于债务风险的化解，过快的去杠杆可能会带来经济的急速下滑或者波动，通过政府部门和居民部门适当加杠杆，保持总需求的一定扩张，有利于在宏观大背景相对稳定的情况下，企业平稳降杠杆。这种"杠杆转移"实际上对应于供给侧改革与需求侧管理的相互结合，相互平衡。因此，从"稳增长、防风险"角度来看，政策基调需要需求侧管理和结构性改革协调并进。

1. 在财政政策更加积极有效、进一步扩大财政赤字的基础上，强化结构性调控功能

从财政政策的角度出发，增加财政赤字和减税降费是避免大规模违约爆发，给企业创造有利的生存条件的必要手段。2015年，中国的财政赤字率是2.4%，2016年提高到3%，其中通过发行地方政府债券置换原有政府性债务，已经在一定程度上避免了地方融资平台债务出现大面积违约的情况发生。与此同时，继续用政府投资稳定需求的增长，从基建、养老、医疗、教育等仍需要大量投入的产业入手增加投资需求，给企业带来可持续性收入；继续减税降费，降低企业的经营负担，让企业部门能够正常地经营和运转。对符合国家经济结构调整方向的产业，政府应予以多种政策的支持和鼓励，降低部分企业在开拓新业务过程中的风险。

2. 货币政策需要根据新时期要求适时调整，配合供给侧结构性改革进行实质性推进

首先，货币政策要适度宽松，既要避免过度宽松，同时也要防止从紧取向，实际利率的下降对于去杠杆、去产能以及稳投资都非常关键。一方面，需要保持适度稳定的流动性供给，通过适度的流动性供给，防止杠杆的反弹和累积，稳定经济增长。另一方面，在适度稳定供给流动性的时候，必须保证供给渠道的透明，引导市场主体进行长远规划，防止人为的短期流动性供给冲击。其次，汇率、利率联系更为密切，与此同时，短期资金的流入流出加剧，这些有可能是继股灾后诱发风险的关键点，同时也提高了货币调控的难度。因此，应正确认识当前国际经济形势，正确把握国际经济与国际资本流动的短周期变化规律，为未来国际资本市场逆转带来的冲击做好预案。此外，宏观审慎监管体系的全面改革必须破题，必须建立统一和无缝隙的宏观监管体系，防止监管套利带来的各种风险。应强化金融风险的监控和风险指标体系的构建，密切关注各种宏观金融风险指标的变化，及时优化风险预警体系。短期内还应加强流动性监控，对于流动性的结构性矛盾要高度重视。

（四）坚持双底线思维化解短期债务风险

1. 稳定增长，同时控制债务规模过度上涨

从简单的逻辑来看，缓释债务风险，降低杠杆率或者延缓杠杆率扩张速度，可以从扩大分母（即持续稳定的经济增长）和降低分子（控制债务规模增长速度）增速两个途径来进行。从稳增长的角度来看，一方面引导投资继续向民生、基础设施、薄弱环节等方面倾斜；另一方面要寻求投资与消费的结合点，在积极鼓励投资民生工程、改善民生的同时，刺激相关产业的消费支出，增加消费需求。考虑到"债务—投资"驱动的经济增长模式短期难以彻底改变，在新的经济增长动力形成以前，稳增长目标的完成仍需要一定的债务扩张支持。由于国内债务主要是通过投资渠道来影响GDP的，随着投资边际效益水平降低，维持6%~6.5%的经济增速，意味着未来会有更大规模的债务。

2. 维持强政府信用，发挥中央财政的作用

由于债务问题的核心在于政府，因此政府应该在解决债务问题中发挥重要作用。对于和政府直接或间接相关的债务风险，特别是对于一些具有系统重要性的国有企业的风险，政府必须有所作为，维持强政府信用。首先，进一步明确政府实际应当承担的债务，这需要对有政府隐性担保或由政府偿还的债务实施甄别。这部分债务应当直接从企业债务转为政府债务。这样既明确了偿债责任，稳定了市场预期，又降低了融资成本，减少了付息压力。在兼顾行业发展可持续性和系统重要性的前提下，让企业部门杠杆转移到政府部门，尤其是中央政府。其次，在此基础上，还应适当将存量的地方政府债务直接转移至中央政府。特别是在分税制下，在债务压力上升、收入减缓等背景下，地方政府偿债能力下降，中央财政应发挥更大的作用，通过发行国债置换。此外，对于地方政府增量债务，需要适当控制增速，落实推进债务限额制度。

3. 完善国家及各级主体资产负债表，持续推进债务分类甄别工作

2014年《预算法》修订之后，国务院、财政部等部门先后出台了《国务院关于加强地方政府性债务管理的意见》《地方政府存量债务纳入预算管理清理甄别办法》等文件，加强依法推进债务管理，进一步规范地方政府举债行为。2015年初步完成了2014年末地方政府存量债务的清理甄别和核查的工作，并全面实行地方债务限额管理、地方债务分类纳入预算管理，建立债务风险预警机制，全面构建地方政府债务监管体系。《国务院关于加强地方政府性债务管理的意见》出台后，地方政府的融资主体已经由融资平台过渡为地方政府自身，新增债务的融资路径已得到逐步规范。但是，目前针对地方融资平台、城投类企业以及国企债务的清理、甄别分类工作方面进展缓慢，需要进一步明确政府负有担保责任的债务和政府可能承担一定救助责任的债务的规模，区分广义政府债务中中央政府债务和地方政府债务的范围，按照经营性、公益性等原则甄别厘清地方债务存量，这对于有效控制总体债务风险尤其是政府债务风险，修复政府及各级主体的资产负债表具有重要作用，非常有必要持续推进此项工作。

4. 将鼓励企业扩充股本上升为国策

就企业应当承担的债务而言，应当鼓励企业扩充资本，避免企业在杠杆率高企的情况下继续加杠杆。在企业经营的过程中，负债经营较为普遍，想要从分子出发降低杠杆实际较为困难，而从分母出发提高股权融资比例则是改善企业债务水平的重要办法，鼓励企业的资本扩充行为从长期来看更有利于企业的持续经营和降低企业财务成本，避免债务危机发生。同时，增加资金入股企业的比例让投资者直接分享企业的收益，可以降低企业受债务制约的程度，激发企业活力，对于经济复苏和结构转型都更有利。因此对于各阶段的股权融资方式，包括私募股权基金、IPO、股票增发等，应多方面给予政策支持，还可以鼓励市场化债转股，充分使用混合资本工具。此外，对于企业因减少债务而失去的税盾优势可以予以返还，鼓励企业扩充股本。

5. 根据市场化、法制化原则适时运用债转股工具

国务院于2016年10月印发《关于市场化银行债权转股权的指导意见》，指出"除国家另有规定外，银行不得直接将债权转为股权。银行将债权转为股权，应通过向实施机构转让债权、由实施机构将债权转为对象企业股权的方式实现"，"鼓励金融资产管理公司、保险资产管理机构、国有资本投资运营公司等多种类型实施机构参与开展市场化债转股；支持银行充分利用现有符合条件的所属机构，或允许申请设立符合规定的新机构开展市场化债转股；鼓励实施机构引入社会资本，发展混合所有制，增强资本实力"。对于银行而言，一方面面临国内法律对其持有企业股票的限制，另一方面债转股将使相应资产的风险权重大幅上升从而增加对其资本的占用，而如果企业不能改善经营或股权转让受阻，则银行会面临更大的资产损失。可见，实施债转股将面临一定的风险，其究竟能否缓解信用风险，改善银行资产质量，关键在于实施债转股的企业能否走出困境，恢复盈利，同时银行能否顺利转让股权也是同等重要的因素。因此必须做好参与实施债转股企业的甄选工作，核心资产价值高、流动性压力大、发展前景相对较好的企业更适合参与债转股。而随着债转股政策的落实，后续还需要进一步完善股权退出机制，为银行日后转让相关资产建立相关的制度条件。

三 推进体制机制改革，促进政策平稳转换

（一）政策相机抉择有其必要性，但需正确认识政策转换的成本与风险

金融危机以来，宏观调控加强相机抉择，进行适时调整，调整的灵活性提高。相机抉择是指政府为实现宏观调整目标，保证国民经济的正常运行，根据市场情况和特点，机动灵活地采取某种宏观调控措施，进行需求管理，保证经济在合理范围内运行的一种方式。金融危机以来，中国宏观调控的灵活性提高，相机抉择更为频繁。2008年之前，由于经济相对过热，相机抉择的宏观政策调控基调偏紧。2008年下半年，随着金融危机的爆发，宏观政策迅速调整，从上半年"防通胀、防过热"为核心的宏观政策转为以保增长、稳增长为主，财政政策从"稳健"转为"积极"，货币政策从"从紧"转为"适度宽松"，"四万亿元"投资计划与十大产业振兴规划相继实施。积极的宏观调控措施带动经济在2009年出现好转，但通胀压力、资产泡沫也开始显现，2010~2011年，名义GDP迅速反弹，CPI连续多个月突破3%。在此背景下，货币政策开始调整，2011年，中国人民银行明确将货币政策取向由"适度宽松的货币政策"调整到"稳健的货币政策"。此后，随着中国经济增长步入新常态，经济增速从前期的高速增长逐步回落至中高速增长，实体经济较低的投资回报率与金融创新的无序发展导致"债务—投资"驱动模式下债务风险快速

累积，2016年下半年，宏观政策调控重心转向防风险，银监会、证监会、保监会等金融监管部门出台了一系列旨在遏制金融风险的举措。2018年中美贸易摩擦的发生再度改变了中国宏观调控基调，"防风险"与"稳增长"的双底线政策开始偏向于"防风险"，不过对"稳增长"依然重视。过去10多年里，中国的经济平稳增长离不开相机抉择的宏观政策调控，虽然政策转换过程带来了一定的成本和风险，但整体来看，调控的正面影响还是大于负面影响的。同时，随着经验的积累，相机抉择的宏观调控政策不断优化，成本与风险也在不断降低和减少。

在内外环境变化的情况下，相机抉择的宏观调控进行适时调整有其必要性。虽然从理论上来说，收入、税收、边际储蓄倾向等因素具有一定的"自动稳定器"的功能，对于缓和经济运行中的波动具有一定作用，但现实生活中，这类"自动稳定器"并不能从根本上扭转经济衰退或通货膨胀的走势，也不能从根本上解决经济运行过程中存在的问题，因而政府根据经济运行的实际情况进行适当干预，仍是必不可少的。在计划经济时期，由于影响中国经济的因素较少，而且国内经济偏短缺，相机抉择政策并无使用的客观条件。在改革开放后，中国经济由计划经济逐步转变为社会主义市场经济，全球化不断走向纵深，影响中国经济增长的因素更加多元化，宏观政策相机抉择的重要性逐步凸显。经济的频繁波动对经济预期的影响较大，如果宏观政策应对不力，则更容易强化这一预期，进而造成经济进一步波动。此外，随着经济全球化的深化，各经济体经济增长所面临的影响因素较多，由于其他经济体纷纷采取逆周期的宏观调控政策，如果中国寄希望于"自动稳定器"的功能，则外部政策冲击带来的影响可能导致经济波动进一步加剧，所以宏观调控要加强相机抉择，以熨平经济的波动，使经济保持较为平稳的增长。

政策调整存在一定的成本和风险,需要妥善处理好节奏和力度,把握好平衡,避免政策超调导致的负面后果。在内外环境变化的情况下,相机抉择的宏观调控进行适时调整虽然有其必要性,但仍需注意政策调整所带来的风险。首先,相机抉择的宏观调控要建立在对经济形势有较为精准的预判的基础上,由于经济具有"自动稳定器"的功能,如果对经济的波动反应过度,那么经济本可以自动恢复,但政策的调整可能使经济向反方向变动。其次,政策效果的显现具有时滞性,对政策效果要进行充分评估,宏观调控不能用力过猛、节奏过快,不然会导致调整过度。最后,宏观调控相机抉择同时要考虑到政策对市场预期的影响,一方面,要正确引导市场预期,避免市场对宏观政策的误读;另一方面,在制定政策时也要考虑到市场预期可能对政策效果产生的影响。

政策在调整过程中尤其需要防止当前体制下不同层级政府层层加码导致的政策超调。宏观政策的相机抉择还需要考虑当前中国的体制问题,因为中国政府的权力相对集中,政策在中央政府与地方政府的传递过程中容易出现"层层加码"的现象。同时由于国有企业特殊的性质,政策不仅可以通过地方政府施行,还可以通过国有企业来迅速执行。地方政府与国有企业为了确保完成任务,在落实政策上容易超预期执行。比如,2008年的"四万亿元"刺激政策需要地方政府平台配套融资2.82万亿元,同时支持地方融资平台的政策频出,地方融资平台在数量与规模上均呈爆发式增长,虽然短期内对经济增长起到了推动作用,但也导致地方政府隐性债务风险快速累积。

(二) 推进体制机制改革,促进政策平稳转换

1. 加强政策目标的统筹协调,避免政策目标混乱导致的调控盲目性

传统宏观政策目标主要有以下几个方面:经济增长、价格水平稳定、充分就业、利率稳定、汇率稳定、国际收支平衡。当前中国经济

规模庞大，宏观调控政策实施后很有可能"牵一发而动全身"。所以在制定政策目标时既要加强政策目标的统筹协调，又要避免出现政策目标混乱导致的宏观调控盲目性。由于中国经济较为复杂，因此要加强政策目标的统筹协调，对政策目标中内部的结构性问题要重点考虑，如在经济过热的时候，在采取紧缩的财政政策或者货币政策的情况下，需要对不同类型的产业采取具体的措施，针对一些新兴产业仍需采取结构性扩张的调控政策；在经济收紧的时候，在采取扩张的财政政策与货币政策的情况下，对于一些夕阳产业需要采取结构性紧缩的调控政策，防止这类产业进一步过度投资和重复建设。所以，在宏观政策调整前，一定要加强政策目标的统筹协调，防止政策目标的混乱而导致的调控不足或过度。

2. 加强不同监管主体之间的协调，避免出现"监管踩踏"或"监管真空"

改革开放以来，中国行政体制改革持续推进取得了明显成效，但在实际工作中，"多龙治水"的情形依然存在。这容易导致两方面的问题。一是"监管踩踏"。由于不同监管机构之间存在竞争，在宏观政策执行时，不同监管机构的竞争可能导致监管力度过大、节奏过快，反而产生新的风险。2017年4～5月，为了防范化解重大风险，"一行三会"等监管机构密集发文，导致金融市场出现量升价跌的情况。二是"监管真空"。不同监管机构在存在竞争的同时，也存在推卸责任的情况，所以容易导致"监管真空"。金融危机让我们看到了在金融业混业经营背景下，监管机构分业监管的弊端。2017年国务院金融稳定发展委员会的成立，就是为了解决此前监管分散、"监管真空"以及监管短板的问题。未来宏观政策仍要进一步加强财政政策、货币政策与产业政策的配合，加大对不同监管机构的协调力度，提高相机抉择宏观调控政策的有效性。

3. 加强政策上传下达过程中传导的有效性并及时对政策效果进行评估和纠偏，避免各级政府层层加码导致调控的偏差

当前，中国宏观政策调控在上下级传导过程中由于多重原因难免会存在效果偏差，所以有效落实政策目标需要全过程提高政策的有效性，在事前加强对下级的指导，在事中对出现的问题及时纠正，在事后要对政策的结果进行及时评估。确立政策全过程的预警、指导和评估体系才能有效落实政策的意图。为此应当从以下三个方面入手：一是要做好政策实施预案，在事前对在政策执行过程中可能出现的问题做好相关预案；二是要及时对政策的执行情况进行评估，如果政策在实施后未达到预期目标或者超出预期目标，那么就要对政策进行及时调整；三是要事后总结反馈，每次政府在实施相机抉择的宏观政策后，都要进行事后总结，特别是对其中出现的问题，要总结经验和吸取教训，防止再次出现此类问题。

4. 加强对政策转换机制的研究，建立政策转换的平稳机制，避免政策的过快过频调整

对于如何建立政策转换的平稳机制，有如下建议。一是要加强预警，对经济中出现的各类问题要及时反馈，并事先做好针对各种问题的预案。二是要做好预期管理，首先要稳定市场信心，其次要实行较为温和的转换政策以增强市场信心，最后根据实际情况来调整政策。三是要避免对政策进行过于频繁的转换，政策频繁的变动会增加经济运行的成本，如影响企业正常生产经营、对市场预期造成扰动、影响市场信心等。四是要避免"一刀切"，要给予相关监管机构和地方政府一定的自主权。当前很多问题的产生在于政策转换后采取了较为激进的调控政策，虽然解决了老的问题，但同时也带来了新的问题。这在根本上还是要落到体制机制改革上来，通过体制机制改革消除不同监管主体之间各自为政、政策上传下达过程中各级政府层层加码等现象。

后　记

在2006年之前，我是既做企业又做经济研究；2006年之后，我把主要精力都投入宏观经济研究，重点关注宏观经济与宏观政策。在多年的研究生涯中，我始终对中国经济运行态势高度关注，对宏观政策尤其对2008年以来中国宏观经济与宏观政策的变迁倾注了大量心力。稳增长、防风险双底线宏观调控思维是我近年来研究宏观政策的一个阶段性成果。

2016年中，我发表了一篇以"中国宏观经济政策必须转向防风险"为核心思想的报告，第一次把金融危机以来中国的宏观政策总结为稳增长、防风险双底线思维。报告提出，金融危机以来，长期的稳增长政策已经取得良好效果，但同时也积累了债务风险等诸多风险，随着风险的累积和经济的回稳向好，宏观政策应转换至以防风险为重心。这个报告通过中国人民大学的智库渠道提交给中央并获得了领导批示。无独有偶，2016年末的中央经济工作会议提出稳增长、防风险，而这个思想继续在2017年"两会"中有所体现，党的十九大报告提出"要坚决打好防范化解重大风险、精准脱贫、污染防治的攻坚战"。虽然中央在2016年底才把防风险列为正式的宏观调控目标，但实际上，中国的政策目标在某种程度上始终关注防风险，只是

后　记

在不同时期根据主要矛盾与次要矛盾的变化各有侧重。我认为，金融危机以来，如果对中国的宏观政策进行高度浓缩的话，就是两条，即稳增长以及与稳增长相配套的一系列政策，防风险以及与防风险相关的一系列政策，这也就是稳增长、防风险的双底线思维。这是回顾中国过去10多年来所走过的路得出的经验与总结，是我对宏观经济理论的一个重要贡献。虽然2018年以来，在中美博弈加剧的冲击下，宏观政策再度加大了对稳增长的关注力度，但在高杠杆的约束下，中国可行的政策选择必然是"螺蛳壳里做道场"，追求稳增长与防风险之间的微妙平衡。

回顾几年来双底线思维从萌发到逐步完善的过程，我为能持续跟进中国宏观调控不断演变的过程，并对宏观政策产生一些影响而感到欣慰。本书是我对金融危机后宏观政策研究的一个阶段性总结。当然，由于经济形势复杂多变，宏观政策相机抉择、宏观调控理论的完善也是一个与时俱进的过程。截至目前，我也只是做了一些初步的、阶段性的工作。"路漫漫其修远兮，吾将上下而求索"，未来我仍将密切关注中国经济运行中的新情况、新问题，以完善宏观调控双底线思维为起点，把这项研究持续下去。

在本书的成稿和出版过程中，我在中国人民大学和中诚信国际的同事给予我大量的支持与帮助。我要感谢杨瑞龙教授、刘元春教授等中国人民大学中国宏观经济论坛的诸位同事，他们对于中国经济的理解高屋建瓴，与他们的合作与交流使我受益匪浅。我要感谢中诚信国际董事长闫衍博士，他分担了中诚信国际信用评级有限责任公司烦琐的管理工作，使我能有更多的精力专注于经济研究。我还要感谢中诚信国际研究院的刘先云、袁海霞、王秋凤、张林、李诗、余璐、杨小静、谭畅和我所带的博士研究生陈静、李路易、庞鸿泽、曾淑桂，他们给予我很多支持，同时也是重要的研究参与者。此外，感谢社会科学文献出版社的王晓卿等编辑,他们为本书的出版做了精心和细致的编辑工作。

由于时间仓促和能力有限,本书不足之处在所难免,恳请广大读者批评指正。

毛振华

2020 年 1 月

图书在版编目(CIP)数据

稳增长与防风险：中国经济双底线政策的形成与转换/毛振华著. --北京：社会科学文献出版社，2020.9（2021.6 重印）
ISBN 978-7-5201-6732-1

Ⅰ.①稳… Ⅱ.①毛… Ⅲ.①中国经济-经济政策-研究 Ⅳ.①F120

中国版本图书馆 CIP 数据核字（2020）第 093886 号

稳增长与防风险：中国经济双底线政策的形成与转换

著　　者 / 毛振华

出 版 人 / 王利民
责任编辑 / 王晓卿
文稿编辑 / 王春梅

出　　版 / 社会科学文献出版社·当代世界出版分社（010）59367004
　　　　　　地址：北京市北三环中路甲 29 号院华龙大厦　邮编：100029
　　　　　　网址：www.ssap.com.cn

发　　行 / 市场营销中心（010）59367081　59367083
印　　装 / 三河市龙林印务有限公司

规　　格 / 开　本：787mm × 1092mm　1/16
　　　　　　印　张：15.5　字　数：200 千字
版　　次 / 2020 年 9 月第 1 版　2021 年 6 月第 2 次印刷
书　　号 / ISBN 978-7-5201-6732-1
定　　价 / 68.00 元

本书如有印装质量问题，请与读者服务中心（010-59367028）联系

▲ 版权所有 翻印必究